AI 背景下
学生创新能力研究

朱洁　刘赪 ◎ 著

西南交通大学出版社
· 成　都 ·

图书在版编目（CIP）数据

AI 背景下学生创新能力研究 / 朱洁，刘赪著.
成都：西南交通大学出版社，2024. 11. -- ISBN 978-7-5774-0272-7

Ⅰ. G40-012

中国国家版本馆 CIP 数据核字第 2024VB0409 号

AI Beijing Xia Xuesheng Chuangxin Nengli Yanjiu
AI 背景下学生创新能力研究

朱洁　刘赪　著

策划编辑	罗小红
责任编辑	秦　薇
责任校对	左凌涛
封面设计	谭雅丹　墨创文化
出版发行	西南交通大学出版社 （四川省成都市金牛区二环路北一段 111 号 西南交通大学创新大厦 21 楼）
营销部电话	028-87600564　028-87600533
邮政编码	610031
网　　址	http://www.xnjdcbs.com
印　　刷	成都蜀雅印务有限公司
成品尺寸	170 mm × 230 mm
印　　张	16
字　　数	287 千
版　　次	2024 年 11 月第 1 版
印　　次	2024 年 11 月第 1 次
书　　号	ISBN 978-7-5774-0272-7
定　　价	78.00 元

前言 PREFACE

站在人工智能重构人类认知边界的时代坐标上，本书将研究焦点精准锚定于 Z 世代学生群体。Z 世代学生（1995—2010 年出生）作为人类历史上首个全程浸润于数字生态的代际群体，其创新能力的生成机制呈现出鲜明的时代特征。他们不仅是触屏时代的“数字原住民”，更是人工智能深度介入教育过程的“第一代试验者”。本书旨在深入探讨人工智能背景下，Z 世代学生的创新能力及其影响因素，同时分析教育体系如何适应这一变革，以培养未来的创新领导者。希望本书能够为教育工作者、政策制定者、研究人员以及所有关心未来教育的读者提供有价值的见解和启发。

本书共 6 章，分为四个部分。第一部分包含第 1 章和第 2 章，在梳理创新、创新能力、Z 世代等核心概念的基础上，建构适合中国 Z 世代学生的创新能力测量量表。第二部分是对影响创新能力的内外因的研究，包括第 3 章学习风格对创新能力的影响研究及第 5 章 AI 使用对创新能力的影响研究。第三部分是对大中小学三个学段的学生的创新能力的一体化研究，对比分析 Z 世代大中小学生创新能力发展的特征。第四部分为第 6 章，讨论 AI 背景下提升 Z 世代学生创新能力的教学策略。

本书以西南交通大学学生为研究对象，经过历时 5 年的多次问卷调查和对个案的深度访谈得出了以下主要结论：

整体上看，Z 世代大学生在创新人格（冒险性、好奇性、挑战性、想象力）方面的表现优于创新成果（行动力、转换力）。伴随着年级升高，大学生在冒险性、好奇性、想象力纬度均有下降，但在将创意转化为创新成果方面效率明显提升。分学科来看，工科学生创新能力更强，且在行动力方面优势最为明显。

从学习风格对创新能力的影响来看，活跃的视觉学习者在创新人格方面有显著创新倾向；有大局观的学习者在创新人格方面具有更强优势。活跃的序列型学习者具有更强的行动力、转换力；直觉型学习者行动力、转换力也较强。

从 AI 使用对创新能力的影响来看，不同的 AI 使用动机下，将 AI 用于课程作业的学生，其创新能力往往较差；而将 AI 用于竞赛和复习备考的学生，其创新能力往往较强；AI 使用频率越高，学生的创新能力（好奇性）越强；AI 单次使用时间越长，学生的创新能力（转换力）越强。

从大中小学生创新能力的对比来看，中小学生在创新能力的许多维度都比大学生强，其中挑战性差距最大，想象力差距最小。但大学生将创意转换成成果的能力更强。冒险性、好奇性、想象力、挑战性、行动力五个维度均在初中有显著下降。

最后，本书提出了面向未来的教育策略，包括如何整合 AI 技术与教育实践，如何培养具备数字素养和创新能力的人才，以及如何在教育政策和制度层面支持教育创新。我们相信，通过这些策略，我们可以为 Z 世代学生创造一个更加包容、灵活和创新的学习环境和学习支持。

本书在撰写过程中参考了相关专著、论文等文献。对于引用的文字，在正文中进行了标注与说明，同时将主要参考文献列于书后。在此特向参考文献的作者表示感谢。

由于作者水平有限，书中疏漏之处在所难免，恳请广大读者批评指正。

朱洁　刘赪

2024 年 11 月

目录 CONTENTS

1 Z 世代的创新能力

1.1　踏“网”而来的 Z 世代

当“新力量”“主力军”“后浪”“崛起”“引领”这类象征发展势头的词语聚焦于同一群体，标志着在大众认知中该群体即将甚至已然成为当前及未来社会发展的主要推动力量，这个饱受社会各行各业及学界关注与期待的群体就是“Z 世代”。本节将对 Z 世代的来源、内涵更迭、代际特征进行背景介绍，便于读者了解何为“Z 世代”。

“Z 世代”（Generation Z）尽管没有明确界定，但在当前学界的普遍认知中，这一代人伴随着互联网的深度普及成长，以数字技术与数码产品为友，故又被称为“数字土著”“数字原住民”。

“Z 世代”一词来源于西方，对应的还有“X 世代”“Y 世代”。此类以出生年份划分社会人口结构的命名方式从学理上可追溯至加拿大小说家道格拉斯·柯普兰（Douglas Coupland）。他在 1991 年出版的小说《X 世代：加速文化的故事》，提出“X 世代”（出生于 1965—1979 年）概念，往后 15 年间出生的孩子成为“Y 世代”又称“千禧一代”，而“Z 世代”则是在此基础上的顺延[①]。

“Z 世代”一词于 1994 年由亨特·汤普森（Hunter S. Thompson）首次正式提出。西方各国的相关研究中对于 Z 世代年份的划分并不一致[②]。牛津生

① 余正台，刘浩.“Z 世代”研究的概貌、热点与主题：基于中国知网文献的梳理[J]. 当代青年研究，2023（4）：113-124.

② Turner A. Generation Z：technology and social interest[J]. The Journal of Individual Psychology，2015，Volume 71（Number 2）：103-113.

活词典将 Z 世代描述为“在 21 世纪第二个十年达到成年的一代”。《梅里亚姆-韦伯斯特在线词典》将 Z 世代定义为 1990 年末和 2000 年初出生的一代人[①]。美国民调机构皮尤研究中心（2010 年）将美国的成年人划分为四代，其中 Z 世代是出生于 1993—2005 年期间，后又重新定义其为 1997 年之后的一代人。澳大利亚麦克林德尔研究中心将 Z 世代定义为 1995—2009 年之间出生的人，并定义 15 年的年龄跨度[②③]。联合国经济和社会事务部将其界定为出生于 1995—2010 年间的一代人[④]，这也是本研究所采用的 Z 世代定义。

有学者对近 23 年基于中国知网文献关于“Z 世代”相关研究的梳理结论，中国的“Z 世代”研究自 2013 年起才引发学界关注[⑤]。国内有记载最早提到“Z 世代”的文献是 1999 年发表在《中国青年研究》上的《最新人群——“Z 世代”的生存状态》，但其内容指涉主要是出生在 1980—1984 年期间的中国台湾青年[⑥]。关于年份的划分，国内后续研究多认同 Z 世代为“95 后”的说法。学者王水雄对将 Z 世代作为一定年龄段的群体性指称进行解释，他认为，技术更迭的速度并不能消弭世代之间的差异，反之对技术的接受程度不同可能还会加剧两者之间的差异；另外，世代之间因为数字技术的普及产生的联系并不能代表双方思想上的共识；最后，年龄作为颇具甄别力的外显性指标能反映出一个人的生理机能、心理素质、行为能力等[⑦]。

德国社会学家卡尔·曼海姆（Karl. Mannheim）等人提出的“社会代”概念可以用以解释“Z 世代”何以为“代”：同龄人在共同经历社会重大历史事件或特殊历史环境后会因其相似的社会经历而产生代际认同从而形成与其他代际不同的价值观念与行为倾向[⑧]。21 世纪世界大踏步进入信息时代，高新技术的发展、智能设备的普及、信息高速公路的畅通让全球 Z 世代“时刻

---

① 李林，李吉龙，杜婷，等．“Z 世代”群体观念及消费研究：一个文献综述[J]．湖北经济学院学报（人文社会科学版），2022，19（3）：50-52.

② 唐文怡．Z 世代日常生活的媒介呈现研究[D]．四川省社会科学院，2023.

③ 美国皮尤中心：我们对 Z 世代的了解有多少_腾讯新闻[EB/OL]. [2023-10-09].

④ 朱峰．世代概念建构的全球性与民族性——以 Z 世代流行为中心的考察[J]．中国青年研究，2023（6）：42-50.

⑤ 佘正台，刘浩．“Z 世代”研究的概貌、热点与主题：基于中国知网文献的梳理[J]．当代青年研究，2023（4）：113-124.

⑥ 贺玮，吕铁军．最新人群——“Z 世代”的生存状态[J]．中国青年研究，1999（3）：31-32.

⑦ 王水雄．中国“Z 世代”青年群体观察[J]．人民论坛，2021（25）：24-27.

⑧ 李春玲．改革开放的孩子们：中国新生代与中国发展新时代[J]．社会学研究，2019，34（3）：1-24.

在线”，信息技术对其生产生活的深度嵌入促使他们进入数字化生存现状成为他们的共同特征。海量信息的冲击，无时不在无处不在的连接以及现实与虚拟空间的游移带来的消费变革、单体化趋势与矛盾性社会心态也成为国内外学界共同关注的重点[①②]。由于经济、政治、文化等成长环境的不同，不同国家、地区的 Z 世代也呈现出群体区别。美国皮尤中心在 2020 年发布的研究报告《步入成年却前途未卜：迄今为止，我们对 Z 世代的了解》对美国 Z 世代的种族与族裔构成、受教育程度对社会和政治问题的立场等情况进行分析，勾勒出经过经济大萧条后的美国 Z 世代想法激进、充满迷茫、国家认同降低等时代画像[③]。中国的新生代作为“改革开放的孩子们”，受到经济高速增长、独生子女政策、互联网兴起、国力日益强盛等一系列重大历史事件的影响，呈现出个性特征鲜明、寻求认同需求强烈、民族情节突出、圈层壁垒高等群相特征[④⑤⑥]。2022 年 5 月，中国日报社联合多所高校、研究院共创“Z 世代研究中心”并发布《2022 全球 Z 时代观察报告》，这也是 Z 世代研究领域首份覆盖面较广、调查范围较全的全景式观察报告。这份报告展现出全球 Z 世代思想包容开放、具有独立思考和多维思辨能力及认同人类命运共同体的共性，也反映出中外青年由于成长环境展现出的对社会发展和全球问题的关注差异[⑦]。

习近平总书记在党的十九大报告关于青年的重要论述中表示“青年强则国家强[⑧]”。以青年为主体的Z世代已经成为社会人口结构中的一支庞大队伍，未来也必将成为新消费、新文化、新科技的引领者与推动者，在此意义上充分了解并正确引领这群想法新颖、个性鲜明、追求新鲜感的青年，激发其学习潜力、培养其创新意识、提升其综合素养既是大势所趋，亦是形势所需。

---

① 谢洋，王曦影. 21 世纪全球 Z 世代研究的回顾与展望[J]. 中国青年研究，2022（10）：102-109.

② 黎娟娟，黎文华. Z 世代大学生多重矛盾性社会心态解析[J]. 中国青年研究，2022（7）：104-110.

③ 美国皮尤中心：我们对 Z 世代的了解有多少_腾讯新闻[EB/OL]. [2023-10-09].

④ 佘正台，刘浩. “Z 世代”研究的概貌、热点与主题：基于中国知网文献的梳理[J]. 当代青年研究，2023（4）：113-124.

⑤ 李春玲. 改革开放的孩子们：中国新生代与中国发展新时代[J]. 社会学研究，2019，34（3）：1-24.

⑥ 高文斌，朱承铭，张双南，等. “青创汇”：洞见 Z 世代的未来[J]. 科技导报，2021，39（16）：97-100.

⑦ Z 世代研究中心成立并发布《2022 全球 Z 世代观察报告》-中国日报网[EB/OL]. [2023-10-08].

⑧ 【十九大报告之我看】青年兴则国家兴 青年强则国家强[EB/OL]. [2023-10-08].

1.2 创新能力

从“创新是一个民族进步的灵魂”到“创新是引领发展的第一动力”，党的一系列报告精神将“创新”提到前所未有的高度[①]。党的二十大报告中，习近平总书记就“创新”再提要求，指出要深入实施创新驱动发展战略，着力造就拔尖创新人才[②]。在建设教育强国、科技强国、人才强国的战略指导下，高质量培养人才的创新能力，以发挥人才引领驱动作用成为当前教育重要的环节与使命。作为创新成果重要的孵化地、创新人才主要的培养场，如何提高学生创新能力的培养力度使之与时代发展接轨、与科技进步同频，成为学校教育的重要问题。要解决这个问题首先需要解决的是:何为创新能力?怎么评价创新能力？本节将对创新能力的概念、测量方式进行梳理，为后续研究描绘出方向。

1.2.1 创新与创新能力的术语使用

在研究过程中发现，国内外学者常将“创新能力”与“创造力”混用或同时使用，因此要明确界定创新能力的概念首先需清晰“创新”的含义。

国外创新概念最早的研究出自经济学领域，熊彼特（Schumpeter）从资本主义发展周期的规律中总结出，企业家为获取利润对生产要素进行重新组合从而采用创新行为，以此强调创新的经济学意义。他将创新划分为两个基本过程：是新事物的发明；将发明的新事物进行商业应用形成新的生产能力。后者更为重要。因此在熊彼特的理论框架下，创新即“发明成果的商品化、产业化”[③④]。巴雷格赫（Baregheh）等人对不同学科和研究范式下的60个创新定义进行集合分析后得出一个跨学科的创新定义：创新是一个多阶段的过程，组织将想法转化为新的\改进的产品、服务或流程，以便在其市场上成功

① 创新引领发展的第一动力_滚动新闻_中国政府网[EB/OL]. [2023-10-18].

② 习近平：高举中国特色社会主义伟大旗帜 为全面建设社会主义现代化国家而团结奋斗——在中国共产党第二十次全国代表大会上的报告_滚动新闻_中国政府网[EB/OL]. [2023-10-13].

③ 约瑟夫·阿洛伊斯·熊彼特，等[美]. 经济发展理论[M]. 北京：中国社会科学出版社，2009.

④ 吴金希.“创新”概念内涵的再思考及其启示[J]. 学习与探索，2015(4)：123-127.

地推进、竞争和区分自己[①]。后来学者对创新的内涵与外延的发展大多与巴雷格赫等人的概念类似，强调创新从设想到实际应用的过程及其差异化、新颖性的特征。

我国创新的概念最早可追溯至魏晋南北朝，在此之前“创”“新”二字尚未联合使用，此时的“创新”在官方史书中指既有体制的变革。隋唐、宋元时期衍生出发展改进的含义，应用范围也增加至文化、艺术和设施方面。而后创新的使用范围和内涵逐步扩大，含义变迁总体包含“革新”与“创造”两个方面，演变成与守旧、落后相对应的普遍认知的“抛开旧的，创造新的”概念[②]。从学理研究来看，我国创新理论的研究受西方学者影响同样起步于经济学领域[②]，但随着概念的泛化，创造学视角下对创新的研究则更符合当前创新术语的应用情况。创造学代表学者傅世侠从“创造”定义入手描绘“创新”概念边界。她总结出无论是从创造主体、创造过程、创造产品等角度对“创造”进行定义，都强调创造的“新颖性”，“唯创必新”即是创造的根本特点，而这与有“革新”含义的“创新”不谋而合，两者都强调“新颖性”及其基础上的“适用性”，在此立场下“创造”和“创新”并无绝对分野[③]。研究创新问题三十年有余的学者林崇德与傅世侠持相同观点，认为创新和创造性或创造力在心理学界被视为同义语[④]。本研究认同傅世侠的定义，即“创造主体在一定情境下通过创造性思维解决某个问题从而产生新观念、新产品、新方法等成果的思维过程”，强调创造\创新涉及的主体、思维过程、情境与产品四个方面[⑤]。

创造与创新指向创造或创新的行为、过程或产品，创造力与创新能力则指向能使人完成创新或创造行为、过程或产品所具备的思维、能力、个人特质等[⑥]。有学者总结国外学者关于创新的定义，认为创造力是创新能力的必要条件，即创造力是创新能力的表现形式[⑦]。还有部分学者将创新能力和创

① BAREGHEH A，ROWLEY J，SAMBROOK S. Towards a multidisciplinary definition of innovation[J]. Management Decision，2009，47（8）：1323-1339（17）.

② 郭朝辉，葛风涛.“创新”的“故”事：我国历史上的“创新”概念表达[J]. 武汉理工大学学报（社会科学版），2016，29（2）：283-287.

③ 傅世侠. 创新、创造与原发创造性[J]. 科学技术与辩证法，2002（1）：39-42.

④ 林崇德. 创造性人才特征与教育模式再构[J]. 中国教育学刊，2010（6）：1-4.

⑤ 同③.

⑥ 钟柏昌，刘晓凡. 创新能力培养的学理机制与4C教学模式建构[J]. 现代远程教育研究，2021，33（4）：20-32.

⑦ 韩旭. 面向工科人才的工程创造力及其培养研究[D]. 浙江大学，2020.

造力进行视角分野，认为微观的个体创造力是宏观的组织/企业/国家创新能力的基础[①]。但总体来说，这些研究均认同创造力与创新能力存在“合集”，两者是“包含与被包含”的关系。本研究不过分强调“创新”与“创造”的概念差异，同样认同创造力与创新能力的“同大于异”，因此不作两者的刻意区分。

1.2.2 何为创新能力

1961 年，伯恩斯（Burns）等人从经济学视角提出了创新能力的概念，认为创新能力是组织成功采用或引入新理念、新流程和新产品的能力[②]。后续创新能力的研究从经济学逐步发展到各领域，研究对象横跨经济学、教育学、管理学、心理学等多个学科，学者围绕不同领域创新能力定义、测量、影响因素、能力培养等多个课题展开研究，但国内外学界尚未对创新能力形成统一定义。考虑到本研究主要关注个体创新能力的测量与培养，又正如傅世侠所言“创造力涉及一个人先天素质和后天教育，以及影响其形成和发展的诸多内在和外在的心理因素或社会因素[③]”，因此本研究基于心理学和教育学的双重视角来探究何为创新能力。把握创新能力的内涵是培养创新人才的必经之路，为清晰创新能力的组成部分，本研究梳理国内外学者的研究成果，发现学界认同的创新能力的定义至少包含创新过程、创新产品、创新主体的特质及创造性的环境四个部分，即罗德斯（Rhodes）提出的创造力 4P 模型，不同学者以不同中心为落点展开研究，研究视野也逐渐从一般领域向特殊领域过渡。

从创新过程的角度来看，这类观点不仅关注新观念、新产品的创新过程，而更强调解决问题的思维过程本身，这与“创造性思维是创造力的核心”观点相吻合。国外学界目前最典型的说法是心理学家沃勒斯（Wallas）1926 年提出的创造性思维诞生的“四阶段说”，将创造性思维的过程划分为四阶段准备（发现问题并收集必需资料）、酝酿（思考问题并孕育思路）、明朗（顿悟

① 温利群. 创造型领导力的概念发展及其对组织创造力的影响研究[D]. 哈尔滨工业大学，2017.

② 张国良，陈宏民. 关于组织创新性与创新能力的定义、度量及概念框架[J]. 研究与发展管理，2007（1）：42-50.

③ 傅世侠. 国外创造学与创造教育发展概况[J]. 自然辩证法研究，1995（7）：58-62.

出问题解决的思路与办法）、验证（验证和评价问题解决的思路与办法）[①]。安曼贝尔（Amabile）从社会心理学的角度归纳出创造力概念化的组成框架，也即“五阶段模型”：提出要参与的任务或要解决的问题、实际生成反应或解决方案的前置阶段、确定产品或反应的新颖程度、验证产品或反应的新颖性和适用性、得出决策[②]。作为国际大规模学业测评典范的 PISA（Programme for International Student Assessment）2021 将创造性思维定义为“能够有效地参与思想的产生、评价和改进，从而产生原始和有效的解决方案、知识的进步和想象力的有效表达[③]”。尽管创造性过程模型众多，但归纳下来基本都包括四个阶段的线性序列：问题分析、构思、评价和实现[④]。

从创新产品的角度来看，这种观点普遍将创新能力看作是能够产出新颖性和适用性产品的能力[⑤]，而创造出的产品指涉对象不仅包括新产品、新工艺、新技术，也包括新思路、新想法、新理念等。安曼贝尔从产品评价导向定义创造力为对开放性任务做出新颖的、适当的反应，从而产出产品或解决方案的能力[⑥]。斯滕伯格将创造力总结为“创造新颖的和有用的产品，包括想法和具体对象”[⑦]。后有观点认为要以动态的眼光从产品角度定义创造力，代表学者有奇克森特米哈伊（Csikszentmihalyi）和考夫曼（Kaufman）。前者提出创造力“大 C”“小 C”的分类，建议从创造力是少数人的天赋或大多数人后天培育的结果定义。考夫曼和贝格托（Beghetto）在他的基础上提出涵盖更为广泛的创造力“4C”模型，即大 C（杰出创造性，领域内取得杰出创新成果）、小 C（日常创造性，对个人来说新颖并且有价值的小创造）、微 C（Mini-C，个人对事物新颖的或者有意义的阐释）、专 C（Pro-C，具有特定领

① 严月娟. 创造力本质新论[J]. 发明与创新（综合版），2007（6）：12-13.

② AMABILE T M. The social psychology of creativity：a componential conceptualization[J]. Journal of Personality and Social Psychology，1983，45（2）：357-376

③ 安奕，任玉丹，韩奕帆，等. PISA2021 创造性思维测评及启示[J]. 中国考试，2019（11）：71-78.

④ ZENG L，PROCTOR R W，SALVENDY G. Can traditional divergent thinking tests be trusted in measuring and predicting real-world creativity[J]. Creativity Research Journal，2011，23（1）：24-37.

⑤ 张文娟，常保瑞，钟年，等. 文化与创造力：基于 4P 模型的探析[J]. 北京师范大学学报（社会科学版），2016（2）：25-36.

⑥ 钟柏昌，刘晓凡. 创新能力培养的学理机制与 4C 教学模式建构[J]. 现代远程教育研究，2021，33（4）：20-32.

⑦ STERNBERG R J. Creativity or creativities[J]. International Journal of Human-Computer Studies，2005，63（4-5）：370-382.

域专业化的创新能力），并指出 4C 之间的动态联系共同推进和反映创新能力的发展，这一模型也被认为是创新能力逐步发展并走向领域特殊性的四个阶段，评判标准则是阶段内的创新产品[①②]。

从主体特质角度来看，对于创造性个体的创新特征的研究是近几十年来心理学研究的重心。该领域研究起步阶段，学者普遍认为创新能力是人格结构或人类智力的重要组成部分。“天才论”认为创新能力是少数人群独有的特质，是其与生俱来的智力成分的一部分。但此类观点后续逐渐被推翻，以吉尔福德（Guilford）为代表的越来越多的学者主张创新能力只有程度区分，且可以通过后天培育而来，因此学界后续围绕创造主体特征的研究争论多在于人格在创新能力方面的重要作用。吉尔福德将创造力人格总结为：自觉性与独立性、求知欲、好奇心、洞察力、工作的条理性与严谨性、想象力与抽象思维、幽默感、专注力[③]。经过研究的深入，越来越多学者认同创新能力是智力因素和人格特质的统一体。斯滕伯格（Sternberg）是后来观点的代表学者，他认为创新能力是由智力、智力风格和人格的组合产生，也即“三侧面模型”，三个侧面通过任意形式的组合，其中的子因素也能以无限的方式结合，便能以近乎无限的形式表现创新能力，重点强调创新行为的内在心理特征[④]。

从创造性环境角度来看，此视角下的学者主要通过研究影响创新能力的环境因素来解释创新能力的构成成分，过往的定义往往都在一定程度上忽略了非智力因素中环境的影响，因此该视角下的观点既是对既有理论和观点的继承与发展，也是涵盖较为广泛、表述较为系统的观点。安曼贝尔主张从社会心理学的视角综合考虑社会形态、政治文化等因素对创新能力的影响[⑤]。斯滕伯格受到安曼贝尔影响，在 1991 年提出的“创造力投资理论”中补足了前期“三侧面模型”忽视创造力环境变量影响的缺漏，认为可以向创造力“投

---

① 孙崇勇，李淑莲，张文霞. 创造性 4C 认知量表（PC4CS）中文版的信、效度检验[J]. 中国健康心理学杂志，2016，24（7）：1046-1050.

② 张亚坤，陈龙安，张兴利，等. 融合视角下的西方创造力系统观[J]. 心理科学进展，2018，26（5）：810-830.

③ 李婧君，韦小满. 基于 4P 模型的国内外创造力研究综述[J]. 中国信息技术教育，2013（12）：111-113.

④ 孙雍君. 斯腾伯格创造力理论述评[J]. 自然辩证法通讯，2000（1）：29-37.

⑤ AMABILE T M. Social psychology of creativity：a consensual assessment technique[J]. Journal of Personality and Social Psychology，1982，43（5）：997-1013.

资”的五种心理资源，即智力、知识、思维风格、人格特征和动机，与环境因素相互作用、共同决定创新能力[①]。普鲁克（Plucker）等人将创新能力定义为“能力、过程和环境相互作用的结果，是人或群体在这种互动作用中产生的新颖性和适用性相统一的感知[②]。”美国教育学家霍坎森认同普鲁克等人的观点并着重解释社会背景环境的重要性，认为只有通过不同社会文化环境的互动才能正确认识到创新能力所在[③]。

以上四种定义创新能力的视角都曾在学界引领风尚，但又各自存在不足。单从创新过程进行定义，容易忽视个体差异性；从创新成果视角定义，对于产品的评价标准容易受到内外部因素的影响；而一味强调创新主体的人格特质又难以在创新能力本身的持久稳定性上有充分说服力；创新环境层面的定义太过强调外部因素。学界内百家争鸣、各成风格，但尚没有从多种元素的动态联系中建立起共识的概念体系，使得创新能力定义日趋庞杂、界限不明。

国内关于创新能力的定义同样莫衷一是，总体上可以划分为能力观、发展观、结构观和综合观。第一类观点有四个关键词，即在创造活动中有任务驱动，需要运用调动和处理已有知识，产出新颖、有用的成果、能力，代表学者有严月娟、林崇德、李燕、俞国良、俞啸云等人[④⑤⑥⑦⑧]。但其实本质上，这些表述不同的观点都反映出林崇德的创造力定义：“根据一定目的，运用一切已知信息，产出某种新颖、独特、有社会意义或个人价值的产品的智力品质[⑨]”，他的观点也被认为是心理学界关于创造力的一般性定义，此观点强调将内隐的创造性观念转化为成果的能力特质。第二类观点主张用动态的、发

① 孙雍君. 斯腾伯格创造力理论述评[J]. 自然辩证法通讯，2000（1）：29-37.

② PLUCKER J A，BEGHETTO R A，DOW G T. Why isn't creativity more important to educational psychologists? Potentials，pitfalls，and future directions in creativity research[J]. Educational Psychologist，2004，39（2）：83-96.

③ 翟雪松，束永红. 创新能力的内涵、测量与培养——访美国教育传播与技术协会前主席布拉德·霍坎森教授[J]. 开放教育研究，2018，24（5）：4-10.

④ 严月娟. 创造力本质新论[J]. 发明与创新（综合版），2007（6）：12-13.

⑤ 贾绪计，林崇德. 创造力研究：心理学领域的四种取向[J]. 北京师范大学学报（社会科学版），2014（1）：61-67.

⑥ 李燕. 大学生创新能力培养刍议[J]. 学校党建与思想教育，2005（12）：75-76.

⑦ 俞国良，曾盼盼. 中小学生创造力的测量和评价[J]. 山东教育科研，2001（Z1）：97-100.

⑧ 俞啸云. 创造力的定义、结构和层次[J]. 当代青年研究，1988（8）：25-28.

⑨ 同⑤.

展的眼光评价个人创新能力的发展程度，而非单一地依赖创新成果来反推能力水平，代表学者有杨意岚、金盛华等人。杨意岚从创造的动态过程出发理解创新能力，认为创造力是创新认识、创造性人格和环境的综合体，是在过去、当前和未来均能起作用，能够用以创造出创新性产品所需要的个性特征的总和①。第三类观点强调创新能力的构成要素，认为创新能力至少由创新意识、创新思维、创新技能（包括创新所需知识体系）构成，代表学者有张宝臣②。张宝臣将创新能力定义为"个体运用已有的基础知识和可以利用的材料，并掌握相关学科的前沿知识，产生某种新颖、独特的社会价值或个人价值的思想、观点、方法和产品的能力③"。最后一类观点实质上是综合了创造力 4P 模型的四大要素进行定义，含括内容较为广泛。施建农认为创造力研究的是个人在特定社会环境中创造新颖且有用产品的过程，以及他们在这一过程中表现出的态度、所涉及的心理过程和个人与环境之间的相互作用④，此概念着重强调了要素之间的互动关系。我国台湾地区学者陈龙安从教育学角度提出创造力是指"个体在支持的环境下结合敏锐、流畅、变通、独创、精进的特性，通过思维的过程，对于事物产生分歧的观点，赋予事物独特新颖的意义，其结果不但使自己也使别人得到满足⑤"，这一概念突出了评价环节。周彬、徐桂红从创造心理学的角度将创造力归纳为神智正常的个体凭借个性特质支持的环境在创造活动中利用已有知识和经验新颖且独特地解决问题，产出具有价值的新思想、新成果、新方法的能力⑥。不同于国外创新能力定义发展历程的跌宕，研究起步较晚且受到西方学者的深刻影响，我国学界关于创新能力的定义演变几乎不存在只关注智力、思维或成果等单方面因素的情况，但这也警示我国研究者要跳出西方研究的思维定式，立足本土提出具有中国特色的创新能力定义。

随着创新能力研究的不断深入，越来越多的元素被纳入研究视野，研究取向也逐步从过去的 4P 向 6P 过渡，创造潜能和创新的说服也成为重要的理

① 杨意岚. 创造力研究的新进展[J]. 中小学心理健康教育，2004（11）：4-7.
② 张宝臣. 高等师范教育改革与中小学生创新能力的培养[J]. 教育理论与实践，2004（4）：40-42.
③ 同②.
④ 宋晓辉，施建农. 创造力测量手段——同感评估技术（CAT）简介[J]. 心理学进展，2005（6）：37-42.
⑤ 陈龙安. 创造性思维与教学[M]. 北京：中国轻工业出版社，1999.
⑥ 周彬，徐桂红. 创造心理及科学创造心理和谐问题探讨[J]. 合肥工业大学学报（社会科学版），2002（1）：110-113.

论建构基础。格拉维亚努（Glăveanu）在理论创新方面做了积极尝试，提出从行动者（Actor）、行动（Action）、工艺（Artifact）、大众（Audience）和环境可供性（Affordance）之间的动态联系的创造力5A理论，将创新能力定义为创新行动者在与环境可提供的现实条件互相作用、与不同大众群体互动交往的过程中，生产出具有新颖性和适用性的工艺成果的历程①②。

不同学科研究视角的加入也使得领域特殊性成为创新能力研究的风向。持创新能力领域一般性观点的学者认为创新能力具有跨领域一致性，如布鲁克（Pluker）。而认为创新能力具有领域特殊性的学者，如贝尔（Baer），则认为不同领域存在不同的创新技能，创造力的成分也有所不同③。安曼贝尔的创造力成分理论认为，个人的创造性表现基于三个因素：领域相关技能、创造力相关技能和任务动机。领域相关技能是指，为在特定领域做出贡献所需要的知识和技能；而与创新力相关的技能即创新认识及人格等因素，与个人差异密切相关；任务动机分为内部动机和外部动机，内部动机与兴趣、态度挂钩对创新能力有正向激励作用，而竞争、奖励等外部动机相反④。考夫曼、卡森等学者后续也逐步围绕不同领域创新能力的成分和测量展开研究。国内学者受其影响也在开拓相关研究，最主要的成果体现在于国内不同领域创新能力评估工具的问世。例如申继亮等人的《青少年科学创造力测验》、胡卫平等人的《青少年语文创造力测验》等。现在还有新的观点和实证研究证明，创新能力的领域特殊性和领域一般性存在“并集”，即不同领域创新能力也存在一定相似之处⑤，研究视野的变迁说明创新能力研究还有极大的探索空间，创新能力成分复杂、边界不清的特性对于研究者来说既是挑战更是机遇。

---

① 张亚坤，陈龙安，张兴利，等. 融合视角下的西方创造力系统观[J]. 心理科学进展，2018，26（5）：810-830.

② GLAVEANU V P. Rewriting the language of creativity：the five A's framework[J]. Review Of General Psychology，2013，17（1）：69-81.

③ 涂翠平，樊富珉. Kaufman领域创造力量表中文版的验证及初步应用[J]. 心理与行为研究，2015，13（6）：811-816.

④ AMABILE T M. The social psychology of creativity：a componential conceptualization[J]. Journal of Personality and Social Psychology，1983，45（2）：357-376. DOI：10.1037/0022-3514.45.2.357.

⑤ PLUCKER J A，BEGHETTO R A，DOW G T. Why isn't creativity more important to educational psychologists? Potentials，pitfalls，and future directions in creativity research[J]. Educational Psychologist，2004，39（2）：83-96.

1.2.3 如何测量创新能力

心理学对于创造力的系统研究起源于1950年的美国,心理学家吉尔福德发表题为《论创造力》的演说掀起研究和开发创造力的热潮,推动“创造心理学”学科(国内称为创造学)的诞生[①],时至今日创新能力的结构及测量在创新能力研究和实践中仍处于核心地位。纵观创新能力测量研究的发展,根据不同的研究场景,学者所采用的测量方式大有不同,当前学界创新能力的测量方式可以总结为两类:第一类是在传统心理测量模型的基础上对个体创造力进行测量,常用形式多为自陈量表、测验试题及专家评估;第二类是基于社会学科的理论基础对影响创新能力的环境特征进行测量[②]。本研究重点关注 Z 世代这一群体,因此主要梳理国内外学者对个体创新能力的相关测量方式。

1.2.3.1 创造性过程的测量

学界对于创造性过程的测量主要是针对发散性思维评估的测验试题为主,其原理是通过被试者面对题目做出反应的数量、速度及质量来进行评价。这种测验最早可以追溯到吉尔福德的发散思维测验即南加利福尼亚大学测验,他提出发散性思维是创造力的核心,基于此理论基础编撰出由言语和图形组成的测试工具,主要测量思维的变通性、流畅性和独特性三个维度[③]。1966 年,托兰斯(Torrance)基于此改进并制作了目前使用最广泛的发散性思维测验工具——创造性思维测验量表(TTCT,Torrance Tests of Creative Thinking)。它包词汇和图画创造思维两个板块的内容,同样是通过对被试者的现场反应进行评价,对应的测量指标也有所差异:词汇板块主要考量创造性思维的流畅性、灵活性、独创性;图画板块则是从流畅性、独创性、精致性、抗过早封闭性和标题抽象性[④]。在经过五次改版后,TTCT 已基本成型,固定从流畅性、灵活性、原创性和精细化四个维度进行测量[⑤]。基于以上两

---

① 傅世侠. 国外创造学与创造教育发展概况[J]. 自然辩证法研究,1995(7):58-62.

② 徐雪芬,辛涛. 创造力测量的研究取向和新进展[J]. 清华大学教育研究,2013,34(1):54-63.

③ 俞国良,曾盼盼. 中小学生创造力的测量和评价[J]. 山东教育科研,2001(Z1):97-100.

④ 叶仁敏,洪德厚,保尔·托兰斯.《托兰斯创造性思维测验》(TTCT)的测试和中美学生的跨文化比较[J]. 应用心理学,1988(3):22-29.

⑤ 翟雪松,束永红. 创新能力的内涵、测量与培养——访美国教育传播与技术协会前主席布拉德·霍坎森教授[J]. 开放教育研究,2018,24(5):4-10.

种测验工具进行发展和改进的代表还有芝加哥大学创造力测验、沃利奇-凯根（Wallich and Kagan）测验，均是侧重对发散性思维的测验，测验标准也与吉尔福德的三标准大同小异。近期最具代表性的测验工具是PISA 2021创造性思维测评，其依托于"小C"创造力对课堂情境中的创造性思维进行测验，分别从创新表达（分为文字和视觉表达）、问题解决和知识创新三个内容维度对"生成多样化的想法""生成有创造性的想法""评估和改进想法"三个能力维度进行考查①。经过国内外学者对不同年龄阶段被试者的实证研究证明，此类测评工具较适合运用于教学环境中，且出于其形式多样、易于理解的测评方式也被证明适合用于较小年龄段被试者的测验中，能够较为准确地反映出被试者创造性思维的开发情况及其创新潜能。托兰斯等人的测验工具被认为是对被试者长期创造力有长期的预测效度②，一定程度上也为学生的差异化培养、创新教育策略改革提供参考工具。但上述问卷均或多或少存在测量结果不稳定、未考虑被试者天赋因素影响、评价受评分者主观影响、时间成本高等缺陷。

1.2.3.2 创造力特质的测量

创造力特质测量是当前学界采用最广泛也被验证是易于操作且在信度、效度上具有良好表现的测量方式，其主要是通过量表评估与创新能力相关的个人特征，例如人格、行为、动机、态度等，找寻主体特质的趋同性作为测量个体创新能力的参考。

威廉姆斯创造力倾向量表是该领域的代表问卷。威廉姆斯（Williams）基于认知-情感-互动教学策略模型，将创新能力分为想象力、好奇心、冒险性、挑战性四个人格特征上的维度，采用50个陈述表达分别对应不同维度，通过被试者自陈方式来进行维度和综合评分，某一维度得分越高则被认为是该维度对应的能力越强，综合得分越高则象征创新能力倾向越强③。该量表是国际公认为成熟的、权威性较强的量表，因此也作为本研究测量量表的参考基础。

---

① 安奕，任玉丹，韩奕帆，等. PISA2021创造性思维测评及启示[J]. 中国考试，2019（11）：71-78.

② 俞国良，曾盼盼. 中小学生创造力的测量和评价[J]. 山东教育科研，2001（Z1）：97-100.

③ 孙雪. 基于威廉斯创造力倾向测量的研究生创造力倾向研究——以东南大学为例[J]. 东南大学学报（哲学社会科学版），2020，22（S1）：141-144.

哈德逊（Hudson）认为创造力的根源不在于趋同或发散性思维，而在于性格方面的行动和动机。在创造性行动层面，前人的 BICB（创造性行为自传量表，Biographical Inventory of Creative Behavior）和 CBI（创造性行为量表，Creative Behavior Inventory）具有良好的信效度，但只能依靠行为频率对主体进行整体评分，不能显示领域差异，在个性化培养的教育背景中已然过时。基于此，考夫曼创造出一个新的基于行为的创造力评级量表——创造力领域量表（K-DOCS，Kaufman Domains of Creativity Scale），用来评估被试者在日常生活、学术、表演（包括写作和音乐）、科学和艺术领域的行为的创新能力。国内学者涂翠平 2015 年将其引入国内并进行本土化改编，验证 K-DOCS 中文版同样具有良好的测量表现。该量表结合创造性自我效能感知的概念，注重对自我个人能力信念的关注，使之成为研究信念、认知和元认知的更深入的工具，也为赞同创新能力领域特殊性的学者提供可用工具，为差异化创新能力培养模式提供参考，但此类自评量表都无法规避社会赞许效应带来的测量误差问题[①②]。

创造动机对创新潜能的预测作用得到学界诸多验证，例如安曼贝尔的工作偏好问卷和托兰斯的创造性动机量表。在测量动机对创造力影响方面的最新代表是泰勒（Taylor）和考夫曼制作的创造性特质动机量表（CTM，Creative Trait Motivation Scale）。安曼贝尔前期的研究中提出，具有创造力所需特征和能力的个人是否真正地具有创造性表现取决于两种不同类型的动机水平，即享受一项活动的内在动机和为获得某种结果的外部动机，轩尼诗（Hennessey）、帕布（Prabhu）等人的实证研究也多佐证创造力表现确实与内在特质动机及外在特质动机呈相关性，但将动机因素僵硬划分为二元观点具有局限性的观点也得到大量学术支持。基于此基础，泰勒和考夫曼根据自决理论，将内在动机、外在动机和无动机视为动机连续统一体纳入艺术、日常和科学三个领域创造能力测量中，结果显示能有效、清晰显示不同

---

① 涂翠平，樊富珉. Kaufman 领域创造力量表中文版的验证及初步应用[J]. 心理与行为研究，2015，13（6）：811-816.

② KAUFMAN J C. Counting the muses：development of the Kaufman domains of creativity scale（K-DOCS）[J]. Psychology of Aesthetics Creativity and the Arts，2012，6（4）：298-308.

动机与不同领域创造力之间的关系，为后续从动机角度探讨创新能力的培养铺平道路[①②]。

关于创造力态度的测量，创造力态度问卷（CAS，Creativity Attitude Scale）是目前运用较为广泛的工具。舍费尔（Schaefer）从对自己想法的信心、对幻想的欣赏、理论和审美取向、对冲动表达的开放、对新奇的渴望五个维度建构起CAS，该量表多用于测量儿童创造力态度以预测其创新潜能，被认为在挑选特殊儿童、评估教学效果方面有良好表现[③]。周林将其引入国内根据国情翻译并改编后开展了实证研究，认为其对教育心理领域深入探讨个性、智慧和学业成绩之间的关系具有一定积极作用[④]。但也有研究证明创造力态度会随着被试者身心发展、承受的外部压力等因素发生改变，因此预测效果并非持久稳定。

1.2.3.3 创新成果测量

在发散性思维测验广为流传和实践后，后续研究中学者发现创造性思维运作过程和创造性人格倾向的观察较为复杂，逐步开展对创造性产品的评估研究。针对创新成果的评估，学界多采用专家评估形式，创新产品数量、实用专利、奖项等客观指标作为辅助方式。芒福德指出创造性成就的测量必须基于三个标准，产品标准，例如专利、专业认可标准，例如领域重要的奖项；社会认可标准，例如专家评定[⑤]。对于艺术、言语等类型产品创造力的评估方面，学者一直以来依赖于安曼贝尔提出的CAT（Consensual Assessment Technique，同感评估技术、一致性评估技术），这种测验的原理基于斯滕伯格提出的“创造力内隐理论”，认为同一领域的专家会对同一件作品产生“同感”，因此专家对产品创新性的评价具有相对稳定性和可参考性，但用于CAT

① AMABILE T M. The social psychology of creativity: a componential conceptualization[J]. Journal of Personality and Social Psychology，1983，45（2）：357-376.

② TAYLOR C L，KAUFMAN J C. The creative trait motivation scales[J]. Thinking Skills and Creativity，2021，39：100763.

③ SCHAEFER C E，BRIDGES C I. Development of a creativity attitude survey for children[J]. Perceptual and Motor Skills，1970，31（3）：861-862.

④ 周林. 创造力态度测量（CAS）的标准化修订[J]. 心理发展与教育，1996（1）：23-25.

⑤ MUMFORD M D，GUSTAFSON S B. Creativity syndrome：integration，application and innovation[J]. Psychological Bulletin，1988，103（1）：27-43.

技术评估的作品必须满足开放性的特征。这一方法因操作简单被国外学者在实证研究中广泛使用，如今已经被扩展到更加多元的、跨文化背景的实验场景中，但其缺陷在于适用对象受限、评价主观性较强等[①②]。

斯滕伯格等人认为，创新能力的潜质体现在现实产品的转化中[③]，而学界少有评估有形、科学或技术产品创新能力的研究。克罗普利（Cropley）和考夫曼基于其创造力功能模型和斯滕伯格等人"创新产品推进模型"原理，综合前人对创新产品的测评指标制做出适用于非专家评委评估的创意解决方案诊断量表（CSDS，the Creative Solution Diagnosis Scale），对创新产品的相关性和有效性（产品做了它该做的事）、问题化（产品帮助定义手头的问题）、推动力（产品对手头的问题有新的启发）、优雅性（产品执行得好）、起源（产品改变了对问题的理解方式）五个维度进行测量。该工具旨在为创意产品评估提供更普适、可量化的参考，经实证验证能有效使"新手"评委做出可靠评价[④]。

对创新成果的评估除评委评价法外，也有基于心理测量的工具。卡森（Carson）创造力成就问卷（CAQ，the Creative Achievemeat Questionnaire）是关于视觉艺术、音乐、舞蹈、建筑设计、创意写作、幽默、发明、科学发现、戏剧和电影、烹饪艺术十个领域的创造力成就的自陈量表，每个领域包含 8 个成就级别，从"我在这一领域没有受过培训"到"我在这一领域受到过国家级别的认可"分别赋分 0 到 7，以领域累计得分作为判断依据，常被作为日常创造力的测量[⑤]。CAQ 较之于专家评估形式能较为客观、准确地反映被试者不同领域创新能力的表现，且易于操作，另外其内容集中于实际创

① HENNESSEY B A，AMABILE T M. Creativity[J]. Annual Review of Psychology，2010，61：569-598.

② 宋晓辉，施建农. 创造力测量手段——同感评估技术（CAT）简介[J]. 心理科学进展，2005（6）：37-42.

③ STERNBERG R J. The nature of creativity[J]. Creativity Research Journal，2006，18（1）：87-98.

④ CROPLEY D H，KAUFMAN J C. Measuring functional creativity：non-expert Raters and the creative solution diagnosis scale[J]. Journal of Creative Behavior，2012，46（2）：119-137.

⑤ CARSON S H，PETERSON J B，HIGGINS D M. Reliability，validity，and factor structure of the creative achievement questionnaire[J]. Creativity Research Journal，2005，17（1）：37-50.

造性成就的自我报告，一定程度上避免社会赞许效应带来的偏差，被国内外研究者广泛采纳。后被中国学者引入国内，在成年群体创新能力测量方面具有良好效果[①]。

1.2.3.4 创造性环境测量

系统的、综合的创新能力定义认为，创新能力是个体智力、人格、动机等因素与环境互相作用的过程中产出新颖的、有用的产品的能力。亨特（Hunter）等人对42项创新环境的相关研究进行了定量分析，对诸如支持和自主性的创造力氛围维度与诸如创造性成就等指标之间的关系，总结出创造性氛围是创造性表现有效预测因素[②]。学界对于创新能力产生的情境因素的测量也多从创造性氛围入手，例如安曼贝尔等人为测量工作环境中的创新能力制作的创造力氛围测量表，该量表从八个包括领导行为在内的影响创新能力的组织氛围维度入手从微观视角考察了创造力氛围的作用力[③]。艾萨肯（Isaken）等人建构的创造力团体氛围测量工具（SOQ，Situational Outlook Questionnaire）从团队内的挑战、冲突、信任和开放性、自由程度、幽默感、冒险性、争论、设想支持、设想时间九个方面开展测评[④]。国内学者杜瑶琳等人编制的班级创新氛围问卷，将我国教育环境中班级创新氛围总结为鼓励支持、自主准予、启发探索、忽视抑制，考量创新氛围对中学生日常创造性行为的影响机制[⑤]。傅世侠等人建构的科技团队创造氛围问卷，评估影响团队创造行为的客观环境因素和成员主观感受，结合团队创造主体和团队创造过程两个维度考察创造过程中所需的氛围条件[⑥]。环境因素作为外在因素对创新能力产生影响，其本身具备客观性和间接性并不能直接反映或预测被试

---

① 王战旗，张兴利. 创造力成就问卷的中文修订[J]. 心理与行为研究，2020，18（3）：390-397.

② HUNTER S T，BEDELL K E，MUMFORD M D. Climate for creativity：a quantitative review[J]. Creativity Research Journal，2007，19（1）：69-90.

③ 郭桂梅，段兴民. 变革型领导行为与创造性：内在动机和创造性工作氛围的中介作用——针对中国企业管理实践的分析[J]. 科学学与科学技术管理，2008（3）：189-196.

④ 徐雪芬，辛涛. 创造力测量的研究取向和新进展[J]. 清华大学教育研究，2013，34（1）：54-63.

⑤ 杜瑶琳，邹泓，曾荣，等. 中学班级创新氛围的特征及其对中学生日常创造性行为的影响机制[J]. 中国特殊教育，2014（5）：59-65.

⑥ 傅世侠，罗玲玲，孙雍君，等. 科技团体创造力评估模型研究[J]. 自然辩证法研究，2005（2）：79-82.

者的创新能力水平，因此国内外有关创造性环境的研究多将其与影响创新能力的其他因素结合研究，如创造性氛围与创造性成就、创意效能感与班级创新氛围等，但这一取向的研究提示研究者在进行创新能力测量时不能脱离现实空间，将创新能力视为“玻璃罩子中的花”。

根据总体研究趋势来看，在实验环境中，一致性评估技术是应用最为广泛的形式；而实地研究情境下，测量量表则是最为有效和简便的测量工具①。随着创新能力领域的拓展与研究的深入，创新能力的测量方式也有更多探索空间，现代教育技术的引入让现场测量的操作难度大幅降低，未来脑科学应用到创新能力测试也被学界认为颇具研究潜质，人工智能技术的接入也会带来新的可能②。

1.3 Z世代的创新能力

随着时代的变迁和社会的发展，Z世代逐渐崭露头角，成为推动社会创新和发展的重要力量。作为数字时代的“数字原住民”，Z世代在创新能力上展现出独有的特征和潜力。因此，了解在新的时代背景下Z世代群体的创新能力现状，从已有研究中探索Z世代创新能力的特征与发展策略，将对加深对Z世代的理解、挖掘其创新潜力具有重要意义，也为本研究提供了丰富的理论支撑和实践指导。

需要指明的是，从研究目的出发，本研究重点关注仍处在受教育阶段的Z世代群体。由于Z世代群体年龄跨度较大，涵括学龄段较多，少见对Z世代整体创新能力的相关研究，学界多以Z世代中某一学龄段群体为主体开展研究。因此，此处梳理聚焦2013—2024年相关研究成果，主要的研究对象为Z世代大学生。

部分学者开发了不同的创新能力测量工具，探析当下大学生群体的创新能力现状。王洪才等人在“双创”热潮的背景下，在自我发展理论基础上创

① 王智宁，高放，叶新凤. 创造力研究述评：概念、测量方法和影响因素[J]. 中国矿业大学学报（社会科学版），2016，18（1）：55-67.

② 翟雪松，束永红. 创新能力的内涵、测量与培养——访美国教育传播与技术协会前主席布拉德·霍坎森教授[J]. 开放教育研究，2018，24（5）：4-10.

建起具有行动特色的大学生创新创业能力结构模型，并据此编制《大学生创新创业能力量表》，将创新创业能力分化成为目标确定能力、行动筹划能力、果断决策能力、沟通合作能力、把握机遇能力、防范风险能力、逆境奋起能力，通过实际调研发现我国大学生创新创业能力总体处于中等水平，但能力结构不均衡。研究显示，我国男大学生创新创业能力显著高于女大学生，大学生创新创业能力呈现随年级升高而下降的趋势，大学生创新创业能力随学业基础不同而变化，社团经历对大学生创新创业能力增加存在边际效应①。杨杰开发创新能力调查问卷，对大学生的创新思维、创新行为、创新心理品质、创新个性特征进行态度调查，考察大学生群体创新能力构成因素中的积极因素和不足情况。发现创新情感、创新观念、好奇心、交往取向、逆向思维、自信、直觉思维、学习习惯都是大学生创新能力发展过程中的积极因素②。

但更多研究者立足不同学科或宏观背景下，开展大学生创新能力的调研，探索大学生群体在不同环境中创新能力的表现。袁昌探索新工科背景下大学生创新能力的现状与培养路径，通过调研发现，工科大学生创新人格比较突出、创新技能和想象力良好，但缺乏创新动机，创新思维不够开拓③。刘春放等人在“大众创业、万众创新”的政策背景下总结出，大学生通过课堂学习提升创新理论知识、通过参与创新活动或竞赛训练提升创新思维及能力，但存在缺乏创新意识、抗压能力较差、创新动力不足等问题④。李卫中在“双一流”建设背景下指出学生缺乏创新动力，指出课程内容与工程应用场景的脱节导致创新能力培养不力，创新实践环节效果不理想⑤。陈友艳十分具有前瞻性地调查了ChatGPT时代背景下大学生创新能力的发展现状，发现约半数大学生认为自身创新意识一般，约60%的大学生认为自己创新能力一般，说明当前大学生整体创新能力现状不容乐观⑥，但该研究并未明确指出

① 王洪才，郑雅倩. 大学生创新创业能力测量及发展特征研究[J].华中师范大学学报（人文社会科学版），2022，61（3）：155-165.

② 杨杰.大学创新教育的实证思考[J].桂林电子工业学院学报，2006（2）：147-150.

③ 袁昌.新工科背景下大学生创新能力现状与培养路径研究——以土木类专业为例[J].大学教育，2023（12）：36-41.

④ 刘春放，谢孝河.“双创”背景下大学生创新能力培养现状与对策[J].科技创业月刊，2022，35（7）：147-149.

⑤ 李卫中.“双一流”建设背景下的大学生创新能力培养[J].湖北工程学院学报，2024，44（3）：106-109.

⑥ 陈友艳. ChatGPT时代大学生创新能力培养途径探究[J].实验室研究与探索，2023，42（10）：239-243.

ChatGPT时代背景对大学生群体创新能力的具体影响，也并未采用细化的创新能力测量量表，因此该研究更多启示后续研究者重视宏观背景对创新能力的影响，也是本研究将要继续探索的内容。

Z世代的大学生作为将生命历程嵌入数字社会的第一代人，从生活的方方面面到其思维、行动都受到数字技术格外鲜明的形塑。在人工智能蓬勃发展的当下，其生活及教育环境都免不了受到人工智能的影响。部分学者在发现这一趋势后，展开对人工智能发展背景下大学生创新能力的研究，并从中发掘培养其创新能力的路径。陈友艳在调查了ChatGPT时代背景下大学生创新能力现状后，提出要采用项目式学习模式，探究现实问题，培养批判性思维；参与创新实践活动，在实践活动中提升创新能力；通过学科竞赛，拓阔视野，培养创新精神①。魏立才等人从人工智能给就业市场带来的机遇与挑战出发，提出人工智能背景下高校教育中创新创业能力的培养策略，例如要加强产学研合作，注重向跨学科范式转变等②。罗娟等人分析了人工智能背景下，当前高校创新创业教育中存在的课程僵化、师资结构失衡、培养体系不完善等问题，通过总结美国斯坦福大学“创新教育三维结构”、德国慕尼黑工业大学的“创业生态系统”、新加坡国立大学的“NOC创业课程教育”的实践经验，提出培养意识、教育实践、资金支持、营造创新环境四条改进措施③。但此类研究中较少有对大学生群体创新能力进行实际调研的内容，同样难以看出AI在教育领域中的扩散与使用对大学生群体创新能力结构的影响方式与路径，难以实现更加精准的创新能力培养，因此将两者结合考察具有重要意义。

---

① 陈友艳. ChatGPT时代大学生创新能力培养途径探究[J].实验室研究与探索，2023，42（10）：239-243.

② 魏立才，蔡琼，文俊方.人工智能背景下大学生创新创业能力培养：机遇、挑战与策略[J].高等理科教育，2021（5）：74-80.

③ 罗娟，单路路，张梦汝.人工智能背景下大学生创新创业意识与能力的培养研究[J].科学咨询（科技·管理），2021（10）：193-194.

2 Z 世代创新能力评估指标的建构

2.1 创新能力测评指标综述

2016 年的全国教育大会，提出要引导学生培养综合能力与创新思维，强调应增强教育服务创新发展能力，突出创新意识和实践能力的培养，以造就更多创新型人才和高素质人才。同年，我国发布《中国学生发展核心素养》，首次将实践创新能力纳入六大核心素养之中。创新能力研究从国家战略高度被赋予新的内容和意义，即开发和培养创新能力，以创新人才培养驱动发展。评估创新能力，改革现有培养模式，推动人才教育与时代要求接轨当为创新教育的应有之义。本节梳理国内外教育教学领域内个体创新能力测评指标，为建构起适应国内现实情况的测评指标体系提供参考。

2.1.1 创新能力测评一级指标综述

根据前文对国内外创新能力研究的梳理，本研究发现对创新能力成分构成的研究主要持两种观点，单因素观点派认为创新能力即创新思维，多因素观点派主张创新能力由多种成分构成。创新能力成分的相关研究纷繁复杂，为锁定研究目标此处主要聚焦教育领域内创新能力测评指标。本研究以“创新能力评价”“创新能力指标”为关键词在中国知网和 Web of Science 中检索，共显示 6427 条结果，在剔除掉“宏观经济管理”“科学研究管理”“企业经济”

等无关学科选项后，约有 2124 篇围绕师生创新能力评价指标的研究成果，可一瞥教育领域对创新能力评价和培养的重视程度。

国外创新能力测评研究多围绕创新品质、创新思维、创新产品这个“从人到过程到产品”的路径，而测评工具多围绕其中某一部分进行测量，以此推导个体创新能力水平。前文对测评工具已经进行简要介绍，但聚焦于某一维度的测量工具及方式能反映出的创新能力的程度有限，因此学者在综合测评方面进行了积极尝试。安曼贝尔、考夫曼等学者早前进行了相关研究，将创新氛围、领域知识及技能等因素作为指标纳入创新能力测评体系中形成新的测评量表，如创造力氛围量表、领域创造力量表；也有学者研究将多个单项维度的测量表结合使用以多方面评定被试者创新能力水平，如威廉姆斯发布的“创新能力评价包”，其中就包括了对创新人格、创新思维和创新行为的三种自评量表。上述量表在教育领域的改编与使用屡见不鲜，都展现出较好的评估能力。[①②]

菲尔斯特（Furst）等人建构起一套衡量日常创新能力的新方法，综合对创新人格、认知风格、创造性兴趣、创新活动和成就的测评量表和包括发散性思维、洞察力和“现实生活中”创造力的任务评估，在对大学生进行实证研究后被证实有较高检测效率且有坚实的理论基础，为开发多变量和理论驱动的创新能力评估提供有益参考[③]。西班牙学者阿尔巴·冈萨雷斯按教育阶段总结出影响创新能力的相关变量，学龄前和小学阶段与创新能力相关的研究中最多的变量为智力，还包括情绪、人格等创新品质、创造性生产、攻击性控制等创造性行为，中学聚焦创新品质及创新技能，大学阶段思维方式这一指标则更为突出，这一研究也说明创新能力的测量标志并非固定[④]。美国多

① Amabile T M. Social psychology of creativity：a consensual assessment technique[J]. Journal of Personality and Social Psychology，1982，43（5）：997-1013.

② KAUFMAN J C. Counting the muses：development of the Kaufman domains of creativity scale（K-DOCS）[J]. Psychology of Aesthetics Creativity and the Arts，2012，6（4）：298-308. DOI：10.1037/a0029751.

③ FURST G，GRIN F. A comprehensive method for the measurement of everyday creativity[J]. Thinking Skills and Creativity，2018，28：84-97.

④ GONZALEZ-MORENo A，MOLERO-JURADO M D M. Creatividad y variables relacionadas según la etapa educativa：revisión sistem á tica[J]. Alterdad-Revista de Educacion，2022，17（2）：246-261.

所知名大学联合发表的《评价创造力：教育者的指南》（NRCGT，The National Research Center on the Gifted and Talented）在综合和梳理了120个创造力定义的基础上将创造性表现归纳为：产生观点、深入考察观点、开放并勇于探索观点、自我理解与控制，分别对应创新认知特征、创新人格品质和个体经历三个维度，这三个维度构成的创新能力定义，也被认为是美国学术界对创新能力做出的最为全面的描述，既为教育工作者评估学生创新能力提供科学参考，也为培养和发展学生创新能力指明方向[①]。

国内学者对创新能力测评指标的探索则较为系统。从传统创新能力构成成分组合情况来看，李文光等人强调对数字教学背景下中小学生的创造性过程（具化为数字化学习的过程）、创造性产品（具化为数字化成果）、创造性个性特征（新颖和独特）进行观察[②]。沈光辉等人基于创客教育视角建构起初中生创新能力测评模型包括创新品质、创新思维和创新技能三个一级指标[③]。张宝臣对中小学创新能力评价的研究和李燕对大学生创新能力培养的研究均认为创新能力的测评维度至少应该包含创新意识、创新思维、创新技能[④⑤]。徐吉洪等人在多学科视角下建构起高校研究生创新能力评价指标体系，一级指标包括创新思维、创新人格、知识结构、创新实践、创新成果[⑥]。甘秋玲等人根据“21世纪核心素养5C模型”介绍创新素养的三大维度：创新人格、创新思维和创新实践[⑦]。钟柏昌对21篇文献观点的“取其精华”后在创新人格、创新思维、创新学习、创新技能和创新实践五项一级指标中诠释了好奇心与想象力、发散思维、逻辑思维、自主学习能力、问题的提出和解决、成

---

① 蔡敏．美国中小学生创造力评价探析[J]．外国教育研究，2008（10）：47-52.

② 李文光，何志龙，何克抗．基于创新能力培养的教学设计理论与试验探索[J]．中国电化教育，2002（10）：12-18.

③ 沈光辉，高鑫，宋乃庆．基于创客教育视角的初中生创新能力测评模型构建与应用[J]．中国电化教育，2022（4）：71-78.

④ 李燕．大学生创新能力培养刍议[J]．学校党建与思想教育，2005（12）：75-76.

⑤ 张宝臣．高等师范教育改革与中小学生创新能力的培养[J]．教育理论与实践，2004（4）：40-42.

⑥ 徐吉洪，郭石明，洪滔，等．多学科视阈下研究生创新能力评价指标体系的构建[J]．研究生教育研究，2016（3）：67-71.

⑦ 甘秋玲，白新文，刘坚，等．创新素养：21世纪核心素养5C模型之三[J]．华东师范大学学报（教育科学版），2020，38（2）：57-70.

果产出和优化六项核心指标的意涵[①]。部分学者从已拥有知识的调用与创新视角出发，将知识体系纳入创新能力评价体系中。王银双将大学生创新能力概括为培养大学生的专业知识、创新意识和思维[②]。朱红从思维特征、人格特征、行为特征和知识体系四个维度来测量研究生创新能力水平[③]。王家祺、曹颖颐将影响创新能力的因素分为创新学习能力、创新知识基础、创新思维能力和创新技能四个指标[④]。知识体系的纳入也在操作性定义上蕴含了创新能力领域特殊性的观点。朱小军、潘立等学者还将人格魅力、良好的人格品质、思想道德力等非智力因素作为单独指标纳入测评体系中，但根据其研究结论来看，上述因素均是以创新动机、创新精神等人格特征的表征对创新能力起到促进或抑制作用[⑤⑥]。

综合考量国内外学者对不同学龄段被试者创新能力内涵及测评体系的解构，本研究总结当前学界个人层面的创新能力测评的一级指标多包括创新思维、创新品质、创新实践三项基本内容。

2.1.2 创新能力测评二级指标综述

创新能力测评的二级指标多为一级指标的构成因子或评价标准，不同学者的解释和评价标准各有不同。

在创新思维方面，吉尔福德等人认为创新思维就是以发散性思维为核心的思维方式，应对思维的流畅性、灵活性、独创性进行评估；岳晓东等人认为创新思维还应包括用来演绎和归纳知识的聚合思维，聚合思维强调对已有

---

① 钟柏昌，龚佳欣．学生创新能力评价：核心要素、问题与展望——基于中文核心期刊论文的系统综述[J]．中国远程教育，2022（9）：34-43.

② 王银双，贺银娟．产教融合下江西省大学生创新能力现状及对策——以某民办高校为例[J]．科技与创新，2016（19）：30-31.

③ 朱红，李文利，左祖晶．我国研究生创新能力的现状及其影响机制[J]．高等教育研究，2011，32（2）：74-82.

④ 王家祺，曹颖颐．大学生创新能力综合评价研究[J]．武汉理工大学学报（信息与管理工程版），2007（8）：133-137.

⑤ 朱小军，时章明，周萍．硕士研究生创新能力培养中的导师指导因素探究[J]．长沙铁道学院学报（社会科学版），2007（1）：246-248.

⑥ 潘立，计时鸣，鲁聪达．以创新教育平台为基点的创新型人才培养[J]．黑龙江高教研究，2006（3）：124-126.

知识的理解和运用，被认为是创新的条件和基础，与发散性思维相辅相成①，林崇德、俞国良、严月娟等人对创新能力的定义（见 1.2.2）中同样蕴含了这一观点。李润洲等人认为创新思维是由批判思维、发散思维、聚合思维构成的综合思维，认为批判思维是创新的开端，没有问题的发现就无所谓问题的解决与创新②。沈光辉等人根据中小学生创新思维运作方式认为创新思维包括直觉与逻辑思维、发散思维及批判性思维三个维度③。岳晓东在总结大学生创新能力培养“思维标准化”“知识无活力化”的障碍后将创造思维划分为聚合思维、发散思维、辩证思维、批判思维四个维度④。还有部分学者将想象力纳入创新思维能力，考量借助符号将抽象知识形象化的能力⑤，申继亮等人同样认同想象力应该是种认知能力⑥。除思维模式外，骆方等人在托兰斯发散性思维测试 13 项指标的基础上归纳整合成为创造力思维的 10 种能力表现，构建起原创的中学生创造性思维能力自评测验，从把握关键的能力、综合整理能力、联想力、通感能力、思维的兼容性、思维独创性、洞察力、概要解释能力、评价能力、投射未来能力十个维度进行测评，经检验具有良好的信度和适宜的效标效度⑦。

在创新品质层面，学界内研究最广泛的是创新性人格的测量。国内外学者认可度较高的创造性倾向维度是威廉姆斯建构的四大指标：好奇心、冒险性、想象力和挑战性。吉尔福德总结出创造型人格的八大特征（见 1.2.2）。斯滕伯格总结出高创造力个体拥有 7 种典型人格特征：能容忍模棱状态、具有克服障碍的意志、具有自我超越的愿望、受内在动机驱动、具有适度的冒险精神、希望得到认可、为获得认可而工作的愿望⑧。《发现兴趣团体问卷》

---

① 岳晓东，龚放. 创新思维的形成与创新人才的培养[J]. 教育研究，1999(10)：9-16.

② 李润洲. 论研究生创新思维的培育——一种教育学的视角[J]. 学位与研究生教育，2018（10）：26-31.

③ 沈光辉，高鑫，宋乃庆. 基于创客教育视角的初中生创新能力测评模型构建与应用[J]. 中国电化教育，2022（4）：71-78.

④ 岳晓东. 大学生创新能力培养之我见[J]. 高等教育研究，2004（1）：84-91.

⑤ 王家祺，曹颖颐. 大学生创新能力综合评价研究[J]. 武汉理工大学学报（信息与管理工程版），2007（8）：133-137.

⑥ 申继亮，王鑫，师保国. 青少年创造性倾向的结构与发展特征研究[J]. 心理发展与教育，2005（4）：28-33.

⑦ 骆方，孟庆茂. 中学生创造性思维能力自评测验的编制[J]. 心理发展与教育，2005（4）：94-98.

⑧ 孙雍君. 斯腾伯格创造力理论述评[J]. 自然辩证法通讯，2000（1）：29-37.

分别测量幽默感、冒险性、创造性、好奇心、独立性、坚持性、内省性、艺术兴趣等人格特点。且该量表被验证结果具有稳定性，即通过该量表测量出来的得分不随着年龄增长而大幅改变，这也就意味着较之智力因素，创新能力与个性的关系可能更为密切[①]。国内学者对创造型人格测量的实证研究通常“站在巨人的肩膀”，对国内外研究成果或成熟量表进行本土化改编后，引入国内教育环境验证可行性，或在前人研究结论的基础上结合被试者受教育背景等实际情况进行改编。申继亮等人综合前人研究结果将创造性倾向分为自信心、好奇心、探索性、挑战性和意志力五个指标，并在对青少年创造性倾向的测评中证实了指标的合理性[②]。李西营等人借助《中国青少年创造性人格问卷（CACPI）》[③]《青少年科学创造力测验》[④]对中美青少年创造性人格进行测评，将“自信心、好奇心、内部动机、怀疑性、开放性、自我接纳、独立性、冒险性、坚持性”九项创造性人格指标与创造性交叉分析，结论证明自我接纳、自信心、好奇心与内部动机四个指标与创造性之间存在显著相关性[⑤]。国内学者也有比较创新的提法，周治金将大学生创造性人格特征总结为寻根究底、孜孜以求、独具匠心、特立独行、笃学不倦和安于现状。张晓明等人认为独立性、意志力和自信心是创新人格的核心特质，并借助《卡特尔十六种人格因素问卷》中的部分维度作为三大指标的代替指标来测验大学生创新人格核心特质的一般水平[⑥]。林崇德将从情感、意志、个体意识、性格和习惯五个维度概括创造性人格，分别考量情感的性质、程度和理智感，意志的目的性、果断性和自制力，个体意识的表现形态，性格中态度特征及习惯的良好表现，但没有经过实证研究证明五个指标的适用性[⑦]。

---

① 金盛华. 论创造力的本质与测量[J]. 北京师范大学学报，1992（1）：68-75.

② 申继亮，王鑫，师保国. 青少年创造性倾向的结构与发展特征研究[J]. 心理发展与教育，2005（4）：28-33.

③ QIAN M，PLUCKER J A，SHEN J. A model of Chinese adolescents ' creative personality[J]. Creativity Research JOURNAL，2010，22（1）：62-67. DOI：10.1080/10400410903579585.

④ Weiping H，Adey P. A scientific creativity test for secondary school students[J]. International Journal of Science Education，2002，24（2）：389-403.

⑤ 李西营，刘小先，申继亮. 青少年创造性人格和创造性的关系：来自中美比较的证据[J]. 心理学探新，2014，34（2）：186-192.

⑥ 张晓明，郝春媛. 大学生创新人格核心特质研究[J]. 高等教育研究，2002（2）：80-83.

⑦ 林崇德. 创造性人才特征与教育模式再构[J]. 中国教育学刊，2010（6）：1-4.

创新实践即个体运用既有知识和技能将创新观念转化成受到社会认可的新颖的、适用的现实成果或创新想法的行为或过程，这一概念指涉知识体系、创新技能、创新成果三维度内容。曹颖颐等人认为知识基础是创新能力生根发芽的土壤，将知识基础分为基础知识水平、专业知识水平、交叉知识水平和创新知识水平四个二级指标，吕科建对其评价体系进行了实证验证，佐证了知识基础作为二级指标的合理性[①②]。徐吉洪将影响创新能力的知识结构细化为陈述性知识（专业基础知识）、程序性知识（跨学科知识等）和策略性知识（方法论知识等）[③]。但斯滕伯格和鲁伯特的研究表明，知识基础与创新能力呈“倒U型”曲线关系，即知识基础过于夯实，反而会束缚创新能力的发展，但过于单薄又会失去创新敏感[④]，正如岳晓东指出的“知识失活力化”困境，知识如果得不到灵活运用就会阻碍创新能力发展[⑤]。因此针对将知识基础纳入创新能力测量中的研究，有学者提出反对意见，认为知识体系作为静态因素并不适用于动态的创新能力测评和能力培养路径探索中，而自主学习能力指标更能体现创新能力的发展过程，其评判标准是自主性、灵活性和过程性[⑤]。

安曼贝尔、布鲁克、贝尔、斯滕伯格等人对领域创造性的研究认可创新技能的重要性。沈光辉总结创新技能包括跨学科能力、设计能力和操作能力[⑥]。陈德明、尹喜云等人将大学生的一般创新技能概括为信息处理能力、创新表达能力、表现能力、动手能力及学习和运用新技术的能力[⑦⑧]。郑美红基于模糊评判将创新技能归纳为设计能力、实践能力和创新方法三项

① 王家祺，曹颖颐. 大学生创新能力综合评价研究[J]. 武汉理工大学学报（信息与管理工程版），2007（8）：133-137.

② 吕科建，王东东，杨立芳. 大学生创新能力“六性”培养的评价及思考[J]. 科技管理研究，2012，32（24）：140-143.

③ 徐吉洪，郭石明，洪滔，等. 多学科视角下研究生创新能力评价指标体系的构建[J]. 研究生教育研究，2016（3）：67-71.

④ 钟柏昌，龚佳欣. 学生创新能力评价：核心要素、问题与展望——基于中文核心期刊论文的系统综述[J]. 中国远程教育，2022（9）：34-43.

⑤ 岳晓东. 大学生创新能力培养之我见[J]. 高等教育研究，2004（1）：84-91.

⑥ 沈光辉，高鑫，宋乃庆. 基于创客教育视角的初中生创新能力测评模型构建与应用[J]. 中国电化教育，2022（4）：71-78.

⑦ 尹喜云，李鹏南. 科研训练：提高大学生创新能力的有效途径[J]. 湖北教育学院学报，2007（6）：99-100.

⑧ 陈德明. 如何培养学生的创新技能[J]. 发明与创新（综合科技），2010（5）：40-41.

指标[①]。但钟柏昌等学者认为提出问题和解决问题的能力才是创新技能应该关注的重点，这是创新能力的外显行为与核心技能[②]。王家祺等人从创新活动成果、课题独特水平、课程设计质量、毕业论文质量四项指标来测评研究生的创新技能水平[③]，这些指标既体现了不同技能转化为成果的具象表现，又包含了对成果本身的测评。

创新成果是创新能力最直观的评价指标，其测量方式学界内的研究有两种取向，一种是国际公认的新颖性和适用性的评价；另一种是围绕成果产出的质量、数量、贡献度进行评价，例如卡森对不同领域创造力成就的测量，其中的指标就包括获奖、被媒体报道等情况[④]；徐吉洪等人对学术论文、学位论文、论著、获奖与批示、专利等指标的测量[⑤]，这也是在教育领域较常见的取向。

总的来说，测评创新思维的二级指标多为发散性思维、聚合性思维、批判思维等影响创新能力的智力因素；测评创新品质的二级指标多为人格特质、创新动机、创新意愿等非智力因素；测评创新实践的二级指标多从知识体系、创新技能、创新成果三个维度入手，一方面评价运用知识体系和创新技能创造出成果的过程，另一方面则是对成果本身进行评估。也有很大一部分学者根据研究的指向性将发散性思维、人格特征等具有代表性和核心影响力的指标作为一级指标，将其对应的评价标准，例如流畅性、好奇心等作为二级指标。正如创新能力内涵本身的复杂性一样，不同研究视角建构的测评体系与指标也五花八门，研究者能做的就是科学选择测量工具和指标，根据实际情况进行调整而非直接套用，才能真实反映出被试者的创新能力发展水平，为其探索出高效可行的培养路径。

---

① 郑美红. 基于模糊评判的大学生创新能力测评体系构建探析[J]. 知识经济，2013（20）：180.

② 钟柏昌，龚佳欣. 学生创新能力评价：核心要素、问题与展望——基于中文核心期刊论文的系统综述[J]. 中国远程教育，2022（9）：34-43.

③ 王家祺，曹颖颐. 大学生创新能力综合评价研究[J]. 武汉理工大学学报（信息与管理工程版），2007（8）：133-137.

④ CARSON S H，PETERSON J B，HIGGINS D M. Reliability，validity，and factor structure of the creative achievement questionnaire[J]. Creativity Research Journal，2005，17（1）：37-50. DOI：10.1207/s15326934crj1701_4.

⑤ 徐吉洪，郭石明，洪滔，等. 多学科视阈下研究生创新能力评价指标体系的构建[J]. 研究生教育研究，2016（3）：67-71.

2.2 Z 世代创新能力评估指标的建构

Z 世代群体即将甚至已经登上历史舞台，成为推动经济社会高质量发展的后备军和社会主义现代化强国建设的接班人，其创新能力的开发与培养不仅关切到群体本身的发展，更与国家的前途命运息息相关。伴随着互联网成长的新生代人群的创新能力呈现出怎样的特征？信息技术、人工智能技术对其日常生活学习的嵌入又会对他们的创新能力带来怎样的影响？Z 世代的创新能力如何做到“从娃娃抓起”？这一系列问题都需要建立在对创新能力的测评之上。本节将介绍本研究编制的 Z 世代创新能力测评量表及其指标体系的建构。

2.2.1 Z 世代创新能力测评一级指标建构

正式开展研究前，本研究需要先对创新能力进行操作性定义以指导指标建构。综合学习国内外创新能力的定义后，本研究着重强调创新人格和创新成果，将创新能力定义为：具有某种人格特质的个体在创新活动过程中，灵活调动既有知识和技能实际解决问题，或产生一定范围内公认的新颖的、有价值的创新观念并将其转化为现实成果的能力。

本研究所制的 Z 世代创新能力测量表（下文简称“本量表”）的主要测试人群是 Z 世代，根据前文定义即“1995—2009 年间出生的一代人”，这一代人目前最年长的 30 岁，初入社会，但大部分群体还处在学生时代，跨度从初中生到研究生，因此在建构指标体系、编制量表时着重考虑教育背景。鉴于本研究主要被试群体是大学生群体，因此在做梳理时侧重于参考国内外学者对大学生群体创新能力的研究成果。

根据本文研究目标和被试人群特征，综合考量指标体系建构的科学性、动态性、激励性和可操作性的原则①，本量表制定了创新人格和创新成果两项一级指标。

① 徐吉洪，郭石明，洪滔，等. 多学科视阈下研究生创新能力评价指标体系的构建[J]. 研究生教育研究，2016（3）：67-71.

1. 创新人格

创新人格即个体所拥有的对创新能力发展和完成创新任务起到积极作用的个性特征[①]。考虑到测评环境与内部一致性，本研究选用创造性人格作为创新品质的主要考量指标。从适用层面来说，是因为人格特征被证明具有稳定性，较之智力、动机等因素不易受到外部环境影响。20 世纪 80 年代，林崇德提出："创造型人才 = 创造性思维+创造性人格"，这一提法强调对创造性人格发掘和培育的重要性[②]。如斯滕伯格和鲁伯特研究所证实的，创新性人格特征具有天生的稳定性，能够对个体创新成就具有一定的预测作用[③]。从操作层面来说，正因为创造性人格具有相对稳定性，能适用于 Z 世代各个学龄段被试人群，尤其是大学生群体。多项研究证实，以创新性人格来评判个体创新能力效果同发散性思维测试、创新产品评估一样有效，且具备更经济、便捷的优势[④]。从交叉领域来说，国内外部分学者认为应将好奇心和想象力维度纳入创造性思维维度来考量被试人群思维的天马行空、新颖独特。钟柏昌直言"发散思维与逻辑思维是好奇心与想象力的凝聚体[①]"，人格特征中的好奇心与想象力一定程度上也能反映创新思维模式。

2. 创新成果

创新成果是指个体运用既有知识和技能将创新观念转化成的受到社会认可的新颖的、适用的现实成果或创新想法。这一指标包括创新技能运用与创新成果评价两方面内容，不仅考察创新主体能够运用在创新活动中的行为技巧,还考察创新主体综合运用创新技能将创意转换成为实际成果的能力水平。将创新成果作为创新实践层面的另一重要指标出于以下考量：一方面，学界内普遍认为创新成果是创新能力最直观的体现，对于创新能力的测量指标，例如新颖性、有用性，都有较为成熟的验证结论；另外，在教育背景下创新

① 蔡笑岳，朱雨洁. 中小学生创造性倾向、智力及学业成绩的相关研究[J]. 心理发展与教育，2007（2）：36-41.

② 林崇德. 创造性人才特征与教育模式再构[J]. 中国教育学刊，2010（6）：1-4.

③ 钟柏昌，龚佳欣. 学生创新能力评价：核心要素、问题与展望——基于中文核心期刊论文的系统综述[J]. 中国远程教育，2022（9）：34-43.

④ 李志鸿，周云祥. 国外对学生创造力的评价技术[J]. 外国中小学教育，2005（10）：23-27.

成果的有无、质量、数量等指标能够较为清晰、客观地反映学生创新能力水平和发展趋势，一定程度上避免社会赞许效应带来的测量偏差，能为创新能力培养提供更准确的参考数据。另一方面，创新成果的概念同样包括了创新主体将观念转化为成果的过程与能力，结合人格特质和创新技能两个指标，实现从想法—实践—成果及评价的过程，体现创新活动的完整闭环。在这一指标中，创新技能强调创新的实践性，这一指标强调的不仅是技能的构成，更重要的是运用技能的实践能力和过程。张鹏、张岩岩、贾琼等人的研究总结出大学生在创新能力培养方面的认识和实践环节的脱节是促使培养不足的主要原因，因此将实践环节因素纳入考察范围是更为全面的考量①②。而创造技能的实施需要在创新的过程中充分调动相关知识和经验并将其付诸实践，它的运作过程既能体现思维模式的运作又能体现创新相关知识体系的掌握程度，例如信息处理能力从本质上是基于对信息的筛选、抽象和创新应用。另外如钟柏昌等学者提出的“提出问题和解决问题”技能同理可反映创新能力的多维度成分的动态运作，因此将运用创新技能的能力作为创新成果评价方面的重要部分。

2.2.2 Z世代创新能力测评指标体系建构

Z世代创新能力测量表将创新人格和创新成果两个一级指标，分化为六个二级指标：挑战性、冒险性、好奇性、想象力、行动力、转换力。其中，前四项指标及其题项来源和改编自威廉斯创造力倾向量表，行动力、转换力维度则是根据一级指标中较为核心的内容，结合前人研究结果概括得来，部分题项改编自卡森创造力成就量表、考夫曼领域创造力量表，并结合《基于SEM的大学生创新能力测量模型》《影响大学生实践创新能力的学科竞赛因素研究》等研究结论编制部分题项，共计36道题，如表2.1所示。

---

① 张鹏，于兰，刘助柏，等. 高校大学生创新能力培养现状及对策研究[J]. 大学教育科学，2005（3）：50-53.

② 贾琼. 我国高校大学生创新能力培养文献综述[J]. 辽宁教育行政学院学报，2009，26（9）：58-61.

表 2.1 Z世代创新能力测量表

一级指标	二级指标	题项
创新人格	冒险性	3. 我喜欢利用旧报纸，旧日历以及旧罐头等废物来做成各种好玩的东西
		13. 尝试新的游戏和活动，是一件有趣的事
		19. 对于一件事情先猜猜看，然后再看是不是猜对了，这种方法很有趣
		23. 我喜欢尝试新的事情，目的只是为了想知道会有什么结果
	好奇性	6. 我喜欢做许多新鲜的事
		11. 我常想知道别人正在做什么
		17. 我喜欢翻箱倒柜，看看有些什么东西在里面
		18. 画图时，我很喜欢改变各种东西的颜色和形状
		20. 我对机器有兴趣，也很想知道它里面是什么样子，以及它是怎样转动的
		27. 我不喜欢探询事情发生的各种原因
		28. 我喜欢问一些别人没有想到的问题
	想象力	4. 我喜欢幻想一些我想知道或想做的事
		8. 我宁愿生活在太空站，也不喜欢在地球上
		12. 我长大后，想做一些别人长大从来没想过的事情
		15. 当我读小说或看电视时，我喜欢把自己想象成故事里的人物
		16. 我常想自己编一首新歌
		21. 我喜欢想一些点子，即使用不着也无所谓
		24. 当我看到一张陌生人的照片时，我喜欢去猜测他是怎样一个人
	挑战性	1. 我喜欢听变化多端和富有想象力的故事
		2. 画图时我喜欢临摹别人的作品
		5. 我喜欢用相同的方法做事情，不喜欢去找其他的新的方法
		9. 我认为所有的问题都有固定的答案
		10. 我喜欢与众不同的事情
		22. 为将来可能发生的问题找答案，是一件令人兴奋的事

续表

一级指标	二级指标	题 项
创新成果	行动力	7. 我喜欢（有想法即可）拆开一台机器，弄清楚它们是如何工作的
		29. 比起理论课，我更喜欢实验实践类课程，喜欢自己动手操作
		30. 我不认为有创意比动手做更重要
		31. 我能够运用一些常见的器材搭建我所需要的设计
		32. 我已经画出一项发明或创新的草图
		33. 我喜欢动手把我的设计或创想做出来
	转换力	14. 我能够将我的创意构想转化为创新成果
		25. 我曾参与过科创竞赛或学科竞赛
		26. 我在科创比赛或学科竞赛中获过奖项
		34. 我的科创或设计获得过专利
		35. 我的科创成果或者设计已经在正式出版物中发表
		36. 我的设计或科研成果曾被媒体报道过
计分方式	（1）正向题目：每一陈述有“非常同意”“同意”“不一定”“不同意”“非常不同意”五种回答，分别记为 5、4、3、2、1； （2）反向题目：“非常不同意”“不同意”“不一定”“同意”“非常同意”五种回答，分别记为 5、4、3、2、1。其中 2、5、9、27、30 题为反向题目	

2.2.2.1 威廉斯创造力倾向量表

威廉斯创造力倾向量表是对个体创造性人格方面的测量工具。威廉斯认为越是敢于冒险、勇于挑战未知、好奇心强烈、想象力丰富的人越是容易在创造性工作中取得成功，创造潜能也就越大[①]。国内外学者普遍认可其权威性，学者林幸台、王木荣将其引入国内进行本土化改编后，林崇德、孙雪、胡万山、李庆丰等学者将其运用到不同学龄段学生创新能力测量中，充分验证其可靠性和普适性。

为使得测量指标更具合理性、更高效、更契合被试对象特征，本研究对

① 孙雪．基于威廉斯创造力倾向测量的研究生创造力倾向研究——以东南大学为例[J]．东南大学学报（哲学社会科学版），2020，22（S1）：141-144.

威廉斯创造力四维度的表现进行了界定，并对原有题项进行删除或改编。挑战性：面对困难的不认输心理，对应 1.2.5.9.10.22 题项；冒险性：人格中的冒险精神的现实意义，对应 3.13.19.23 题项；好奇心：对新鲜事物的尝试性行为，对应 6.11.17.18.20.27.28 题项；想象力：发散思维，以不同的角度看待问题，对应 4.8.12.15.16.21.24 题项。

2.2.2.2 行动力与转换力指标

行动力和转换力指标对应测量创新成果维度的核心品质。两者之间存在交叉，行动力是转换力的前提，没有行动就没有转换成果一说；对于转换成果的评价也能一定程度反映出行动力的情况。两者相辅相成，共同构成创新能力最外显、最直观的测评指标。

本研究结合主要被试人群实际情况，从典型的创新活动中抽象出行动力和转换力两项指标。竞赛等创新活动是最能集中发挥和体现学生创新能力的场景，是对学生创新思维、创新意识、创新人格、创新实践、团队协作全方面能力的综合试炼，其创新成果也能在此背景下得到专业评判。贾琼在梳理国内大学生创新能力相关研究后总结出要重视实践环节对学生创新能力的影响，其中重点提到创新系列竞赛及活动的重要性[①]，张姿炎提倡通过学科竞赛促进创新人才培养，以赛促长提高学生创新意识、创新思维、创新能力和实践能力[②]，乔海曙也主张以创新活动为载体，通过形式多样、内容丰富的活动激发学生的创新意愿，促进其在参与活动的过程锻炼和提高创新能力[③]。持类似观点的学者还有很多，充分证明将竞赛等创新活动作为寻找创新能力指标的方向是可行的。赵旭在对大学生课外科技活动与创新能力的相关性分析中，将创新能力因子分为打破规则、冒险性、独立进取、探索实验、容忍模糊、幻想、情感智慧。他分别将这些因子与参加过和没参加过课外科技活动的小组进行相关性分析，并对项目组进行访谈，结果均显示课外科技活动能提高自己解决问题的能力和动手能力[④]。谭坤元认为创新行为和创新成果

---

① 贾琼. 我国高校大学生创新能力培养文献综述[J]. 辽宁教育行政学院学报，2009，26（9）：58-61.

② 张姿炎. 大学生学科竞赛与创新人才培养途径[J]. 现代教育管理，2014(3)：61-65.

③ 乔海曙，李远航. 大学生创新能力培养研究综述[J]. 大学教育科学，2008（1）：20-23.

④ 赵旭. 大学生课外科技活动与创新力的相关性分析[D]. 东北大学，2009.

等外在标准是衡量创新人才的显性尺度，他通过质量并行的方式探究创新竞赛与大学生创新能力关系，结论显示参与创新竞赛对创新思维能力、动手实践能力、成果转换能力具有促进作用①。

当然，行动力和转换力指标在日常创新能力的测量中同样适用。本研究从创新技能的一般概念“信息处理能力、创新成果表达能力、表现能力、动手能力及学习和运用新技术的能力②”中，归纳出动手能力、创新成果表达能力这两项具有行动力、转换力内涵的指标。另外，本研究还在前人研究结论中找到了其他理论支撑。陆静丹、陈培玲基于 SEM（Science，Engineering，Mathematics）分析，在对不同专业大学生创新能力的研究中搭建起大学生创新能力测量模型，提出信息处理技能、动手操作技能、运用创新方法技能、创新成果物化技能、观察力、想象力、探究力③。她将动手操作技能解释为“运用工具解决实际问题或制作的能力⑦”，指出其需要经过知识学习、信息处理、逻辑思考等准备工作，再运用知识、工具等来付诸行动，架起想法与成果的桥梁，是创新行为的关键一环。这一观点与本研究对创新实践过程中创新技能的理解不谋而合，本研究结合“创新技能的核心是提出和解决问题的能力④”观点将其改编为“行动力”，并界定为“运用工具解决实际问题的能力”。陆静丹等人对创新成果物化技能的阐释也与本研究对创新成果的理解相似，她认为创新成果物化技能是检验大学生是否真正具有创新能力的技能，而最简明直观的评判标准则是创新成果的有无⑤。创新成果不仅指新产品、新技术，同样包括新想法、新方案的诞生，本研究在陆静丹的指标基础上淡化“物化”概念，将创新成果物化技能改编为“转换力”指标，定义为“将创意转换成为成果的能力”，需要强调的是，这里不是对转换过程的评价，而侧重于成品、经历等。行动力和转换力指标既体现被试者创新行动过程的表现，又突出创新行动成果，弥补了威廉斯量表缺乏行动及成果考核标准的缺憾。

---

① 谭坤元. 创新竞赛与大学生创新能力形成相关关系研究[D]. 南昌大学，2010.

② 陈德明. 如何培养学生的创新技能[J]. 发明与创新（综合科技），2010（5）：40-41.

③ 陆静丹，陈培玲. 基于SEM的大学生创新能力测量模型[J]. 统计与决策，2011（3）：71-73.

④ 钟柏昌，龚佳欣. 学生创新能力评价：核心要素、问题与展望——基于中文核心期刊论文的系统综述[J]. 中国远程教育，2022（9）：34-43.

⑤ 同③.

2.2.2.3 Z 世代创新能力测量表题项改编

在题项上，本研究参考考夫曼领域创造力量表、卡森等人的创造力成就问卷两个经典量表作为行动力、转换力指标的测评内容。选择上述量表主要出于两点考量。

（1）考夫曼领域创造力量表虽是对特殊领域创造性的测评工具，但其测评指标的内容同样有对行动、想法、意愿等方面的描述。其次，该量表测评的领域与威廉斯量表有相似之处，也与本研究总结出行动力指标的科创竞赛环境有交融的地方，因此“取其长，补已短”在考夫曼领域创造性量表的科学维度摘选最契合本研究需求的项目作为行动力维度的指标，即第 7 题。

（2）卡森的创造力成就问卷是对领域创新成果的自评报告，既显示具体领域的创新成就，也提供一个跨领域的总成就指标。它重点捕捉 Pro-C（专 C）和 Big-C（大 C）创造力，侧重于重要的、可观察到的成就。中国学者王战旗、张兴利将其引入国内，根据研究对象及国情进行修订，呈现出较好的信效度，可用于我国成人群体创造力成就的测量[①]。由于创造力成就量表特殊的评分等级方式并不适用于内部一致性分析[②]，因此本研究对其“发明”“科学探究”相关题项筛选、改编后更具说服力，改编成行动力维度的 32、33 题项，另外以专利、出版物作为成果检验指标，改编转换力指标的第 34、35、36 题。

本研究在《基于 SEM 的大学生创新能力测量模型》[①]的理论模型基础上，结合《影响大学生实践创新能力的学科竞赛因素研究》的研究结论“竞赛、参与教师科研、专业讲座、课外作业及论文、课堂理论教学对创新能力有显著影响”“有过参赛经验的学生实践创新能力提升最为明显”[③]，以及学界其他研究成果，将更适宜考量 Z 世代创新能力的标准，如“竞赛”“实践课程”等因素纳入其中，综合起来编制或改编题项表述，共形成 5 道题。

本研究形成全新测量量表主要有以下优势，一方面采用权威量表作为基

---

① 王战旗，张兴利．创造力成就问卷的中文修订[J]．心理与行为研究，2020，18（3）：390-397.

② SILVIA P J，WIGERT B，REITER-PALMON R，et al. Assessing creativity with self-report scales：a review and empirical evaluation[J]. Psychology of Aesthetics Creativity and the Arts，2012，6（1）：19-34.

③ 陆菁菁．影响大学生实践创新能力的学科竞赛因素研究[D]．宁波大学，2018.

础，“站在巨人的肩膀”有较好的信效度基础；第二方面，根据前人成果或理论成果作为支撑，避免研究成为无根之木；第三方面，本研究将行动力及转换力维度纳入威廉斯量表的体系中，让创新能力的个性特征、创新过程、创新成果均能作为被考量的维度，较之单一量表更全面，这也是本研究测量量表最重要的创新点。但同样作为自评报告，本研究形成的量表依旧摆脱不了主观意识嵌入对实验带来的影响，因此，调查结果一定程度上会受到被试者主体特征的限制。另外，受到量表契合度、作答环境和时间的限制，本研究未将智力因素纳入考量范围，这也是后续研究可以继续完善的地方。

3 Z 世代大学生创新能力及影响因素

本章分为三个部分，主要讨论 Z 世代创新能力如何，学习风格如何，学习风格如何影响创新能力三个问题。第一节依托前章建构的《Z 世代创新能力测量量表》，通过问卷调查回答 Z 世代创新能力如何，是否存在性别、年级、学科差异等问题。第二节基于 Felder-Silverman 学习风格模型与量表，对 Z 世代的学习风格进行了调查与划分，并对 Z 世代整体学习风格变迁、理工文各学科的学习风格差异与变迁、男女的学习风格差异与变迁进行了分析。第三节通过通径分析，找到学习风格对创新能力的影响路径，并为教学提供有效策略。

3.1 Z 世代大学生创新能力

本节分为三个部分，采用了定量与定性研究相结合的方式研究 Z 世代大学生创新能力。首先根据《Z 世代创新能力测量量表》，用问卷调查的方法对 Z 世代大学生的创新能力进行定量分析，然后通过深度访谈对 Z 世代创新能力的具体表象进行定性研究，最后根据分析数据提出提升 Z 世代大学生创新能力的教学策略。

3.1.1 Z 世代大学生创新能力调查

考虑到调查的可操作性，该调查选取西南交通大学全部在校本科生为抽样框，在其中抽取以调查不同学科大学生的创新力水平。

3.1.1.1 抽样方法

在 2019 年及 2021 年分两次对在校大学生进行抽样调查。为了更全面地分析不同学科学生的创新力，按照学科采用分层随机抽样。

分析可知，该抽样调查的对象在学科、年级以及性别上可能存在显著差异，故可选取“学科”“年级”和“性别”这三个特征，将其认定为三个辅助变量，在此基础上选取多重分层方式进行抽样。

先选取第一主要变量“学科”进行分层：将其分为理科、工科、文科三个大层；在大层中再按年级“大一”“大二”“大三”“大四”四个小层；最后再在此基础上按性别分为“男生”和“女生”两层，形成交叉分层，最后得到较为完善的抽样调查方案（见图 3.1）。

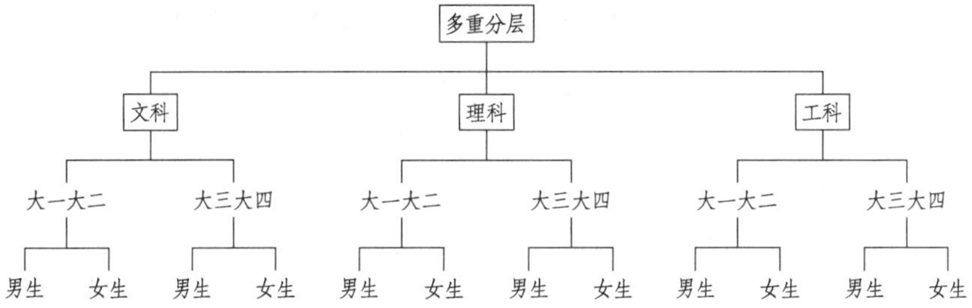

图 3.1　抽样调查方案示意图

3.1.1.2 总样本容量的确定

首先按简单随机抽样的方式确定需抽取的总样本量。

（1）Step1：确定精度水平。

精度水平包括误差限度和置信度。

式中的 p 即为使用过 AI 的学生占比，p 作为总体目标量，取绝对误差限 $d = 0.05$，置信水平 $1 - a = 95\%$，相应的标准正态分布的分位点 $z_{a/2} = 1.96$。

（2）Step2：预估总体方差 S^2。

在总体比例估计中，常取 $p = 0.5$，即

$$S^2 = p(1-p) = 0.25 \tag{3.1}$$

（3）Step3：计算初始样本量 n。

设初始样本量为 n，样本框内总体规模为 N：

$$n = \frac{Nz_{a/2}^2 S^2}{Nd^2 + z_{a/2}^2 S^2} \tag{3.2}$$

式中，n 为初始样本量，即根据总体规模、精度要求等计算出的初步应抽取的样本数量 N 为样本框内总体规模，即研究对象的总体数量。

$1-a$ 为置信水平，反映估计结果可信程度，这里 $1-a=95\%$，表示若进行多次抽样估计约有95%的结果会包含总体真实值。

$z_{a/2}$ 为在置信水平下对应的标准正态分布分位点值。

S^2 为总体方差，衡量总体数据的离散程度。

d 为绝对误差限，是允许估计值与真实值之间存在的最大误差范围（均为统计学相关术语）。

统计得 N 大致为32 500人，计算得 $n=379.7$，向上取整得 $n=400$。

（4）Step4：根据设计效应调整样本容量。

$$调整的样本容量=初始样本容量*设计效应$$

对于分层抽样，设计效应 $deff<1$，故调整后样本容量小于初始样本量。本抽样调查取设计效应 $deff=1$，保证所取样本容量一定大于所需最小样本量，得到结论更加真实可靠。

（5）Step5：考虑回收率调整发放问卷数量。

由于回收的问卷中可能存在无效问卷，设 N 为发放的问卷数量，由公式

$$n=N*回收率$$

按问卷回收率为80%进行计算，计算得 $N=500$，即共需发放500份问卷，就可满足抽样要求。

3.1.1.3 文理工学科分类及人数统计

查阅学院官方文件后，得到学科分类结果如下：

文科（见表3.1）：经济管理学院、公共管理学院、人文学院、外语学院、心理研究与咨询中心、体育学院、马克思主义学院。

理科（见表3.2）：数学学院、物理科学与技术学院、力学与航空航天学院、生命科学与工程学院。

工科（见表3.3）：土木工程学院、机械工程学院、电气工程学院、信息科学与技术学院、计算机与人工智能学院、交通运输与物流学院、材料科学与工程学院、地球科学与环境工程学院、建筑学院、牵引动力国家重点实验室、利兹学院、智慧城市与交通学院、茅以升学院。

表 3.1 文科学院人数粗略统计（在校人数）

学院	人数	学院	人数
经济管理学院	1 200	心理研究与咨询中心	300
公共管理学院	800	体育学院	300
人文学院	1 400	马克思主义学院	350
外语学院	800		
总　计	5 150		

表 3.2 理科学院人数粗略统计（在校人数）

学院	人数	学院	人数
数学学院	800	力学与航空航天学院	800
物理科学与技术学院	1 200	生命科学与工程学院	1 200
总　计	4 000		

表 3.3 工科学院人数粗略统计（在校人数）

学院	人数	学院	人数
土木工程学院	3 200	地球科学与环境工程学院	2 800
机械工程学院	2 800	生命科学与工程学院	1 300
电气工程学院	2 200	建筑学院	800
信息科学与技术学院	1 700	牵引动力国家重点实验室	200
计算机与人工智能学院	1 500	利兹学院	1 200
交通运输与物流学院	2 000	智慧城市与交通学院	2 500
材料科学与工程学院	1 000	茅以升学院力学与航空航天学院	150
总　计	23 350		

3.1.1.4 各层样本容量确定

按每个变量分层时，每层的权为 $W_k(k=1, 2, \cdots)$

$$W_k = \frac{n_k}{N_k} * N_i$$

其中，n_k 表示每层的样本量，N_k 表示总的样本量，N_i 表示要抽取的总样本量。

（1）Step 1：按学科分层。

计算各学科所需样本量得：

文科：500*5150/32 500 = 79.2 向上取整，至少需抽 80 份；

理科：500*4000/32 500 = 61.5 向上取整，至少需抽 62 份；

工科：500*23 350/32 500 = 359.2 向上取整，至少需抽 360 份。

（2）Step2：按年级分层。

对于大一到大四，可近似认为各年级人数相同，故对每类学科，对每层样本量除以 4 后在各年级内进行简单随机抽取。

文科：80/4 = 20；

理科：62/4 = 15.5 向上取整得 16；

工科：360/4 = 90。

（3）Step3：按性别分层。

对于文科，对男女比例进行预估，近似认为男女比为 3∶7；理科为 5∶3；工科为 7∶3。计算最低所需抽样人数如表 3.4 所示。

表 3.4 最低抽样所需人数

	文科	理科	工科
男生	6	10	61
女生	14	6	27

综上所述，在文科学科中各年级至少各抽取 20 人，其中男生 6 人，女生 14 人；理科学科中各年级至少各抽取 16 人，其中男生 10 人，女生 6 人；工科学科中各年级至少各抽取 180 人，其中男生 61 人，女生 27 人。

考虑到依据计算结果所得的文科和理科所抽取人数较少，样本代表性可能较低，故在调查时适当增加对文科和理科的抽样人数。

3.1.1.5 回收问卷样本情况

回收问卷得到 2019 年样本数据（表 3.5），样本主体为大一大二（00 后），大三大四（95 后）。

表 3.5 2019 年问卷的样本情况

<table>
<tr><td colspan="3">学科</td><td>理科</td><td>工科</td><td>文科</td></tr>
<tr><td rowspan="3">大一大二</td><td rowspan="2">性别</td><td>男</td><td>207</td><td>489</td><td>71</td></tr>
<tr><td>女</td><td>116</td><td>207</td><td>260</td></tr>
<tr><td colspan="2">总计</td><td>323</td><td>696</td><td>331</td></tr>
<tr><td rowspan="3">大三大四</td><td rowspan="2">性别</td><td>男</td><td>65</td><td>157</td><td>43</td></tr>
<tr><td>女</td><td>44</td><td>69</td><td>190</td></tr>
<tr><td colspan="2">总计</td><td>109</td><td>226</td><td>233</td></tr>
<tr><td colspan="3">总计</td><td>432</td><td>922</td><td>564</td></tr>
</table>

2021 年数据样本主体（表 3.6）：大一大二（05 后），大三大四（00 后）。

表 3.6 2021 年问卷的样本情况

<table>
<tr><td colspan="3">学科</td><td>理科</td><td>工科</td><td>文科</td></tr>
<tr><td rowspan="3">大一大二</td><td rowspan="2">性别</td><td>男</td><td>75</td><td>353</td><td>76</td></tr>
<tr><td>女</td><td>56</td><td>225</td><td>144</td></tr>
<tr><td colspan="2">总计</td><td>131</td><td>578</td><td>220</td></tr>
<tr><td rowspan="3">大三大四</td><td rowspan="2">性别</td><td>男</td><td>37</td><td>231</td><td>52</td></tr>
<tr><td>女</td><td>37</td><td>187</td><td>85</td></tr>
<tr><td colspan="2">总计</td><td>74</td><td>418</td><td>137</td></tr>
<tr><td colspan="3">总计</td><td>205</td><td>996</td><td>357</td></tr>
</table>

3.1.2 Z 世代大学生创新能力分析

3.1.2.1 整体分析

通过调查，得出 Z 世代创新力六大维度得分（见表 3.7），并得到各维度创新能力得分图（见图 3.2）。

表 3.7 大学生整体各维度创新能力得分

创新能力	冒险性	好奇性	想象力	挑战性	行动力	转换力
得分	3.614	3.494	3.57	3.179	3.209	2.718

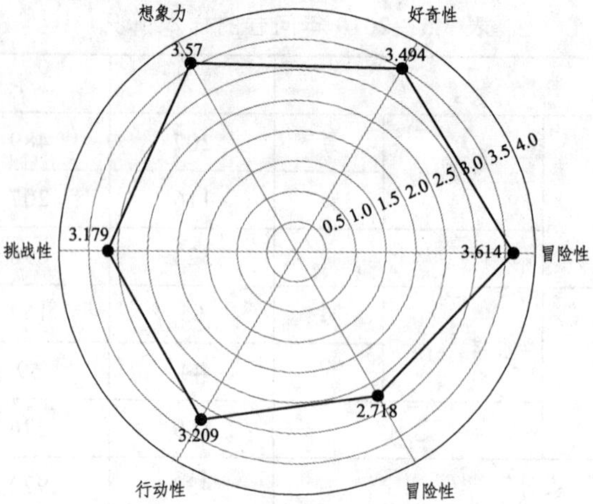

图 3.2　各维度创新能力得分图

总体来看，Z 世代的大学生在创新能力六个维度的发展，总体上较为平均。冒险性、好奇性、想象力、挑战性和行动力得分均在 3 分以上，处于中等偏上水平。然而，转换力的得分低于 3 分，相对较弱。

从创新人格因素和创新成果因素来看，在创新能力的六个维度中，Z 世代大学生创新人格因素得分较高，分别为冒险性、好奇性、挑战性和想象力，其中冒险性得分最高，为 3.614 分。与此同时，Z 世代大学生创新成果因素得分（行动力、转换力）较低，其中转换力得分最低，仅为 2.718 分。

3.1.2.2　分年级分析

对 Z 世代大学生分年级进行创新能力的比较，得到图 3.3 所示的统计结果。

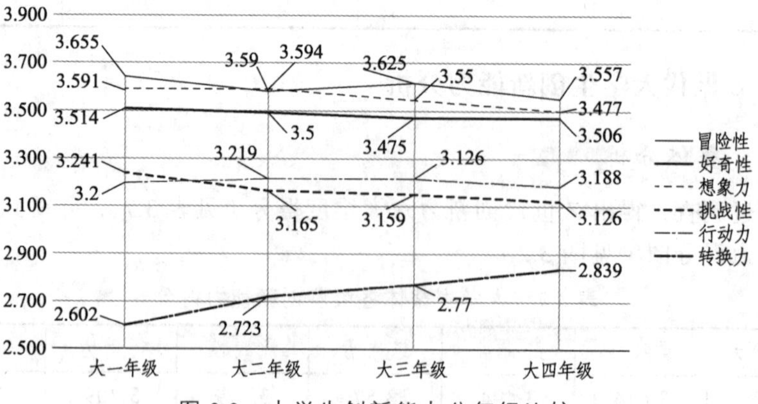

图 3.3　大学生创新能力分年级比较

Z 世代大学生创新能力随着年级的升高发生较为显著的变化。随着年级升高，Z 世代大学生的冒险性、想象力和好奇性呈现出下降趋势，而挑战性则表现为先下降后上升再下降的过程。行动力先上升后下降，Z 世代大学生行动力，大二和大三时期略高于大一和大四时期。转换力则随着年级的升高逐年提升，Z 世代大学生的转换力在大一到大二期间提升最快，大三到大四次之，大二到大三最慢。

3.1.2.3 分性别分析

对 Z 世代大学生分性别进行创新能力的比较，得到如图 3.4 所示的统计结果。

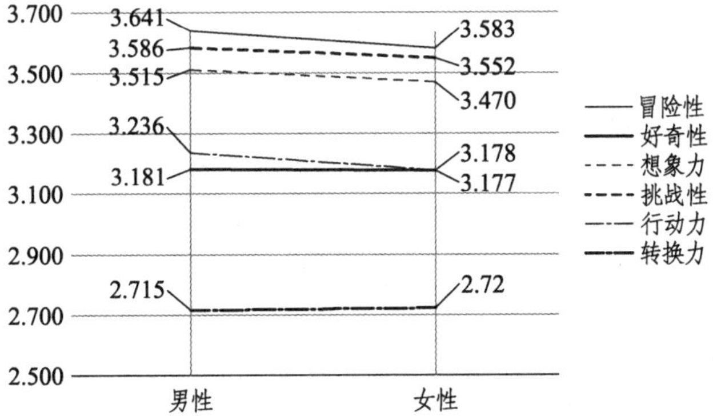

图 3.4 大学生创新能力分性别比较

总体而言，Z 世代男性创新能力优于女性。Z 世代男性在冒险性、好奇性、想象力、挑战性和行动力方面得分均高于女性，得分分别高了 0.058、0.045、0.034、0.004 和 0.058。由男女分差可得，Z 世代男性在冒险性和行动力方面与女性差异最为明显，分差为 0.058。相较其他五个维度，Z 世代男性和女性在转换力方面最弱，但 Z 世代女性略优于男性，分差为 0.005。

3.1.2.4 分学科分析

对 Z 世代大学生分学科进行创新能力的比较，得到图 3.5 的统计结果。

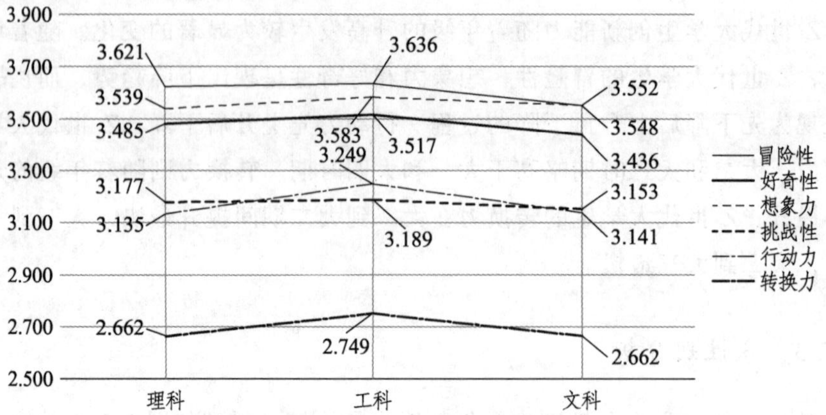

图 3.5　大学生创新能力分学科比较

总体来说，工科生在创新能力六维度上得分均高于理科生与文科生，具备显著的创新能力优势。在行动力方面，工科生的优势尤为明显，他们的得分高于行动力得分最低的理科生 0.114 分，同时高于文科生 0.108 分。相比之下，文科生和理科生在行动力和转换力方面的弱势都相对明显。

相对于工科生和理科生，文科生在冒险性、好奇性和挑战性方面的表现最弱。具体来说，他们的得分分别低于工科生 0.088 分、0.081 分和 0.036 分。而相对于工科生和文科生，理科生的想象力表现最弱。

3.1.2.5　创新能力六大因素相关性分析

根据表 3.8 可以得到：

表 3.8　创新力六维度相关性表

相关性	冒险性	好奇性	想象力	挑战性	行动力	转换力
冒险性	1	.493**	.478**	.190**	.282**	0.006
好奇性	.493**	1	.485**	.235**	.299**	-.052*
想象力	.478**	.485**	1	.125**	.234**	0.04
挑战性	.190**	.235**	.125**	1	0.032	-.247**
行动力	.282**	.299**	.234**	0.032	1	.335**
转换力	0.006	-.052*	0.04	-.247**	.335**	1

冒险性显著正向影响好奇性、想象力、挑战性、行动力；

好奇性显著正向影响冒险性、想象力、挑战性、行动力，而显著负向影响转换力；

想象力显著正向影响冒险性、好奇性、挑战性、行动力；

挑战性显著正向影响冒险性、好奇性、想象力，显著负向影响转换力；

行动力显著正向影响冒险性、好奇性、想象力、转换力；

转换力显著正向影响行动力，而显著负向影响好奇性、挑战性。

创新人格因素之间的相关性强。我们把好奇心、想象力、冒险性和挑战性四个因素归为创新人格因素。统计发现，这四大因素之间是正相关关系，说明有好奇心和想象的学习者同时也勇于冒险和接受挑战。反之，缺少好奇心和想象力的学生同时也不愿冒险和接受挑战。

创新成果因素之间的相关性强。我们把行动力和转换力称为创新成果因素。统计发现，行动力和转换力之间是正相关关系，说明乐于动手把想法变为现实的学生同时也擅长把创新转化为成果。

创新人格因素与创新成果因素之间的相关性分析表明,行动力与好奇心、想象力和冒险性是正相关关系，与挑战性不相关。说明行动力强的学生同时也有好奇心、想象力且勇于冒险，但他们往往不在于任务是否有挑战。转换力与好奇心和挑战性是负相关关系，说明擅长申请专利、发表作品或在学科竞赛中获奖的学生，其好奇性和挑战性表现相对弱。也就是说，有好奇心且喜欢挑战的学生只在乎把想法变成现实，但不在乎是否有成果。过分强调成果导向，对孩子的好奇心和挑战性是一种扼杀。因此，我们在科创比赛时，更应该注重比赛中的乐趣和挑战，降低对成果的追求。

3.1.2.6 小　结

1. 整体分析

（1）Z 世代大学生创新能力发展较为平均。

（2）在创新能力六维度中，Z 世代的创新人格因素（冒险性、好奇性、挑战性、想象力）得分较高，其中冒险性得分最高。

（3）在创新能力六维度中，Z 世代的创新成果因素（行动力、转换力）得分较低，其中转换力得分最低。

2. 分年级分析

（1）随着年级的升高，Z 世代大学生接受挑战的意愿降低，畏难情绪略有增加。

（2）随着年级的升高，Z 世代大学生想象力呈下降趋势。

（3）随着年级的升高，Z 世代大学生好奇心减少。

（4）随着年级的升高，Z 世代大学生行动力没有显著变化。

（5）随着年级的升高，Z 世代大学生转换力逐年提升。

3. 分性别分析

（1）总体而言，Z 世代男性创新能力优于女性。Z 世代男性的冒险性、好奇性、想象力、挑战性和行动力得分均高于女性。

（2）Z 世代男性在冒险性和行动力方面与女性差异最为明显，男性更具有冒险精神，行动力更强。

（3）相较其他五个维度，Z 世代男性和女性在转换力方面最弱，但 Z 世代女性略优于男性。

4. 分学科分析

（1）工科生在创新能力六维度上均高于理科生与文科生，具有明显的创新能力优势。在行动力方面，工科生的优势最为明显。

（2）总体而言，相较于工科生和理科生，文科生在冒险性、好奇性和挑战性方面最弱。

（3）相较于工科生，文科生和理科生在行动力和转换力方面都较为薄弱。

（4）总体而言，相较于工科生和文科生，理科生的想象力最弱。

5. 相关性分析结论

（1）四大创新人格因素之间的相关性强。统计发现，创新人格四大因素之间是正相关关系，说明有好奇心和想象力的学习者同时也勇于冒险和接受挑战。反之，缺少好奇心和想象力的学习者同时也不愿冒险和接受挑战。

（2）两大创新成果因素之间的相关性强。统计发现，行动力和转换力之间是正相关关系，说明乐于动手把想法变为现实的学生同时也擅长把创新转化为成果。

创新人格因素和创新成果因素之间的相关性分析表明，行动力与好奇心、想象力和冒险性是正相关关系，与挑战性不相关，转换力与好奇心和挑战性是负相关关系。

3.1.3 关于Z世代大学生创新能力的深度访谈

为了进一步探究Z世代大学生的创新能力因何呈现如此特征，为何存在性别差异及为何工科创新能力较强等问题，我们对29位参与调查的受访者进行了深度访谈。结合相关文献及访谈数据，我们试图对以上问题进行分析和讨论。

3.1.3.1 Z世代大学生创新人格特征随年级升高而减少，创新实践中的转换力提升

1. 随着年级的升高，Z世代大学生接受挑战的意愿降低，畏难情绪略有增加

调查发现，高年级Z世代大学生接受挑战的意愿低于低年级Z世代大学生，在处理问题、看待问题时更不愿意另辟蹊径。针对Z世代大学生随着年级升高，挑战性下降的现象，有文献指出，大部分参与科创活动的学生在最开始往往拥有着创新热情，却在参与项目后“知难而退”[①]，我国大学生创新挑战性存在的缺陷与历来教育观念、高校教育模式、人才衡量标准有关[②]。我国长久以来的教育观念传统以教师单向向学生灌输知识为主，未给学生发挥创新思维的空间，其传统高等教育强调标准化，压缩了学生多元发展异质性思维的空间；大学生完成课业的形式单一、思维固化，这使得他们在从事创新活动时往往缺乏正确运用创新能力的方法论与充分的知识储备，在看待事物时，认知框架存在同质化倾向，忽略事物的动态变化，最终无法下手“啃硬骨头”。并且，当前我国衡量高校人才的标准重视科研成果[③]，大学生参与

① 翟菊叶，马吴迪，杨枢. 大学生科技竞赛促进创新能力培养[J]. 安庆师范学院学报（自然科学版），2016，22（3）：162-165.

② 卢艳军，季英鹏. 普通高校大学生创新能力影响因素分析[J]. 创新与创业教育，2014，5（3）：14-17.

③ 余利川，钱玉琴.“双一流”建设高校大学生创新能力评估[J]. 中国高校科技，2023（9）：35-40.

科创活动往往带有功利目的，而创新成果转化又具有难度[①]，创新团队的主要技术负责人一旦因为毕业或其他利益问题离开团队，创新成果产出可能会随之受阻，随着年级升高，课业或课题难度提升，创新团队情况多变，Z世代大学生接受挑战的意愿也随之降低。

通过深度访谈，发现导致大学生挑战意愿降低的原因有以下几个方面：

（1）大学生看重效率，在与日俱增的信息与事务前珍惜时间与精力，往往采用已有常规思路面对困难问题。

“事情越来越多，你会想要快点把一件事做完，一直耽误着就会心烦。”（访谈对象B，大四，文科，女生）

（2）大学生的专业知识随着年级升高有所沉淀，兴趣方向定型，更倾向于在熟悉领域内进行学术探索。

“你学得越多，你的兴趣方向就逐渐定型了，就越倾向于在你熟悉的领域里做点创新。”（访谈对象C，大四，工科，男生）

（3）网络搜索引擎信息获取的便捷性使得大学生习惯依赖网络搜寻资讯，思考问题方式趋于单一，缺乏独立思考。

“遇到比较难解决的问题，可能会比较焦虑，然后，会通过不断地寻求网上的答案来看能不能把它解答出来。”（访谈对象D，大四，工科，女生）

（4）面对创新活动，大学生出现躺平心态，求知欲也有所降低，在解决问题时普遍倾向借鉴已有经验、思路或向他人寻求帮助。

“我都学到现在了有些问题还是不会，就觉得算了，无所谓了，以后读研再继续研究吧，或者这个研究方向我不感兴趣，那我不懂也没啥。”（访谈对象F，大四，理科，女生）

“大多数人都会选择这种解决办法，先去咨询别人的意见，然后再结合自己的实际情况来把问题完成。”（访谈对象G，大四，理科，女生）

（5）考虑到深造机会与职业规划，大学生对待事物功利心增加，为了追求更好的成果倾向采用已有的成功办法或成熟思路。

“比如说保研对成绩有要求，或者说评奖评优对成绩有要求，大家会更看重成绩，为了取得更好的效果，可能会采用已经试过的成功的道路来保证自

---

① 曹景胜，王天利，石晶，等. 大学生科技创新成果转化现状及路径研究[J]. 辽宁工业大学学报（社会科学版），2016，18（2）：87-89.

己的成绩，因为可能之前的思路是相对比较成熟，有的是自己检验过的，可以达到成功的方法。”（访谈对象H，大四，文科，女生）

2. 随着年级的升高，Z世代大学生想象力呈下降趋势

Z世代大学生除了挑战性随着年级的升高降低以外，想象力也逐年下降。追寻Z世代大学生想象力下降的原因，文献说明，高校逐渐趋同的教育体系建设标准消减了大学校园想象力①。不同大学一致的绩效导向、工具理性导向导致大学想象力空间被挤占，加剧了大学想象力的空心化。在我国，传统的高校授课模式，即老师讲课学生听课的模式，会对学生的创新想象能力造成很大限制②。同时也有研究指出，青少年的创造力在17岁之后将处于较为平稳的状态，甚至会有下降趋势③，因此创造力想象力维度的变化趋势除去外界因素，很大可能会顺应创造力本身变化趋势，随着青少年年龄的增长而呈现出缓慢下降趋势。

通过深度访谈，发现导致大学生想象力降低的原因有以下几个方面：

（1）知识储备的增加使大学生逐渐形成思维定式，他们更倾向从理论上对一个已知或未知事物进行判断，不易对其展开联想或想象。

“我感觉没有上大学以前那么有想象力了，可能因为随着知识的增加，有些东西可能我就会用我的知识储备去直接在理论上否定它而不去实践。”（访谈对象A，大四，工科，男生）

“可能伴随着年级越来越高，我们其实会形成一种，就是思维定式，包括我们想创意的时候都有点难以去突破一个境界。”（访谈对象B，大四，文科，女生）

“在大学接触了你的专业课之后，你就是会率先地联想到你身边经常出现的那些知识。嗯，就不会像之前那样发散了。”（访谈对象D，大四，工科，女生）

“固化的思维也会潜移默化地影响想象。”（访谈对象I，大四，工科，女生）

---

① 孙艳丽，王建华. 论大学的想象力_孙艳丽[J]. 现代大学教育，2023，39（5）：20-28，113.

② 付昌义，袁伟霞，赵唯佳，等. 新工科背景下大学生创新能力调查与研究[J]. 中国教育技术装备，2019（6）：11-17.

③ 王仲玥. 我国大学生创造个性的调查分析与发展研究[D]. 兰州大学，2009.

（2）因专注就业、升学等实际生活议题，大学生目光转向现实，在集中专注特定事件的同时思维变得狭窄，产生思维惰性。

“很多同学一般情况下都是为了应付作业以及考试，对于很多问题不会去深入思考，或者懒得去想那么多，从而导致想象力变弱了。”（访谈对象C，大四，工科，男生）

“那些无关的事情可能会降低一些注意力，然后也不会投入那么多的精力。”（访谈对象H，大四，文科，女生）

（3）当专业与实际应用密切联系，大学生认为实用性不高的想法没有价值，更不易对事物展开丰富想象。

“就我们这个学科而言，因为你是要和未来的工业领域相衔接的，其实很注重实际应用，所以可能不太允许我们有什么天马行空的想法。”（访谈对象C，大四，工科，男生）

（4）大学生随着年级升高接收越来越多的知识，思辨能力与批判能力增强，对自身想法抱有更强批判与质疑态度，有时过多的否定使得大学生先入为主地认为自己的想法意义不大，从而减少想象。

“你很难想象有一个新的技术并把这个想法提出来，别人认为你这个一定是错的。因为你有时候发现自己想的都是错的，所以可能有时候不太去想，或者是觉得自己想了，那也是很大可能是错的。就是说我们认为的东西，1000件中有999件都是错的，那有时候你很可能不会再去想，就这种感觉。”（访谈对象E，大四，理科，男生）

（5）当专业偏向抽象思维与严密逻辑时，大学生在钻研理论的时候注重深入研究，往往更不容易进行思维的发散。

“课程或者是平时的作业还是比较注重逻辑，以及思维的严密、逻辑性和抽象的能力，可能不那么需要你去发散思维。”（访谈对象F，大四，理科，女生）

（6）大学科研活动趋于程序化，命题单一，大学生在参与科研项目过程中思维逐渐模式化，想象空间小。

“我本科做的这些科研或者是竞赛不需要我去出题或者去想题目，基本上都是老师带着做，就他们会给我们他们想好的题目，然后像数模比赛也是本身就已经有题目了。”（访谈对象F，大四，理科，女生）

3. 随着年级的升高，Z 世代大学生好奇心减少

调查还指出，随着 Z 世代大学生群体年级升高，高年级大学生群体尝试新鲜事物的意愿与能力降低，更不愿意转换思路。为什么 Z 世代大学生的好奇心会减少？文献说明，高好奇心程度有助于积极体验的促成[①]，而 Z 世代群体好奇心“丢失”[②]。这是因为，Z 世代长期处于网络世界，更易对常见理论和大众化事物认知疲劳[③]，与互联网几乎同时出生并肆意生长的他们，面对着发达的大众媒介所带来的海量信息与各种新鲜事物，好奇阈值有所提高。大学生在进入大学前经历了较为闭塞的九年义务教育与三年高中应试教育，进入大学后自由度提高，能够接触到更广阔的信息空间与理论知识，然而随着年级的升高，长时间的过量信息浸润造成 Z 世代大学生对新鲜事物的敏感度降低，反应更加消极。同时，随着年级升高，伴随考研或学历压力，学生倾向反复利用已有知识，对新知识接触变少，好奇心发展也慢慢停滞[④]。

通过深度访谈，发现导致大学生好奇心减少的原因有以下几个方面：

（1）大学生越发珍惜时间成本，在课业或就业压力面前不愿花时间再去尝试新鲜事物或改变既有思维。

“我现在不太想花时间再去制作一些工业机已经做得很完美的东西，我觉得也稍微有些浪费时间。”（访谈对象 A，大四，工科，男生）

“因为平时作业啊或者各种事情比较忙，就不会特别去钻研。”（访谈对象 I，大四，工科，女生）

（2）长期接触大量信息与事物，在尝试新事物前大学生开始权衡利弊，受功利导向影响，大学生接触新事物更具指向性与目的性。

“我有个同学她大一还参加过渔具改造的活动，还有什么书签彩绘，文创设计比赛，就是纯粹觉得好玩，自己乐意搞才去的，最多就是想要那个奖品，哪里是图什么加分。现在她也不常搞了，偶尔参加也是为了想要学时或者综测加分，兴趣导向变得很少。”（访谈对象 B，大四，文科，女生）

“在尝试或者接触之前会更加理性地评估，这个事情值不值得我去尝试，或者有没有必要去做。”（访谈对象 C，大四，工科，男生）

---

① Tarilonte-Castaño, Isabel, Díaz-Milanés, et al. Validation of the Curiosity and Exploration Inventory-II in Spanish University Students[J]. Healthcare, 2023, 11(8): 1128.

② 关春华，王科. 适应 Z 世代大学生心理特点的思政教学理念与载体创新[J]. 中学政治教学参考，2023（20）：13-16.

③ 同②.

④ 王仲玥. 我国大学生创造个性的调查分析与发展研究[D]. 兰州大学，2009.

“可能在现实中不适合我去做，那这个时候在这个现实和理想之间，我会平衡一下，然后就是找一个平衡，但找这个平衡点的时候，往往会放弃一些想法。”（访谈对象E，大四，理科，男生）

4. 随着年级的升高，Z世代大学生转换力逐年提升

然而调查还指出，Z世代大学生随着年级升高，将想法落地并有所产出的能力逐渐提升。通过文献查阅我们发现，有学者对“双一流”建设高校大学生创新能力进行评估并指出，当前多数“双一流”建设高校衡量大学生创新能力仍注重结果导向而轻创新过程①，而另外的学者基于大学生创新心理动机的创新力研究也指出，物质追求成为大学生进行创新活动的主要心理动机②。因此，大学生往往会带着较强的功利心投身科创活动并期待结果产出，随着年级升高，知识与各项科研能力有所积累提升，成果产出能力也随之提升。

通过深度访谈，发现导致大学生转换力逐年提升的原因有以下几个方面：

（1）随着年级升高，大学生在团队合作方面更加专业，倾向于“强强联合”，在拥有更高责任感的同时提升产出效率。

“现在我能找到一些可能在某些方面更专业的人，然后现在有了团队之后，加上我自己的能力，可能可以做出更大更复杂的工程。”（访谈对象A，大四，工科，男生）

（2）专业课程的学习与训练提升了Z世代大学生相应的创新成果转化能力，在此过程中大学生积累了创新成果转化经验，知识积累增加，想法更加成熟可行，掌握了更多转化创新想法的方法与工具，转化难度相对降低。

“现在和之前大一大二相比，想法更加成熟可行，用我自己学会的东西可以解决；方法，代码以及论文的书写都更加扎实。主要是由于知识的逐渐积累。”（访谈对象C，大四，工科，男生）

“自己对于一些东西越来越熟练，做的次数多了，就越来越熟练了。”（访谈对象E，大四，理科，男生）

（3）在参与科创活动或面对感兴趣的课题时，大学生自我能动性提高，敢于将创新想法付诸实践以期望获得成果。

① 余利川，钱玉琴.“双一流”建设高校大学生创新能力评估[J]. 中国高校科技，2023（9）：35-40.

② 刘琳琳. 基于大学生创新心理动机的创新力研究[J]. 科学管理研究，2014，32（6）：111-114.

“我比较倾向于自己去尝试多种方案，然后比较他们的可行性，再根据自己的想法去给出实际的该采纳的方案和要呈现的结果。”（访谈对象D，大四，工科，女生）

“在学生的角度，我想到就是如何能够把这次活动办完就好，重点考虑的是一个完整性；但如果要作为一个老师，我更多地想的就是如何让这个活动办得有价值，那么这种体现就是他的一些延伸的意义。”（访谈对象G，大四，理科，女生）

“因为自己感兴趣，很想把它做出来，就尝试了一下，然后最后也是取得了一个还算不错的成果。”（访谈对象H，大四，文科，女生）

（4）科创成果在大学评分体系中具有重要地位，出于升学目的，大学生将创新成果进行转化的动力增强。

“我觉得首先是比小的时候更熟练了，自己有一定经验，同时也有比较功利的性质，因为要升学保研这些，就必须要有成果在手上，动力也就更强。”（访谈对象I，大四，工科，女生）

3.1.3.2 Z世代创新能力存在性别差异

1. Z世代创新能力存在性别差异

在分性别调查中我们发现，Z世代男性的冒险性、好奇性、想象力、挑战性和行动力得分高于女性，总体而言，Z世代男性的创新能力略优于女性。造成该结果的原因是多方面的，有文献指出，具有自主创新能力的女性人才比例不高[①]，跟女性的创新潜能没有得到相应的开发有关[②]。同时，也有文献指出，男生的学习能力自我效能感普遍较高[③]，因此在评价自身时更正面积极。除此以外，心理学研究表明，男女心理存在诸多差异，在动手能力、逻辑思维能力、认知方式等方面也有不同表现[④]，这些都对创新能力的差异具有直接或间接的影响。

---

① 刘萌，马萍，宋玉洁. 高校女性创新人才培养探究[J]. 中华女子学院学报，2011，23（5）：113-118.

② 王立永，李小平，张金秀. 大学生创造性倾向特点的研究[J]. 高校保健医学研究与实践，2006（3）：14-17.

③ 梁宇颂. 大学生学业自我效能感与心理健康的相关性研究[J]. 中国临床康复，2004（24）：4962-4963.

④ 杨治良，蔡华俭，符起俊. 大学生创造性内隐观的调查研究——关于高创造性者的特征[J]. 心理科学，2001（6）：641-645，764.

通过深度访谈，发现Z世代男性创新能力较优的原因有以下几个方面：

（1）Z世代男女生在专业兴趣上存在差异。以工科为代表，Z世代女大学生对专业的感兴趣程度稍弱于Z世代男大学生。

“可能工科本来女生就不多，而且在我们专业里面，女生觉得未来的工作环境不适合自己，想毕业后去做别的，男生可能对于专业方面的尝试会更多更大胆一点。”（访谈对象A，大四，工科，男生）

（2）科研项目中存在性别结构差异，Z世代女生参加科研项目的情况少于Z世代男生。

“感觉可能是（交大）男性做相关科研的人数太多了导致的吧，如果按人数的话是这样的。”（访谈对象C，大四，工科，男生）

2. 男性偏向行动力

同时调查发现，男性更愿意大胆尝试各种事物，运用工具解决实际问题的能力更强。文献指出，男生在某些特定情况下更具有冒险倾向[①]，更愿意大胆探索未知事物，喜欢“追根问底”，且在完成任务后更具有成功感[②]。在这种性格特征驱使下的男生更易采取积极行动来实现创新想法，且具有冒险精神[③]。

3. Z世代女性转换力优于男性

调查还发现，在转换力维度，Z世代女性得分略高于男性。为什么Z世代女性在转换力方面比男性更体现出优势呢？文献指出，女大学生在遇到问题时能从多方面进行思考具有可行性的方法，同时还具有较强的毅力[④]，这些因素都能够使得女性在将创新想法转化为创新成果时能够通过尝试多种办法以达到目的，并且凭借坚持不懈的心态坚持将过程贯彻下去。也有文献指出，女生的合作能力更优[⑤]。这些优势都能促使女性产出更多的转化成果。

① 夏晓娟. 大学生时间洞察力、自我决定动机与学业拖沓的关系研究[D]. 首都师范大学，2009.

② 王凌雪. 大学生创新能力性别差异比较研究[J]. 科教导刊（上旬刊），2012（1）：101-103.

③ 王凌雪. 大学生创新能力性别差异比较研究[J]. 科教导刊（上旬刊），2012（1）：101-103.

④ 何晓敏. 高职院校女大学生创新创业人才培养模式探索[J]. 湖南社会科学，2019（2）：166-172.

⑤ 王凌雪. 大学生创新能力性别差异比较研究[J]. 科教导刊（上旬刊），2012（1）：101-103.

通过深度访谈，发现女性转换力略优于男性的原因有以下几个方面：

（1）女生完成作业的态度比男生更认真，学习更加专注。

“我们有一门课，那个组都是男同学，做得比较简略，或者说感觉有一点偷工减料，然后老师就不是特别满意；女生的话大部分还是相当认真去完成的，但也不能一棍子打死。”（访谈对象B，大四，文科，女生）

（2）男生偏向综合思考问题，而女生更注重细节，能够全面考虑到实际创新转化过程中的问题与细节，降低了实施难度。

“男生他们可能更会用一个整体思路去看待一个问题嘛，女生可能一个是比较偏感性的，或者会去关注细节上的问题，就会考虑很多情况……可能女生想的时候，就想得比较细致了，考虑细节这些更多一些，实施起来当然就要容易一点，男生可能最开始就整体性强一些，相当于是想个大概，实施起来要难一点。”（访谈对象F，大四，理科，女生）

“感觉女孩子就想得比较多一些，然后更加地全面，然后能够从非常宏观的角度去思考一些问题，然后又能够把每一个点都想到，然后她们汇报的感觉也挺好的。”（访谈对象I，大四，工科，女生）

（3）女生偏向感性，更易发现创新点。

“女生用我们普遍的观念来看，是比较偏感性的，女性感性的话就会考虑很多情况，那么考虑到这些情况，就会发现有一些地方是具有创新点。”（访谈对象G，大四，理科，女生）

（4）女生在将创新想法进行落地的过程中更有耐心与毅力。

“女生在将自己想法落地的过程中更有耐心，更能坚持，可能也是因为提前考虑了很多，规划了思路和想到了未来可能面临的问题，所以在转化的过程中效率更高，更能坚持下去吧。”（访谈对象H，大四，文科，女生）

需要特别说明的是，由于本研究的抽样地点西南交通大学的男生比例较高，且主要分布在工科，因此抽样数据存在男女比例偏差，可能导致结论误差。因此，以上关于创新能力的性别差异问题还需要进一步的数据验证。

3.1.3.3 工科生创新能力优势明显

1. 工科生在创新能力六维度上均高于理科生与文科生，具有明显的创新能力优势。在行动力方面，工科生的优势最为明显

调查结果显示，工科生在文理工科生中具有最强的创新能力，并且在运用工具解决实际问题方面优势最明显。是什么导致了这样的现象？文献指出，

学科专业本身就是影响大学生创新能力评价的因素之一①，文、理科在专业学习过程中并不如工科专业强调发明专利、实物成果，对知识的掌握与运用与工科有所不同。不同专业将带来不同的教育经历与思维风格②，专业本身以及专业对学生所造成的差异亦造成了文、理、工三科学生创新能力的不同。

通过深度访谈，发现原因有以下几个方面：

（1）工科专业特性强调实践。工科专业大学生在学习过程中需要将理论运用到实际，长久下来工科生不断进行创新想法转化，更具有使用工具解决实际问题的能力。

"工科可能更接近于项目的实践，然后项目的落地和实践是非常需要使用不同工具的一个过程。"（访谈对象A，大四，工科，男生）

"工科每天都是真刀真枪地在做，动不动就造一个什么东西出来，尤其是每年建筑学院的建造节，每年那个时候一群人在犀湖边上锯木头，做成各种各样的造型，可漂亮了。然后像计算机的，他们要学编程要学C语言，他们可以用自己学的做出来想要的东西，比如自己编游戏，造软件，那都是很厉害的。"（访谈对象B，大四，文科，女生）

"我觉得是因为这个学科的特性。工科能够更多地接触到这些工具，运用工具的情况多，得到了锻炼，所以他们的能力强。然后文理科接触到这些工具的情况少，使用的范围也更窄一点，所以他们在这方面的能力可能弱一点。"（访谈对象H，大四，文科，女生）

（2）相较于文科与理科，工科专业课程更需要软硬件工具学习，注重成果转化与效率提高，这使得工科生在用工具转化创新想法和学习新工具方面上拥有很强优势。

"主要是工科在学习的时候，对工具的学习就占很大的一部分。"（访谈对象C，大四，工科，男生）

"工科的学习内容主要就是围绕如何使用工具和如何提高生产效率来展开的。"（访谈对象D，大四，工科，女生）

2. 文科生和理科生在行动力和转换力方面都较为薄弱

在工科生具有更强的创新能力并在行动力方面最具优势的同时，文科生

① 杨媛媛，韩玉，石晶晶，等.浅析工科院校大学生创新能力评价体系的构建[J].改革与开放，2017（11）：114-116.

② 王立永，李小平，张金秀. 大学生创造性倾向特点的研究[J]. 高校保健医学研究与实践，2006（3）：14-17.

和理科生在创新成果方面都较为薄弱，运用工具解决实际问题和将创新想法转化为具体成果的能力弱于工科生。为什么会产生这样的结果？文献指出，一方面，传统高校教育侧重传授专业知识，而疏于训练学生运用知识的能力[①]，文、理科专业以理论知识为主，比起工科更加缺乏实际运用知识的机会。另一方面，高校创新能力测评指标浮于表面，偏向工具理性[②]，使得频繁实践的工科生在显性科研成果方面比文理科生更具优势。

通过深度访谈，发现文科生和理科生在行动力和转换力方面都较为薄弱的原因有以下几个方面：

（1）文、理科的学术发现影响范围不及工科，同时其创新转化若要涉及实际应用层大多需要学科交叉。

“文科可能很少有能被称为重大发现的东西，我们领域内大家都很认可，但是到了领域外，他也是要结合着其他学科的东西才能发挥作用。”（访谈对象B，大四，文科，女生）

（2）相较于工科生，文科生和理科生缺乏对工具使用的训练。

“我觉得就是平时训练这些东西的影响。”（访谈对象E，大四，理科，男生）

“文理科这种使用工具的培养就会相对于工科来说弱一点。”（访谈对象G，大四，理科，女生）

（3）文理科学科特性注重抽象理论，探索学问侧重从具体到抽象，由现象到本质，工科学习侧重从抽象到具体，带着问题寻找答案，更具有转换空间，学科的特性导致文理科并不如工科在运用工具进行创新想法转化方面具有优势。

“我有学数学的同学他们就是天天算题，很无聊。至于文科，不说那些钻研型的了，就即便是我们这个应用型文科，创意这个东西，怎么说你也是，感觉有一点浮在空中的，不是每回都实实在在落地的。”（访谈对象B，大四，文科，女生）

“文理科主要就是对理论的一些探索研究，那想要探索出来一个理论，其实是在短时间内很难实现的，但是工科带着问题去找答案，就是你明确要达

① 杨媛媛，韩玉，石晶晶，等.浅析工科院校大学生创新能力评价体系的构建[J].改革与开放，2017（11）：114-116.

② 余利川，钱玉琴.“双一流”建设高校大学生创新能力评估[J]. 中国高校科技，2023（9）：35-40.

到什么样的目标，这种相较于文理科用一个现象来探索一个问题，得到一个结论，这种过程来说，我觉得是相对容易将创新转化为实践成果。”（访谈对象 G，大四，理科，女生）

“其实就是学科特点，数学喜欢钻研数字，实操性没有特别强，专业课整体上也并不涉及过多实践教学，我们平常用各种工具其实不多。”（访谈对象 F，大四，理科，女生）

3.1.4 提升 Z 世代大学生创新能力的教学策略

以上的定量和定性分析反映出了当下 Z 世代大学生创新能力的基本现状。这些数据结论反映出不同专业、不同年级和不同性别的学生在创新能力方面的特征是不同的。这些调查数据可以为高校的教学提供参考和教学创新的支撑。在教学策略方面，有四个方面需要关注：第一，重视培养学生创新人格；第二，促进学生成果转换；第三，优化各类学科的课程设置；第四，完善创新能力评价体系。

3.1.4.1 重视培养学生创新人格

我们将创新能力六维度中的好奇心、想象力、冒险性和挑战性四大心智因素归为创新人格维度，Z 世代大学生创新人格是大学生个体对内具有的创新精神素养。我们通过调查发现，Z 世代大学生在大学学习期间，由于学业压力、现实条件约束、自我思维局限等多方面原因，创新人格特质逐渐削减，因此，在教学中应当让学生重拾创新精神，重视培养学生创新人格。

1. 加强课堂互动，鼓励创新想法

大学第一课堂在学生的教育历程中具有不可替代的重要地位。作为学生获取知识与技能的主要途径，第一课堂提供了丰富的学术资源和直接的学习体验，同时，它也是教师与学生进行面对面交流的首要平台，这种交流不仅包括知识的传授，更涵盖了情感的沟通与思想的碰撞。在创新教学的背景下，第一课堂更是师生互动与连接的关键渠道。

为了充分发挥第一课堂的优势，教师应把握宝贵的课堂时间，加强与学生的互动。好的课堂不应只注重以教学内容为标本的单向知识传递，更应在搭建知识的课堂同时构建情感的课堂①。课堂互动正好能够关注学生的情感体验，通过双向互动激发学生的能动性、效能感，让学生在接收课堂内容的同时自发产生新的灵感。有效的课堂互动应当以弹性化的教学设计为基础，辅以轻松活跃的课堂氛围，教师在设定教学内容的同时也要考虑配合怎样的教学互动以启发学生思维，调动学生积极性。如严谨地设计互动问题，并且在互动过程中及时向学生追问，帮助学生开拓思维，培养学生的批判思维与创新意识。课堂互动不仅更大程度给予教师启发学生的空间，也给了学生及时向教师反馈的渠道，教师可以在互动过程中了解学生的需求和困惑，从而提供更具针对性的指导和帮助，也可以引导学生及时归纳、总结已有的想法与思路，帮助学生提升思维能力，促进创新想法的诞生。

以美国高校课堂互动式教学法为例②，美国高校课堂普遍表现为课程中往往有半数以上时间用于高度互动交流，这种师生间的合作交流会在教学的各个阶段均有体现，包括前期准备、中期参与、后期检验。在教学前期，教师通过发放资料的方式提前知会学生该课程将要学习的内容，而学生则在课程开始前先行阅读文献、查阅资料以准备应对课堂提问或提出自己的见解；而到了课堂教学中，教师通过问题开启课堂，师生间以讨论的形式开展互动，用提问、倾听、回应等行动深化互动，并由教师引领，及时总结反思互动所得，最后，一切课堂互动的效果将在课程测试中得以检验。

2. 丰富课堂形式，增加创新环节

当前高校课堂教学模式普遍以教师主讲、学生主听的单一输入—输出形式为主，这种传统的教学方式在一定程度上限制了学生的主动性和创造性。为了更好地激发学生的兴趣和热情，提高他们的学习效果和创新能力，高校课堂教学需要突破现有的形式，引入更多样化的教学方法和手段。

其中，游戏、演讲和讨论等形式的加入可以有效地增加学生的参与度和互动性。赫伊津哈的游戏论认为游戏堪与理性、发现与创造相媲美。游戏法需要教师以游戏的形式组织教学，在这场游戏中师生共同扮演着“游戏者”的身份，以平等、开放的游戏精神和从容、自由的身心状态参与游戏。游戏

---

① 张俭民，董泽芳. 从冲突到和谐：高校师生课堂互动关系的重构——基于米德符号互动论的视角[J]. 现代大学教育，2014（1）：7-12，25.

② 张西茜. 美国高校课堂互动式教学方式评述[J]. 中国成人教育，2011（5）：111-112.

法顺应了教学中的不确定性与创新性[①]，于游戏主题的选择而言，游戏为教学提供了开放的场景，让师生通过灵活的形式达成教学目标；于学生兴趣激发而言，游戏相比传统的课堂模式更具趣味性，摒弃了既定的教学步骤，需要学生积极调动积极性以推动整场课堂游戏顺利进行，学生自主能动的创造比重在课堂中大大增加；于教学效果而言，课堂需要传授的知识与经验通过游戏融入学生的实践行动中，使用新颖的教学环节往往起到了提升教学效率的作用。通过游戏的方式，可以让学生在轻松愉快的氛围中学习知识，培养他们的团队合作和沟通能力。

演讲多为个人或小组在课堂上进行学习成果陈述，需要让学生公开表达自己的观点与想法，发言人需要做到表述清楚、条理清晰，这种课堂形式具有一定的竞争性，也能培养学生的积极性与责任感[②]。而讨论则可以让学生充分展示自己的思考能力和批判精神，促进他们与他人的交流和合作。

同时，教师还需要注意以下几点：一是要充分尊重学生的主体地位，给予学生充分的参与机会和时间；二是要营造宽松自由的学习氛围，鼓励学生发挥自己的想象力和创造力；三是要及时给予学生反馈和指导，帮助他们不断提高自己的学习能力和创新能力。

3.1.4.2 重视学生成果转化过程

调查发现Z世代大学生随着年级升高,掌握了更多专业知识与工具方法，创新成果转化能力逐渐提升，然而大学生不断进行成果产出的背后往往带有功利导向，看重结果而忽视创新过程在创新成果转化中的重要性。大学生在参与各项科创活动的过程中，教师干预较少，学生发挥空间极大，部分学生报以创新热情或功利心态参与创新产出，却难以通过自身所学将创新想法落地亦是常有之事。因此，在教学中，教师应当适当关注学生在创新过程中的动向并给予指导，扶正学生唯结果论的思想，重视科创过程对自身创新能力的培养，促进学生创新成果转化。

---

① 唐松林，范春香，于晓卉. 复杂论视域中的大学课堂构建[J]. 高等教育研究，2015，36（10）：71-77.

② 李贵安，张宁，郑海荣，等. 基于信息化教学的大学翻转课堂教学实践探索研究[J]. 中国大学教学，2016（11）：61-65.

1. 加入创新过程性评估

在大学生科创教学过程中，一种常见的现象是学生们往往更注重结果，而忽视了过程。这种“轻过程、重结果”的态度，可能会导致一些潜在的问题。首先，这可能导致只有部分学生真正从创新训练中获益。其次，学生们在创新工具的学习和使用上可能会遇到困难，而这些困难如果不能及时解决，可能会阻碍他们的创新进程。

为了解决这些问题，引入创新过程性评估是一种有效的策略。过程性评估是一种持续关注学生学习过程的方法，它强调对学生的学习活动、学习方式、学习成果等进行观察、记录、反思和指导，以便更好地帮助学生完成学习任务，提升学习效果。过程性评估同时关注目标与过程，与教学过程相互整合[①]。创新过程性评估则是对学生的课堂创新成果转化过程进行持续关注。

在教学中引入创新过程性评估，可以帮助教师更好地了解学生们在创新过程中的表现，发现学生在创新过程中遇到的问题，以及他们在解决问题时所采用的方法，为他们提供针对性的指导和帮助。此外，创新过程性评估还可以帮助学生更好地理解自己的学习与创新过程，并提升学生的转化效率。通过关注创新过程，学生可以更好地理解创新思维和技能的重要性，从而在实践中更有效地运用这些思维和技能。

综上，创新过程性评估应当包括以下主体部分。一是对创新方式的考量，在一次创新过程中，学生采取了何种创新形式？个人的还是团队的？运用了哪些创新工具？除此以外，学生面对课题萌生出创新想法并为之制定的一切创新策略都可以纳入考量。二是对过程性创新成果的考量，定期衡量阶段性的创新进展能很好评估学生在一定时间内对知识的汲取和对创新工具的学习掌握，能够反映出学生创新的质量。三是对创新人格非智力因素的考量，创新过程和创新成果受多方面影响，而于个体而言，创新人格因素是最具能动性的影响因子，在创新过程中，学生体现了怎样的好奇心、想象力、挑战性与冒险性对于自身创新能力发展而言亦有重要作用。

2. 鼓励学科交叉和跨学科创新

时代飞速发展，科技与产业的变革伴随着经济的发展时刻进行，人类社会已经步入多学科交叉融合的时代[②]。学科交叉是指由两门及以上的学科相

① 钟媚. 过程性评价：概念、范围与实施[J]. 当代教育科学，2005（14）：44-47.

② 李贵安，张宁，郑海荣，等. 基于信息化教学的大学翻转课堂教学实践探索研究[J]. 中国大学教学，2016（11）：61-65.

互渗透并融合形成一种新的学科综合体系，这种新的体系并不是不同学科间单一理论方法的简单相加拼凑，而是相互渗透、相互融合，逻辑上顺应当前社会、经济生产和技术发展的需要①。在学科交叉的基础上，高校人才将更加讲求跨学科能力与创新能力。

不同学科的学习经历会对学生的思维方式以及他们所掌握的工具产生影响，这种影响在有多学科学生参与的课堂上尤为明显。由于学科背景的差异，学生们在思考问题时往往会有不同的视角和方法，这为创新想法的诞生带来了更多的可能性。在创新课堂上，鼓励学科交叉能够突出以学生为主体的个性化教学②，促进学生创新知识、创新工具方面学习多元发展，激发学生创新人格。

因此，鼓励学生跨学科组队，运用多学科的知识解决课堂问题，具有多重益处。首先，这种做法有助于拓宽学生的思路，激发他们的创新潜能。通过与其他学科的学生合作，学生们能够通过跨学科的交流碰撞看到问题的不同面，从而产生新的想法和解决方案，能激发学生的创新思维，产生出人意料的创新成果。

其次，跨学科组队还有助于学生在创新过程中利用学科差异进行知识互补。不同学科的学生在知识储备和应用技能上可能存在差异，这种差异可以成为他们在进行创新转化中互相学习和借鉴的资源。例如，数学学科的学生可以提供严谨的公式计算和分析，工科学科的学生可以提供多种软硬件的技术支持，而人文学科的学生则可以提供深入的文本解读和文化理解。此外，鼓励学生跨学科组队还有助于培养他们的团队协作能力。

以新工科建设为例，改造现有工科专业，就要使学生掌握包括自然科学、数学、工程科学、人文社科等跨学科知识；具备解决实际工程问题、工程设计、创新创造创业、沟通交流、领导及终身学习的能力。在培养方案方面，新工科专业要将创新创业教育融入专业培养方案，以交叉跨界问题、综合复杂问题和未来前沿问题等为导向，把危机意识、创新精神、创新思维、创新创业能力的培养贯穿工程教育的全过程，通过广泛搭建各种跨行业、跨界的创业孵化基地、创业实习基地、创客空间等创新创业平台，组织形式多样的

① 林健．多学科交叉融合的新生工科专业建设[J]．高等工程教育研究，2018（1）：32-45.

② 刘艳，闫国栋，孟威，等．创新创业教育与专业教育的深度融合[J]．中国大学教学，2014（11）：35-37.

科技创新活动、创新创业竞赛等，全过程营造创新创业教育氛围，全方位推动创新创业教育深层次融入整个专业教育。

学科交叉运用多种学科知识及工具解决问题的特性决定了课堂任务背景在以本学科知识为主的同时需要涉及多门其他学科，因此这对教师的跨学科能力也提出了要求。

3.1.4.3 优化文理工科课程设置

调查数据表明，文、理、工科学生在创新能力上有着明显差异，访谈结果显示这种差异可能跟文理工科课程设置有关。文理科学习侧重从具体到抽象，由现象到本质，工科学习侧重从抽象到具体，带着问题寻找答案，同时较文理科而言，工科课程设置更多工具学习与运用，因此，课堂教学应当更加注重工具的学习与使用，优化课程内容设置，以增强学生的创新能力，文理科可构建创新训练结构化课程，工科专业亦可开设基础的创新工具学习课程供外专业学生学习。

1. 构建跨学科创新类课程

在高校文理科专业的课程设计中，有效构建跨学科创新类课程。这种跨学科创新类课程可以是第一课堂以提升创新能力为导向进行优化改良之后的新型课堂，也可以是补充人才培养方案的第二课堂，它们应同时针对文理科专业的特点，融合理论与实践，注重学生的自主学习和合作探究，以培养具有创新精神和实践能力的高素质人才。

在结构化的创新课程训练中，实践教学是培养学生创新能力的坚实基础①，在实践中教学相长有助于学生动手及思维能力的提升，一是合理规划课堂教学中实践与理论教学的比重，二是为本科生提供进入部分实验室的机会，让他们近距离接触科创活动。此外，研究性教学是推进结构化课程建设的良好途径②，具体形式可以包含小班授课、专题研究、开放式作业等，针对文科专业，可以设置以案例分析、研究报告、创新设计等为主的课程，着重培养学生的批判性思维、创新思维和解决问题的能力。针对理科专业，可以设置以实验、实践、项目等为主的课程，着重培养学生的动手能力、实验技能和

① 王永生，屈波，刘拓，等. 构建本科生科研训练与创新实践的长效机制[J]. 中国高等教育，2010（6）：21-25.

② 同①.

创新能力。此外，文理科专业还可以通过跨学科的课程设计，加强学科之间的交叉和融合，培养学生的综合素质和创新精神。例如，文科专业可以开设科技史课程，让学生了解科技的发展历程和应用领域；理科专业可以开设人文素养课程，提高其人文素质和社会责任感。

2. 开设基础创新工具学习课程

为了培养学生的创新能力和实践能力，非工科专业也需要借鉴工科专业开设基础创新工具学习课程。

针对非工科专业的学生，可以选择一些简单易学且具有广泛应用的基础创新工具作为学习内容。例如，可以开设与编程相关的课程，如 Python 基础或数据分析等，这些课程可以帮助学生掌握编程的基本概念和技能，从而更好地应对未来的科技挑战。同时，也可以开设一些与创新创业相关的课程，如创新思维、创业管理等，这些课程可以帮助学生了解创新创业的基本知识和技能，为其未来的创新创业之路打下基础。

在开设这些课程时，应注重理论与实践的结合。除了课堂上的理论知识学习，还应安排一定的实践环节，如实验、课程设计或项目实践等。通过实践环节的学习，学生可以更好地理解和应用所学的知识和技能，同时也可以培养其解决实际问题的能力和创新思维。

3.1.4.4 完善创新能力评估体系

学校是培养创新思维和创新能力的重要场所，大学生创新能力评估指标应当真实全面地反映大学生创新能力内涵，具备科学性、系统性和可操作性。当前大学科创评估体系主要侧重于专利发明、论文发表、获奖等外显科研成果，这在一定程度上忽视了创新个人和创新团队在科研精神、创新人格以及创新成果转换能力方面的表现。

创新能力不仅体现在最终的创新成果上，还体现在创新过程中。因此，在教学过程中，对课堂创新成果的评估体系应当充分考虑学生创新能力的多元维度。具体而言，评估指标不仅应包括专利申请、论文发表等传统科研成果，还应考虑以下几个方面：

创新思维：学生是否能够独立思考，积极探索并尝试解决新问题。

团队合作：学生是否能够积极参与团队讨论，协作完成创新项目。

创新人格：学生是否具备敢于尝试、坚持不懈、勇于承担风险等创新人格特质。

创新成果转换能力：学生是否能够将课堂上的创新成果转化为实际应用，具备将理论知识应用于实践的能力。

为了综合以上方面，创新成果的评估指标应当遵循静态指标与动态指标相结合、结果指标与过程指标相结合、数量指标与质量指标相结合的原则①。静态与动态指标相结合，需要用可持续发展的眼光关注学生的创新过程，在评估当下创新成果的同时探究学生创新的发展趋势。结果与过程眼光相结合，说明对创新能力的判断不应只注重显性结果而应将学生的创新过程纳入考量，摸索创新过程中影响或决定创新能力的因素与条件，从而建立能反映学生过程性创新程度的指标。而数量与质量指标相结合，则要兼顾学生创新的效率与效应。

为了实现这些评估目标，可以设置可行性高、兼容性强、便于评估的过程体系。例如，在教学过程中，可以增加课堂讨论、小组作业、案例分析等环节，以便更好地评估学生的创新能力。此外，可以建立多元化的评估体系，包括教师评价、学生自评、团队互评等多种方式，以保证评估结果的客观性和公正性。在这样的教学环境下，学生可以充分投入到创新过程中，提升自身创新能力。通过多元维度的评估指标体系，可以鼓励学生发挥自己的创造力和想象力，积极探索新领域，提高解决问题的能力。同时，可以帮助学生认识自己在创新能力方面的优势和不足，从而有针对性地提升自己的创新能力。

3.2 Z世代大学生学习风格

究竟有哪些因素在影响Z世代大学生的创新能力？在进行Z世代大学生创新能力调查的过程中，我们发现学习风格是造成大学生创新能力存在差异的显著影响因素之一。因此本节将大学生学习风格纳入研究视野，首先通过

---

① 蒋伟伟，钱玲飞. 大数据环境下人文社会科学学术创新力多层评价体系构建研究[J]. 西南民族大学学报（人文社会科学版），2020，41（11）：234-240.

问卷调查的方式回答Z世代大学生的学习风格整体样态如何，不同学科、性别大学生的学习风格有何差异的问题，其次通过深度访谈探究Z世代大学生学习风格存在差异的原因，最后给出面向不同学习风格学生进行跨学科教学的教学策略。

3.2.1 学习风格

3.2.1.1 何为学习风格

学习风格这一概念最早由美国学者哈伯特·塞伦（Herbert. Thelen）于1954年提出[①]。凯夫（Keefe）认为学习风格是学习者特有的认知、情感和生理行为，它是学习者和学习环境相互作用时表现出来的一种经常的、稳定的、具有倾向性的行为[②]。邓恩夫妇（Dunn&Dunn）认为，“学习风格是学生集中注意并试图掌握和记住困难的知识和技能时所表现出来的方式，包括学习者对学习环境的选择、情绪、对集体的需要以及生理的需要[③]。”

国内学者谭顶良认为学习风格就是学习者持续一贯的带有个性特征的学习方式和学习倾向，具有独特性、稳定性、兼有活动和个性两种功能的特点[④]。陆根书认为学习风格是学习者具有的相对一致、持久的学习倾向，是由学习者的学习观、学习取向、认知加工策略和管理策略所构成的一个复合体，它反映了学习者习惯性地处理许多学习情景中的信息的一致方式，并会在一定时期内保持相对的稳定性[⑤]。张奇文等学者认为学习风格是指学习者在研究和解决任务过程中所表现出来的具有明显个性特征的学习方式[⑥]。

虽然国内外学者界定的角度各有不同，但对学习风格的基本认识是一致的，即学习风格是学习者相对稳定的独特学习方式。

---

① 唐成晨，甘晓雯，钱懿华，等. MOOC 教学模式下学习者学习风格与物理学习成效分析研究[J]. 物理教师，2020，41（7）：93-97.

② KEEFE J M. Student learning styles：diagnosing and prescribing programs[M]. Reston，VA：National Association of Secondary School Principals，1979.

③ DUNN R，DUNN K，PRICE G E. The learning style inventory [M]. Lawrence，KS：Price System，1975.

④ 谭顶良. 学习风格与教学策略[J]. 教育研究，1995（5）：72-75.

⑤ 陆根书. 学习风格与学习成绩的相关分析[J]. 高等工程教育研究，2005（4）：44-48.

⑥ 张奇文，王志强，王仪丰. 基于 CF-DTW 的学习风格挖掘算法[J]. 现代教育技术，2020，30（9）：103-110.

3.2.1.2 学习风格理论的变迁

学习风格（Learning Style）是一个描述学习者个别差异的概念，自 20 世纪 70 年代以来，有关学习风格的研究蓬勃发展，在描述、识别学习风格类型基础上，逐渐形成了有关学习风格的较为系统的理论——学习风格理论①。关于学习风格理论的研究中，学者们对不同的学习风格进行划分，对学习风格的构成要素进行探讨，并随着研究历程的推进，对学习风格理论研究中存在的不足进行反思。

1. 关于学习风格的分类

多年来，众多学者对学习风格的分类展开研究，依托学习感官、学习方式、信息接收与处理、人格特质、学习态度等标准进行学习风格类型的划分。20 世纪 70 年代，里奇曼（Riechmann）等围绕学生对学习的态度，对老师和/或同伴的看法，以及对课堂程序的反应，将学习风格划分为独立型、依赖型、参与型、回避型、合作型和竞争型②。

20 世纪 80 年代初，大卫·库伯（David Kolb）将学习风格分为聚合思维型、发散思维型、同化型、顺应型③。在他看来，学习是通过学习者对自己所经历的事情所取得的经验进行转化从而来创造出新的知识的一个过程。他认为，学习者可以根据自身现有的经验在大脑里形成相应的“图式”，学习者学习的过程，就是经验和图式不断转化的过程。因此，他将学习活动视为了可循环的四个环节，即将学习风格分为了上述四个类型。

此后，瑞德（Reid）根据偏爱的学习感官和学习方式，把学习风格分为视觉型、听觉型、触觉型、小组型、个人型、动觉型④。再后来，费尔德-西尔弗曼（Felder-Silverman）学习风格模型出现并流行起来，该模型根据学生对于信息的输入、感知、加工、理解方式，从四个维度上划分了八种学习风格类型，分别是信息输入维度的视觉型、言语型，信息感知维度的感悟型、

---

① 王小明. 步入困境的学习风格理论[J]. 外国教育研究，2020，47（5）：93-102.

② Sheryl-Wetter Riechmann，Grasha Anthony-F. A rational approach to developing and assessing the construct validity of a student learning style scales instrument[J]. The Journal of Psychology：Interdisciplinary and Applied，1974，87（2）：213-223.

③ KOLB，D. The learning style inventory：technical manual[M]. Boston，MA：McBer and Company，1985：26.

④ REID J M. The learning style preferences of ESL students[J]. Tesol Quarterly，1987，21（1）：87-111.

直觉型，信息加工维度的活跃型、沉思型，信息理解维度的序列型、综合型[①]。

20 世纪 90 年代，奥克斯福特（Rebecca L. Oxford）等将学习风格分为五大类，分别为与感官偏爱有关的学习风格、与人格特质有关的学习风格、与信息加工方式有关的学习风格、与信息接收方式有关的学习风格、与思维方式有关的学习风格[②]。弗莱明（Neil Fleming）则在 VARK 量表中，将学习风格分为视觉型、听觉型、阅读和写作型、动觉型[③]。

相较于国外对于学习风格的研究，我国对学习风格的研究起步较晚，始于 20 世纪 90 年代。我国学者谭顶良以大脑功能与学习风格、个性类型与学习风格、心理发展水平与学习风格、性别与学习风格、教育方式与学习风格、学习过程与学习风格为基本依据，划分了学习风格的类型[④]。

胡斌武认为从不同的角度，学习风格可以分成不同的类型。例如，从对学习时间的选择来看，学习风格可以分为“百灵鸟型”与“猫头鹰型”；从学习者对学习内容的偏爱的角度来看，学习风格可分为“理论型”与“科普型”等。从认知风格的角度来说，学习风格可以分为场独立型与场依存型[⑤]。

2. 关于学习风格构成要素的研究

20 世纪 70 年代，邓恩夫妇（Dunn&Dunn）将学习风格分为环境类要素、情绪类要素、社会性要素、生理性要素四大类[⑥]；凯夫（Keefe）则从认知风格、情感风格、生理风格三个层面对学习风格的构成要素进行了划分，其中，认知风格包括接受风格、概念化与保持风格；情感风格包括注意风格、期望与动机风格；生理风格包括性别差异、身体健康有关的行为、时间影响的行为、个体活动、环境因素[⑦]。

20 世纪 80 年代，邓恩夫妇（Dunn&Dunn）又在早期研究的基础上对学

① FELDER R M. Learning and teaching styles in engineering education[J]. Engineering Education，1988，78（7）：674-681.

② OXFORD R L，HOLLOWAY M E，HORTON-MURILLO D. Language learning styles：research and practical considerations for teaching in the multicultural tertiary ESL/EFL classroom[J]. System，1992，20（4）：439-456.

③ FLEMING N D. Teaching and learning styles：VARK strategies[M].1st ed. Christchurch：Neil D. Flemming，2001：5-16.

④ 谭顶良. 学习风格理论应用于教育心理学教学的尝试[J]. 心理科学，1996（2）：125-126.

⑤ 胡斌武.学习风格与学习策略的选择[J].上海教育科研，1996（9）：38-39+45.

⑥ 谭顶良. 学习风格的要素及其测定[J]. 教育理论与实践，1993（1）：55-62.

⑦ 同⑥.

习风格的要素进行了拓展，新增了第五类——心理性要素[①]。至此，邓恩夫妇（Dunn&Dunn）从环境、情绪、社会、生理、心理五个维度对学习风格的要素进行了分析，每一维度下又细分为多个具体的方面。此后，柯里（Curry）在邓恩夫妇的研究基础上提出了“洋葱模型”，该模型包括“教学偏好”层、“信息加工”层、“认知的人格方式”三个层次[②]。

上述国外学者较为全面地划分了学习风格的要素，但由于国内外社会环境不同，有些要素并不适用于我国的学习风格研究。

20 世纪 90 年代，我国学者谭顶良结合我国的文化教育制度和教育心理学科的概念系统，将学习风格划分为生理性层面、心理性层面和社会性层面，生理性层面包括个体对环境、生理层面的刺激产生的反应，如声音、光线、温度，对一天内时间节律以及接受外界信息时对不同感觉的偏爱；心理性层面由认知、情感、意动三个方面组成；社会性层面包括学习方式（独立/结伴学习）、学习动机激发（竞争/合作）[③]。胡斌武将学习风格分为生理性的、心理性的两大类，生理性要素包括学习者对学习环境、学习时间的选择偏向，心理性要素包括认知要素、情感要素、意志品质要素[④]。尽管两位学者对学习风格构成要素划分的角度有所不同，但其所包含的内容基本是相似的。

3. 关于学习风格相关理论的反思

随着学习风格研究历程的推进，在研究过程中，越来越多的学者开始对学习风格的相关理论进行深入反思，例如，基施纳（Kirschner）提出“请停止对学习风格的神话”的论断[⑤]。王小明认为学界对学习风格理论的质疑主要存在于两方面，一是学习风格测量，二是“适应学生学习风格的教学能促进学生学习”的研究证据，并指出学习风格理论的分类、学习风格测量的优化、考虑特定情境的影响等方面值得进一步地研究[⑥]。

学习风格理论的研究是一个动态的过程，这些反思不仅是对过往研究成

---

① 谭顶良. 学习风格的要素及其测定[J]. 教育理论与实践，1993（1）：55-62..

② Curry L. An organization of learning styles theory and constructs[J]. Cognitive Style, 1983，28：28.

③ 同①.

④ 胡斌武. 学习风格与学习策略的选择[J].上海教育科研，1996（9）：38-39，45.

⑤ KIRSCHNER，PAUL A. Stop propagating the learning styles myth[J]. Computers & Education，2017，106：166-171.

⑥ 王小明. 步入困境的学习风格理论[J]. 外国教育研究，2020，47（5）：93-102.

果的进一步思考，也有助于在新的社会语境中，更深入地理解并优化学习风格理论。

综上所述，学界关于学习风格理论的研究已经较为成熟，前人对于学习风格类型的划分、学习风格构成要素的总结为之后的研究奠定了良好的基础，同时，随着研究进程的推进，面对研究中存在的问题，学者们在反思中对学习风格的相关理论进一步地完善。

3.2.1.3 学习风格的实践研究

从20世纪50年代中期开始，西方学习风格的研究经历了从学习风格特征研究到学习风格中的构成因素对学习风格的影响研究，再到将学习风格的研究成果应用于教学实践的发展历程[①]。国内关于学习风格的研究也呈现相似的特征，近年来，学习风格的应用研究众多，既包括对已有学习风格研究在实践中的实施与验证，也包括在新的社会语境下，围绕学习风格对学生学习能力、学习效果等方面的影响进行探讨。

谭顶良提出，在教学实践中应把握学生不同的风格，制定扬长补短的教学策略，建构均衡匹（失）配的教学模式，并促进因材施教的教学改革[②]。该研究是国内较早的学习风格在教学实践中的应用，为后续的学习风格应用研究奠定了一定的基础。

林一等学者基于学习风格模型，借助VR技术，构建了虚拟现实交互系统，依托学习风格的判断、虚拟交互环境的自适应、学习者与环境的交互三个环节的螺旋循环迭代，通过不断调整虚拟交互环境以持续自适应学习者的学习风格[③]。该研究希望通过交互环境的自适应调整，优化学习者的学习环境，为他们提供个性化的学习体验，更好地适应学习者的学习风格，从而帮助学习者改善学习效果。

邱飞岳等学者对混合教学模式下学生学习风格与自学能力的关系进行探讨，指出学习风格是影响自主学习的重要因素[④]；李彤彤等学者探究了基于

---

① 王华容，谭顶良．近十年西方学习风格研究述评[J]．外国中小学教育，2008（4）：15-20.

② 谭顶良．学习风格的研究及其在教学实践中的应用[J]．江苏高教，1998（5）：56-58.

③ 林一，王舜波．基于学习风格的自适应式虚拟交互方法的研究[J]．计算机工程与应用，2022，58（2）：274-280.

④ 邱飞岳，张蓓嘉，陈春凤．混合教学模式下中职学习风格与自学能力的关系研究[J]．职业技术教育，2022，43（23）：34-40.

学习风格和伙伴关系的配对编程对小学生计算思维的影响，通过实验证明了学习风格对小学生计算水平存在显著影响[①]；王改花等学者结合网络学习环境中非线性学习关系的特点，聚焦于 Felder-Silverman 学习风格模型中的信息理解维度，选择序列型和综合型的学习者参与眼动实验，分析了不同学习风格学习者对不同类型在线学习材料学习效果的影响及其内在影响机制，为在线开放课程的学习提供了实证证据和理论支撑[②]；孙晓宁等学者基于 Kolb 学习风格与认知弹性理论，进行了信息搜索用户的学习投入影响研究[③]。

综上所述，学习风格历经多年的研究，已经形成了较成熟的理论体系，将理论应用于实践，既是对理论在社会语境下的印证与推进，也是通过研究为实践指明道路的尝试。教师和学生是与学习风格的实践紧密相连的两个主体，学习风格在教学实践中的相关研究有助于教师根据学生的学习风格，有的放矢地制定教学策略，因材施教。多位学者通过量化研究，对学习风格产生的影响的探讨，可以帮助教师进一步认识到学习风格的重要性，但是社会语境不断发展变化，学习风格的影响研究仍待拓展。

3.2.1.4 学习风格测量方法的演进

学习风格测量工具的质量是影响学习风格研究的重要因素，同时，它本身也是学习风格研究的重要内容之一[④]。然而，学习风格在测量方法、测量工具的质量上存在的缺陷，使得学习风格的测量与分析面临一定的困境。

多年来，从静态测量到动态测量，从显性测量到隐性测量，学习风格测量方法与测量工具在演进中不断发展，愈加进步。针对不同的研究问题，学者们设计了多种不同的学习风格测量方法，其中主要分为两种，一种是静态的学习风格量表，另一种是动态的学习风格识别模型。

1. 静态学习风格量表

静态的学习风格量表的研究历史悠久，直观性强，既有自陈量表，也有

---

① 李彤彤，郝晴，文雨，等. 基于学习风格和伙伴关系的配对编程对小学生计算思维的影响研究[J]. 远程教育杂志，2022，40（3）：105-112.

② 王改花，傅钢善. 知识类型、呈现方式与学习风格对大学生在线学习的影响——基于眼动的证据[J]. 现代教育技术，2021，31（9）：45-54.

③ 孙晓宁，季馥春，刘思琦. 信息搜索用户的学习投入影响研究：基于 Kolb 学习风格与认知弹性理论[J].情报学报，2023，42（1）：90-102.

④ 王华容，谭顶良. 近十年西方学习风格研究述评[J]. 外国中小学教育，2008（4）：15-20.

测试量表。

邓恩（Dunn）的学习风格量表包含 104 道题，每题四个选项，为感觉（具体经验）、查看（反思观察）、思考（抽象概念化）和实践（主动实验），被试需根据对自己的了解选择面对这 104 种情况时可能的做法，完成自测后形成报告①。

大卫·库伯（David Kolb）学习风格量表基于其提出的学习风格理论进行建构，包括 12 个题项，每题有 4 个选项②。每个题目由“非常像我”到“不像我”，共分四个等级，相应的分值为 1、2、3、4 分，学生根据自己的情况选择对某个题目所陈述内容的同意程度，然后把四个子项目的分值相加，在学习风格模型的坐标中找到对应点，用线段连接四点，所得图形为学习者的学习风格模型。

瑞德（Reid）的“感知学习风格”问卷包含 30 道题目，测量学习者在听觉、视觉、触觉、动觉、合作性和独立性六种风格上的表现③。

费尔德·西尔弗曼（Felder Silverman）学习风格模型从信息加工、信息感知、信息输入、信息理解 4 个维度划分学习风格，每个维度下对应着两种不同类型的学习风格，Felder-Silverman 学习风格量表基于此对学习者的学习风格进行推断、测量④。

VARK 量表是弗莱明（Fleming）提出的学习风格调查量表，学习风格被分成视觉型、听觉型、读写型、动手型 4 类，此分类基于学习者擅长获取知识的风格⑤。

西蒂等（Siti）研发的学习风格量表第三版由 65 道题组成，用于测量个人对班级 9 项活动的倾向，涉及演习、同伴、教学、讨论、游戏、学习、自

---

① 邵明铭，赵丽. 基于多模态技术的学习风格分析：演进、困境及图景[J]. 开放教育研究，2022，28（4）：102-109.

② METALLIDOU P，PLATSIDOU M. Kolb's learning style inventory-1985：validity issues and relations with metacognitive knowledge about problem-solving strategies[J]. Learning & Individual Differences，2008，18（1）：114-119.

③ REID J M. The learning style preferences of ESL students[J]. Tesol Quarterly，1987，21（1）：87-111.

④ FELDER R M. Learning and teaching styles in engineering education[J]. Engineering Education，1988，78（7）：674-681.

⑤ FLEMING N D，MILLS C. Not another inventory，rather a catalyst for reflection[J]. To Improve the Academy，1992，11（1）：137-149.

学、讲座和模拟[①]。

陆根书、于德弘在《学习风格与大学生自主学习》一书中对学习风格量表的制定主要涉及学习观、学习动机、加工策略和管理策略4个方面的内容，共计204道题目，每个题目采用Likert式方法编写，由“非常同意”到“非常不同意”共分为5个等级，学生根据自己的情况选择对某个题目所陈述的内容的同意程度[②]。

但是静态学习风格量表受主观性影响相对较大，可能会出现测量结果与实际结果不符的情况。且学生的学习是一个动态的过程，可能会随着课程的变化、年龄的增长等呈现不同的学习风格，相较于直接的静态学习风格量表，技术支撑的动态学习风格识别模型具有准确性高、灵活的优点。

另外，传统的教学模式多为小规模的封闭环境教学，然而随着技术的快速发展，大规模的在线学习逐渐成熟，越来越多的学生开始使用在线开放课程，比如MOOC进行学习。这种发展趋势下，学习者学习能力的差异性、课程的多样性等，都给更适用于小规模封闭环境的静态学习风格量表带来了新的挑战。因此，应用动态学习风格识别模型来对新环境下学习者的学习风格进行测量，迫在眉睫。

2. 动态学习风格识别模型

随着技术的进步，动态学习风格识别模型逐渐出现在大众的视野里，多位学者结合社会语境、研究问题，构建相应的动态学习风格识别模型，依托算法等新技术，对学习者的学习风格进行识别与分析。

李超等学者以Felder-Silverman学习风格模型为理论基础，围绕大规模在线开放课程，在智能分析算法的支持下，对学习者的学习风格进行动态地识别，并利用学习者的生理特征，构建了一套融合了卷积神经网络和循环神经网络的“识别-推理”复合模型[③]。该研究是学习风格模型在新环境下的新发展，弥补了学习风格量表的静态缺陷，提高了学习行为特征识别与分析的精确性。

---

① 邵明铭，赵丽. 基于多模态技术的学习风格分析：演进、困境及图景[J]. 开放教育研究，2022，28（4）：102-109.

② 陆根书，于德弘. 学习风格与大学生自主学习[M].西安：西安交通大学出版社，2003.

③ 李超，周泓. 基于复合神经网络的学习风格动态分析与研究[J]. 计算机工程与应用，2018，54（6）：150-155.

张冰雪等学者基于以往的研究，认为脑电由于其难以被伪装的生物特征信息，往往比面部表情、语音或行为等更能真实地反映人的认知过程，因此构建了融合多尺度脑电特征的卷积神经网络学习风格识别模型，并通过实验验证了该模型的有效性[①]。该研究是通过生理信号识别学习风格的进一步尝试，再次验证了生理信号在学习风格测量中的作用，学习风格模型在学者们的研究中不断完善，准确度得到提升。

张奇文等学者关注到了网络环境下的个性化学习模型需求，提出了一种基于CF-DTW的学习风格挖掘算法，即采用级联过滤器快速筛选数据集，对过滤后的数据进行相似度计算，挖掘相似度最大的学习风格序列。CF-DTW算法与学习风格识别的结合，有效提高了学习风格识别与分析过程中的运算速度[②]。

林一等学者在虚拟现实交互系统中，通过学习者在虚拟环境中产生的交互数据对学生的学习风格进行判断，并通过虚拟环境的自适应，再次识别学习者与虚拟环境交互的新数据，如此循环往复，使得学习风格的判断精准度大大提高[③]。这是VR技术在学习风格测量中的应用，通过学习者与学习环境的循环交互来识别学习风格的方法，具有创新性，但是该研究构建的虚拟现实交互系统面向的是工科教育的学生，后续研究可进一步拓展研究对象的范围，对实验结果进行更普遍性的验证。

可以看出，学习风格的测量方法是一个动态发展的过程。学习风格的研究中常常伴随着对学习风格测量效果的质疑，尤其是部分静态学习风格测量过程中，采用被试者自陈的方式进行信息收集，由于主观性强、题目设计不足等问题，其在信效度等关键指标上的表现仍有进步空间。

随着社会的发展，学习方式由小规模走向大规模，由封闭走向开放，旧的学习风格测量量表已经无法适用于新的研究问题，在这种情况下，学习风格测量方法的向前推进已成必然。动态学习风格识别模型是对静态学习风格测量量表的发展，技术的进步为动态学习风格识别模型的实施提供了有力的保障，对于学习风格测量中生理因素作用的把握，也使得学习风格测量的准确度得以有效提升。

---

① 张冰雪，柴成亮，尹钟，等. 融合多尺度脑电特征的学习风格识别[J]. 小型微型计算机系统，2021，42（12）：2479-2484.

② 张奇文，王志强，王仪丰. 基于CF-DTW的学习风格挖掘算法[J]. 现代教育技术，2020，30（9）：103-110.

③ 林一，王舜波. 基于学习风格的自适应式虚拟交互方法的研究[J]. 计算机工程与应用，2022，58（2）：274-280.

3.2.1.5 Felder-Silverman 学习风格模型与量表的应用研究

1. 关于 Felder-Silverman 学习风格模型与量表的介绍

Felder-Silverman 学习风格量表基于 Felder-Silverman 学习风格模型，显式推断学习者的学习风格。该问卷由 44 道题目（每道题有 a，b 两个选项）组成，学习风格每种维度都对应 11 道题。

Felder-Silverman 学习风格模型中在每个维度下皆有两种不同类型的学习者。信息加工维度中，分为活跃型、沉思型学习者。活跃型学习者倾向于通过积极地做一些事情、讨论或应用或解释给别人听来汲取知识，喜欢团队合作。沉思型学习者往往通过深入思考来学习，偏爱独自学习或者与固定的学习搭档共同学习。

信息感知维度中，分为感悟型、直觉型学习者。前者习惯学习事实，而后者更喜欢学习理论知识。感悟型学习者对细节很有耐心，擅长记忆事实，但对复杂的事物有所回避。直觉型学习者更擅长掌握新概念，喜欢复杂的事物，相较于感悟型学习者对抽象概念具有更好的理解能力，但同时比较粗心。

信息输入维度中，分为视觉型、言语型学习者。视觉型学习者善于记住他们所看到的东西，例如视频、图片等。言语型学习者善于记忆他们听到或者读到的内容。

信息理解维度中，分为序列型、综合型学习者。序列型学习者偏向于按部就班地学习，按照一定的逻辑顺序理解内容；全局型学习者更喜欢全面地思考问题，思维比较发散和跳跃。在进行测试的时候，序列型学习者往往会从后往前回答问题；与之相反，综合型学习者会先浏览题目，再选择题目进行回答。

2. 关于 Felder-Silverman 学习风格模型与量表的应用研究

Felder-Silverman 学习风格量表经多位学者检验，具有良好的信度和效度，是学者们广泛使用的一种学习风格测量方法。

张小凡等学者在《PBL 教学在流行病学教学中应用于不同学习风格学生的效果》中，采用 Felder-Silverman 学习风格量表调查学生的学习风格①；在关于网络环境下学习者策略性特征群体差异研究过程中，李运福等学者使用到的网络学习风格量表在 Felder-Silverman 学习风格模型的基础上根据研究

① 张小凡，阳乐，李佳圆. PBL 教学在流行病学教学中应用于不同学习风格学生的效果[J]. 现代预防医学，2020，47（14）：2685-2688.

实际进行了改编[①]；唐成晨等学者基于 Felder-Silverman 学习风格量表，对 MOOC 学习者的学习风格进行识别与分析[②]；王改花等在 Felder-Silverman 学习风格量表的基础上，根据研究实际改编而成了在线学习风格量表，测量学生风格，探究学习风格对大学生在线学习的影响[③]。

由于 Felder-Silverman 学习风格量表具有很强的操作性，较适用于自适应学习系统中对用户学习风格的测试，因此，在学界关于自适应学习的研究中，常常能看到 Felder-Silverman 学习风格量表的身影。邱百爽等学者在《基于语义网的自适应学习系统中用户模型的研究》中，采用 Felder-Silverman 学习风格量表进行学习风格类型预设[④]；林一等学者在《基于学习风格的自适应式虚拟交互方法的研究》中也采用了 Felder-Silverman 学习风格模型[⑤]。

除此之外，还有学者针对 Felder-Silverman 学习风格模型和量表存在的不足，进行改进研究。李超等学者在 Felder-Silverman 学习风格模型的理论基础上，引入智能分析算法，识别学习者学习风格[⑥]。算法的引入，是 Felder-Silverman 学习风格模型与新技术的典型结合。姜强等学者基于运用 Felder-Silverman 量表前测推断用户学习风格，再依据量表数据挖掘影响学习风格挖掘的学习行为模式，对用户行为学习风格模型进行修正并做了实证研究。该研究对 Felder-Silverman 学习风格模型的修正具有一定的创新性，研究结果也表明，修正后的用户学习风格模型更具真实性[⑦]。

综上所述，目前关于 Felder-Silverman 学习风格量表的应用研究主要集中在两方面。一是使用 Felder-Silverman 学习风格量表进行学习风格的测量；二是结合新的社会语境，对 Felder-Silverman 学习风格量表的优化研究。

---

① 李运福，傅钢善. 网络环境下学习者策略性特征群体差异研究——基于 Felder-Silverman 学习风格的群体划分[J]. 现代教育技术，2015，25（6）：102-107.

② 唐成晨，甘晓雯，钱懿华，等. MOOC 教学模式下学习者学习风格与物理学习成效分析研究[J]. 物理教师，2020，41（7）：93-97.

③ 王改花，傅钢善. 知识类型、呈现方式与学习风格对大学生在线学习的影响——基于眼动的证据[J]. 现代教育技术，2021，31（9）：45-54.

④ 邱百爽，赵蔚，刘秀琴. 基于语义网的自适应学习系统中用户模型的研究[J]. 开放教育研究，2008（4）：106-111.

⑤ 林一，王舜波. 基于学习风格的自适应式虚拟交互方法的研究[J]. 计算机工程与应用，2022，58（2）：274-280.

⑥ 李超，周泓. 基于复合神经网络的学习风格动态分析与研究[J]. 计算机工程与应用，2018，54（6）：150-155.

⑦ 姜强，赵蔚，杜欣. 基于 Felder-Silverman 量表用户学习风格模型的修正研究[J]. 现代远距离教育，2010（1）：62-66.

3.2.2 Z世代大学生学习风格调查

本研究基于 Felder-Silverman 学习风格模型与量表，对 Z 世代的学习风格进行了调查与划分，并对 Z 世代整体学习风格变迁，理工文各学科的学习风格差异与变迁，男女的学习风格差异与变迁进行了分析。

调查共分两部分数据，一是 2019 年数据（见表 3.9），即大一大二（00 后）和大三大四（95 后），见表 3.9；二是 2021 年数据（见 3.10），即大一大二（05 后）和大三大四（00 后），见表 3.10。

表 3.9　2019 年问卷的样本情况

学科			理科	工科	文科
大一大二	性别	男	207	489	71
		女	116	207	260
	总计		323	696	331
大三大四	性别	男	65	157	43
		女	44	69	190
	总计		109	226	233
总计			432	922	564

表 3.10　2021 年问卷的样本情况

学科			理科	工科	文科
大一大二	性别	男	75	353	76
		女	56	225	144
	总计		131	578	220
大三大四	性别	男	37	231	52
		女	37	187	85
	总计		74	418	137
总计			205	996	357

2019 年数据和 2021 年数据单独分析——四个维度（见表 3.11），每个维度 11 个题，即活跃型、感悟型、视觉型，序列型为 1，另外四种为 0，计算全体学生各维度的得分（见图 3.6）。

表 3.11 学习风格的四个维度

信息加工	8～11 活跃型；0～3 沉思型
信息感知	8～11 感悟型；0～3 直觉型
信息输入	8～11 视觉型；0～3 言语型
信息理解	8～11 序列型；0～3 综合型

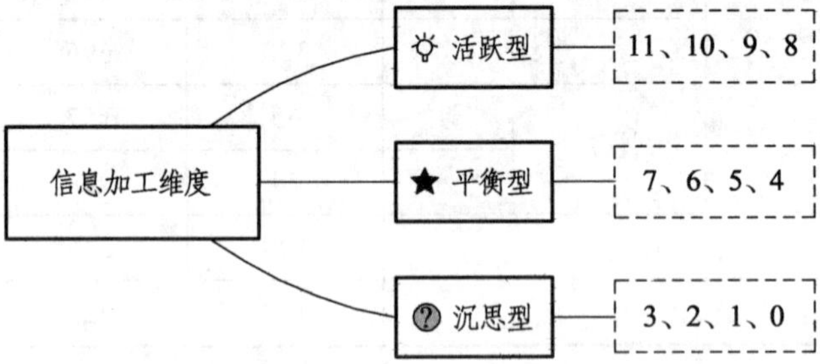

图 3.6 信息加工维度

3.2.3 Z 世代大学生学习风格分析

3.2.3.1 整体分析

1. Z 世代整体风格（两次的整体变化）

Z 世代学生的学习风格（见图 3.7、表 3.12）在信息加工、信息感知、信息理解三个维度均呈现平衡型的特点，在信息输入维度，2019 年参与调研的学生呈现偏视觉型的特点，而 2021 年参与调研的学生呈现平衡型的特点，表明 Z 世代学生视觉学习的特征在减弱，逐步适应文字类的学习。

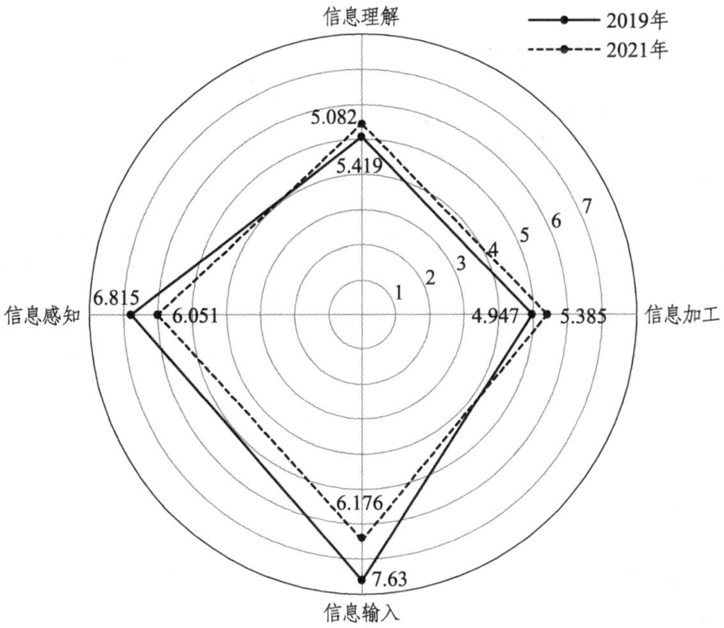

图 3.7 Z世代学习整体风格

表 3.12 Z世代整体风格

学习风格维度	2019 年	2021 年
信息加工	4.947	5.385
信息感知	6.815	6.051
信息输入	7.63	6.476
信息理解	5.082	5.419

对于学习风格四个维度表现的整体分析（见表 3.13），Z 世代大学生在信息加工和信息理解的维度得分较低，在信息感知和信息输入的维度得分较高；对于 2019 年和 2021 年参与调研的学生的学习风格对比分析，两次调研的结果在信息加工和信息理解维度的得分接近，在信息输入和信息感知维度，2019 年调研的数据结果明显高于 2021 年调研的数据结果。表明 Z 世代大学生在注重图形图像的同时，开始注重文字阅读。在注重具象案例的同时，开始向更抽象的学习方向发展。

表 3.13 具体分值表

学习风格	2019 年	2019 年理科	2019 年工科	2019 年文科	2019 年大一大二
信息加工	4.947	4.539	5.071	5.053	4.982
信息感知	6.815	6.73	6.893	6.754	6.763
信息输入	7.63	7.477	7.81	7.457	7.649
信息理解	5.082	5.026	5.167	4.982	5.062
	2021 年	2021 年理科	2021 年工科	2021 年文科	2021 年大一大二
信息加工	5.385	5.463	5.424	5.233	4.982
信息感知	6.051	5.912	6.17	5.8	6.763
信息输入	6.476	6.795	6.503	6.219	7.649
信息理解	5.419	5.39	5.52	5.157	5.062

为了全面了解 Z 世代大学生学习风格的变迁，我们对比分析了 95 后与 00 后、00 后前后发展阶段、00 后不同年级段三组数据，如表 3.14 所示。

表 3.14 95 后与 00 后、00 后前后发展阶段、00 后不同年级段数据对比

学习风格对比的维度	选取的样本	
95 后与 00 后大学生	95 后（2019 年大三大四学生样本数据）	00 后（2021 年大三大四的学生样本数据）
00 后前后发展阶段	发展前（2019 年大一大二学生样本数据）	发展后（2021 年大三大四学生样本数据）
处于不同年级阶段的 00 后	低年级（2021 年第一大二学生样本数据）	高年级（2021 年第三大四学生样本数据）

2. 95 后学习风格

95 后的学习风格整体较平稳，但在四个维度上具有不同的倾向性，如图 3.8 所示。

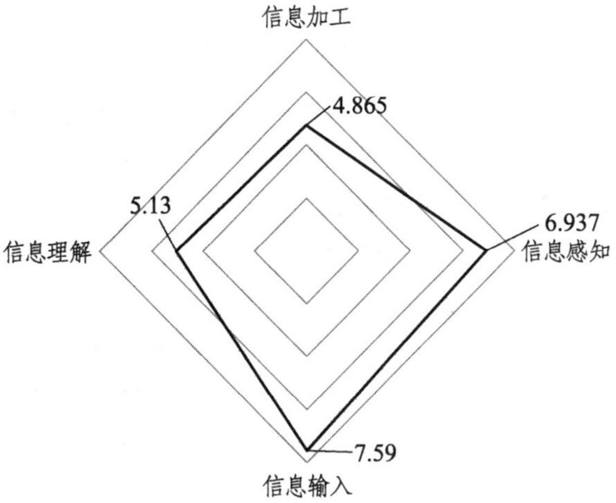

图 3.8 95 后四个维度得分

在信息加工方面，95 后的得分为 4.865 分，沉思特征更明显，说明 95 后倾向深入思考，偏爱独自学习或者与固定的学习搭档共同学习；在信息理解方面，95 后的得分为 5.13 分，全局性学习特征更明显，说明 95 后更喜欢全面地思考问题，思维比较发散和跳跃；在信息感知方面，95 后的得分为 6.937 分，感悟型学习特征更明显，说明 95 后呈现出耐心的特点，擅长记忆事实，但不擅长处理复杂事物；在信息输入方面，95 后的得分为 7.59 分，偏视觉型学习，说明 95 后视觉学习能力较强，注重图像学习。

3. 00 后学习风格

（1）00 后自身从大一大二至大三大四的发展。

从图 3.9 可以看出，2019 年到 2021 年，00 后自身的发展曲线由分散到趋近，00 后大学生的学习风格发展在四个维度方面呈现趋向平稳的趋势，但四个维度上也呈现出了差异化的变化特征。2019 年（低年级）信息输入和信息感知维度得分较高，但 2021 年（高年级）则得分降低；2019 年信息加工和信息理解维度得分较低，但 2021 年则得分增加。

在信息加工方面，00 后的得分由 4.982 增加到 5.442，表明 00 后在沉思中更添活跃，注重深入思考的同时，也更注重参与讨论、应用；在信息理解方面，00 后的得分由 5.062 增加到 5.388，表明 00 后在注重全面思考的同时，也更注重程序化学习，逻辑性增强；在信息感知方面，00 后的得分由 6.763 降低到 6.01，表明 00 后在注重具象案例的同时，对抽象概念也具有更好的理解能力；在信息输入方面，00 后的得分由 7.649 降低到 6.39，表明 00 后视觉学习的特征在减弱，由偏图像记忆向文字记忆发展。

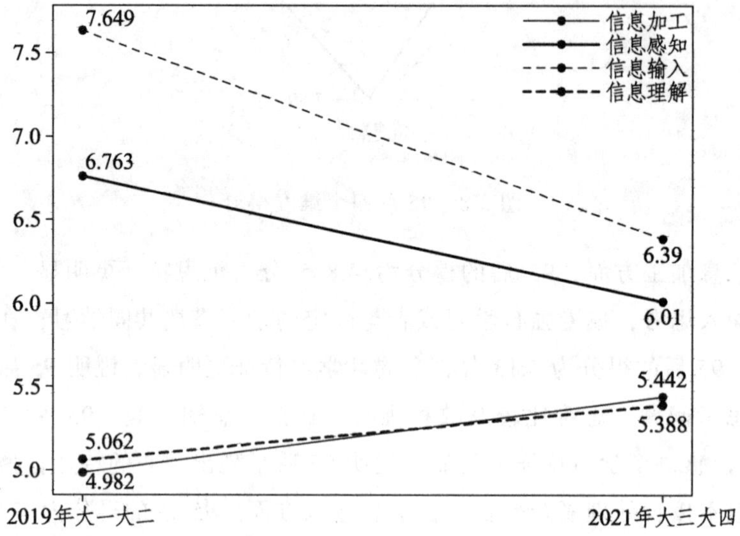

图 3.9　00 后自身从大一大二至大三大四的发展

（2）2021 年大一大二与大三大四的 00 后对照。

如图 3.10 所示，00 后大学生的学习风格受所在年级的影响较小，低年级学生和高年级学生在信息加工、信息感知、信息输入、信息理解四个维度的得分均接近。

（3）95 后与 00 后的比较（2019 年的大三大四，2021 年的大三大四）。

如图 3.11 所示，95 后相较于 00 后，在信息加工与信息理解维度得分较低，在信息感知与信息输入维度得分明显较高。其中，信息感知与信息输入维度的分差更大。

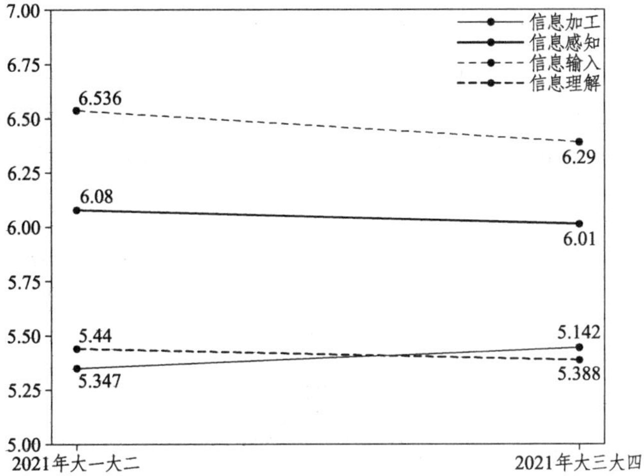

图 3.10 2021 年大一大二与大三大四的 00 后对照

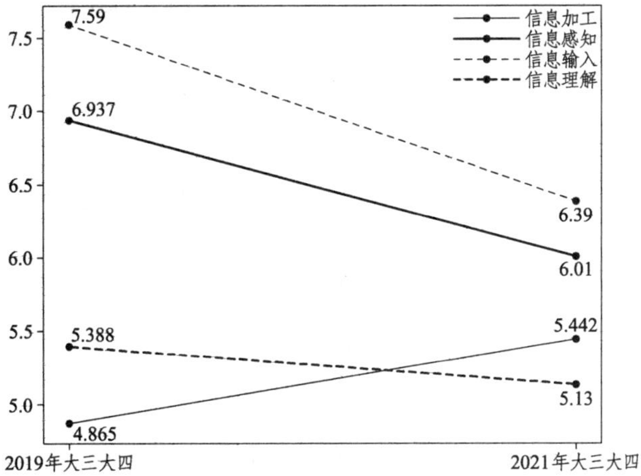

图 3.11 95 后与 00 后的比较

在信息加工方面，95 后得分低于 00 后，95 后偏向深入思考的学习，沉思特征更明显，00 后偏向讨论、应用等学习方式，活跃特征更明显；在信息感知方面，95 后得分高于 00 后，95 后更注重具象案例，00 后则对抽象概念具有更好的理解能力；在信息输入方面，95 后得分高于 00 后，95 后更注重图像学习，00 后文字学习的特征更明显；在信息理解方面，95 后得分高于

00 后，95 后和 00 后都倾向全局性学习，相对而言，95 后更注重逻辑顺序，00 后思维相对较发散和跳跃，但二者差别不是很大。

（4）Z 世代学习风格的变迁（两次的整体变化）。

如图 3.12 所示，Z 世代大学生的整体学习风格保持不变，但相较于 2019 年的数据，2021 年的大学生学习风格更趋于平稳，四个维度的得分差异逐渐缩小。

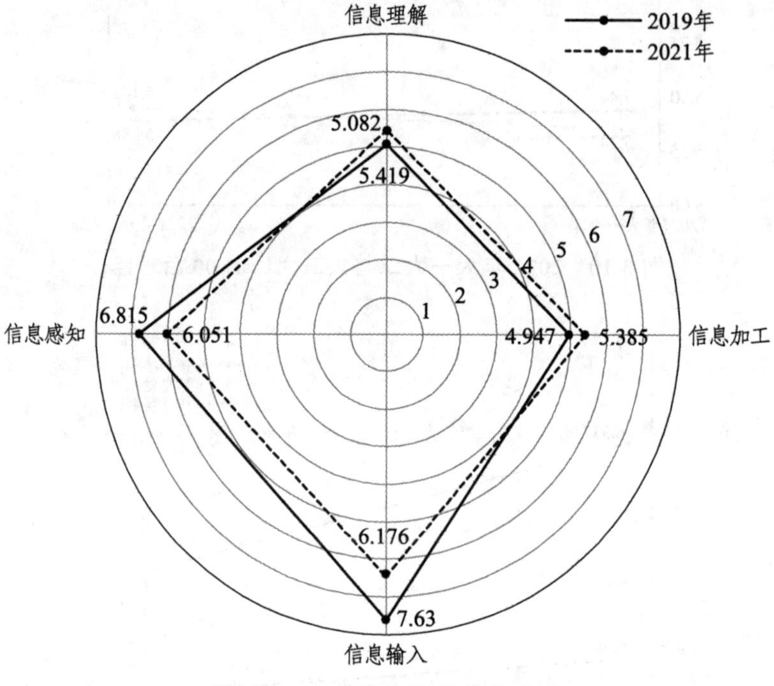

图 3.12　Z 世代学习风格的变迁

Z 世代的学习风格有向活跃、直觉、言语、序列四个方向发展的趋势。在信息加工（活跃/沉思型）和信息理解（序列/综合型）两个维度变化不大，但在信息感知（感悟/直觉型）和信息输入（视觉/言语型）两个维度变化明显。

在信息输入方面，00 后视觉学习的特征在减弱，逐步适应文字类的学习。在注重图形图像的同时，开始注重文字阅读；在信息感知方面，00 后在注重具象案例的同时，开始向更抽象的学习方向发展。

3.2.3.2 分学科分析

1. 理工文各学科的学习风格差异

2019年的调研结果显示（见图3.13、表3.15、表3.16、表3.17），理工文各学科学生的学习风格差异不明显，总体得分趋势相同。其中，工科学生在四个维度的得分偏高，特别是在信息输入维度倾向于视觉型，视觉学习的特征更加明显，更注重图形图像记忆；理科学生在信息加工维度得分最低，倾向于沉思型，沉思的特征更加明显，更倾向于通过深入思考来学习，偏爱独自学习或者与固定的学习搭档共同学习。

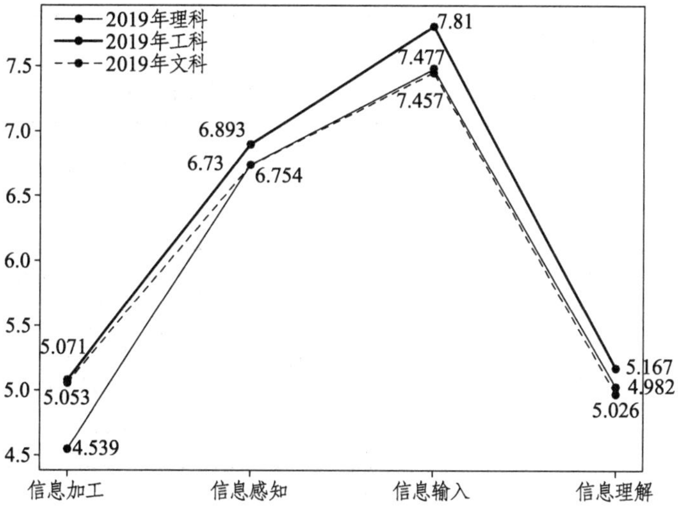

图3.13　2019年理工文各学科的学习风格差异

表3.15　2019年理科与工科之间的配对值

配对变量	中位数±标准差			z	df	P	Cohen's d
	配对1	配对2	配对差值（配对1-配对2）				
理科 $X1$ 配对工科 $X1$	5±2.22	5±2.446	0±3.334	2.989	431	0.003*	0.215
理科 $X2$ 配对工科 $X2$	7±2.165	7±2.05	0±2.96	1.131	431	0.258	0.081
理科 $X3$ 配对工科 $X3$	8±1.921	8±2.034	0±2.634	1.985	431	0.047**	0.131
理科 $X4$ 配对工科 $X4$	5±2.026	5±2.243	0±2.996	1.144	431	0.253	0.086

注：***、**、*分别代表1%、5%、10%的显著性水平。

表 3.16 2019 年理科与文科之间的配对值

配对变量	中位数±标准差			z	df	P	Cohen's d
	配对 1	配对 2	配对差值（配对 1-配对 2）				
理科 X1 配对文科 X1	5±2.22	5±2.365	0±3.247	2.519	431	0.012**	0.179
理科 X2 配对文科 X2	7±2.165	7±1.991	0±2.95	0.507	431	0.612	0.037
理科 X3 配对文科 X3	8±1.921	8±2.03	0±2.8	0.113	431	0.910	0.004
理科 X4 配对文科 X4	5±2.026	5±1.957	0±2.846	0.411	431	0.681	0.033

注：***、**、*分别代表 1%、5%、10%的显著性水平。

表 3.17 2019 年工科与文科之间的配对值

配对变量	中位数±标准差			z	df	P	Cohen's d
	配对 1	配对 2	配对差值（配对 1-配对 2）				
工科 X1 配对文科 X1	5±2.379	5±2.399	0±3.416	0.165	563	0.869	0.012
工科 X2 配对文科 X2	7±2.048	7±2.035	0±2.965	0.887	563	0.375	0.076
工科 X3 配对文科 X3	8±1.988	8±2.058	0±2.902	1.922	563	0.055*	0.129
工科 X4 配对文科 X4	5±2.197	5±2.037	0±3.007	1.726	563	0.084*	0.1

注：***、**、*分别代表 1%、5%、10%的显著性水平。

2021 年的调研结果显示（见图 3.14、表 3.18、表 3.19、表 3.20），理工文各学科学生的学习风格差异相较于 2019 年有所增大。信息加工维度，2021 年理工科学生的得分相较于 2019 年有所增加，更倾向活跃型，而信息感知与信息输入两个维度的得分有所下降，更倾向直觉型、言语型。其中，文科学生在四个维度的得分均低于理科和工科学生，相较于理工科学生，文科学生在学习风格上呈现更明显的沉思、理论知识学习、文字学习、全局性学习倾向。尤其在信息输入方面，与理工科学生差异较大，文科学生呈现更明显的文字学习特征。

从 2019 年到 2021 年，工科学生在信息输入维度的得分下降，视觉学习的特征减弱，文字学习能力有所提升。

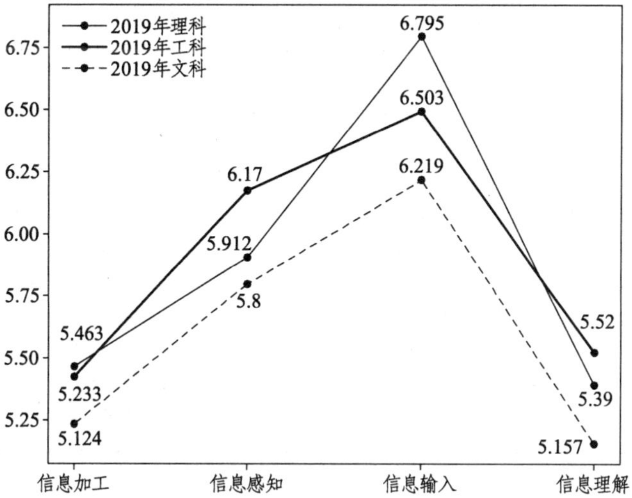

图 3.14 2021 年理工文各学科的学习风格差异

表 3.18 2021 年理科与工科之间的配对值

配对变量	中位数±标准差			z	df	P	Cohen's d
	配对 1	配对 2	配对差值（配对 1-配对 2）				
理科 X1 配对工科 X1	5±2.284	5±2.19	0±3.101	0.28	99	0.780	0.018
理科 X2 配对工科 X2	7±2.202	7±2.08	−1±2.762	1.13	99	0.258	0.145
理科 X3 配对工科 X3	7.5 ± 1.887	7±2.211	1±3.056	1.36	99	0.174	0.209
理科 X4 配对工科 X4	5±1.982	5±2.119	0±3.083	1.159	99	0.247	0.229

注：***、**、*分别代表 1%、5%、10%的显著性水平。

表 3.19 2021 年理科与文科之间的配对值

配对变量	中位数±标准差			z	df	P	Cohen's d
	配对 1	配对 2	配对差值（配对 1-配对 2）				
理科 X1 配对文科 X1	5±2.284	5±2.452	0±3.495	0.156	99	0.876	0.034
理科 X2 配对文科 X2	7±2.202	6.5±2.655	0±3.469	1.046	99	0.295	0.152
理科 X3 配对文科 X3	7.5±1.887	7±2.193	1±3.027	2.823	99	0.005***	0.44
理科 X4 配对文科 X4	5±1.982	5±1.95	−0.5±2.909	0.954	99	0.340	0.117

注：***、**、*分别代表 1%、5%、10%的显著性水平。

表 3.20　2021 年工科与文科之间的配对值

配对变量	中位数±标准差			z	df	P	Cohen's d
	配对 1	配对 2	配对差值（配对 1-配对 2）				
工科 X1 配对文科 X1	5±2.19	5±2.452	0±3.293	0.037	99	0.970	0.017
工科 X2 配对文科 X2	7±2.08	6.5±2.655	1±3.414	2.015	99	0.044**	0.285
工科 X3 配对文科 X3	7±2.211	7±2.193	1±3.08	1.594	99	0.111	0.213
工科 X4 配对文科 X4	5±2.119	5±1.95	0±2.8	1.026	99	0.305	0.118

注：***、**、*分别代表 1%、5%、10%的显著性水平。

2. 理工文各自学习风格的变迁

从学习风格的变迁角度来看（见图 3.15、图 3.16、图 3.17），理工文三个学科的学生的学习风格都倾向于向平衡型发展，信息加工和信息理解维度的得分上升，信息输入和信息感知维度的得分下降。

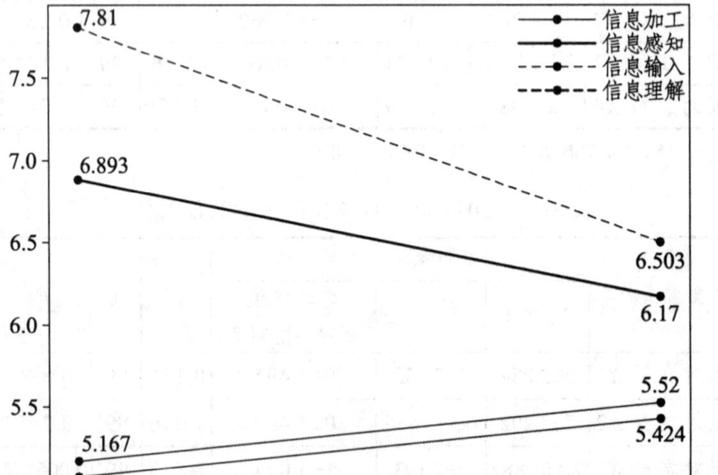

图 3.15　工科学习风格的变迁

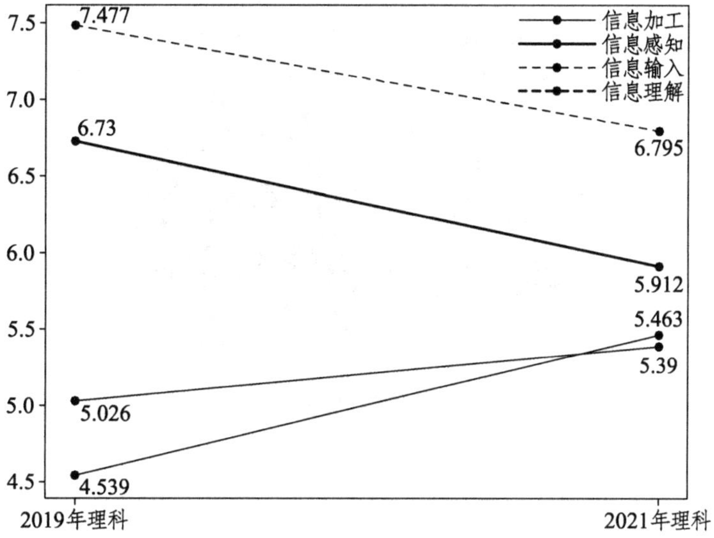

图 3.16 理科学习风格的变迁

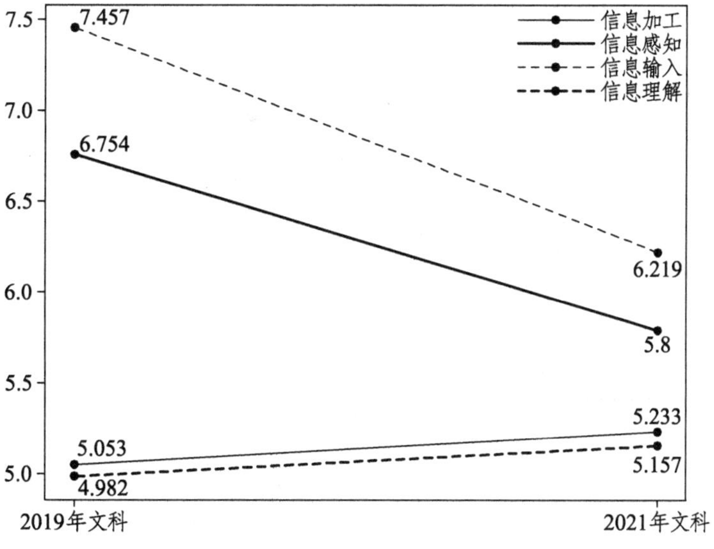

图 3.17 文科学习风格的变迁

在学习风格变迁中，理工文三个学科的学生呈现出一致性与差异性特征（见图 3.18、图 3.19、表 3.21）。

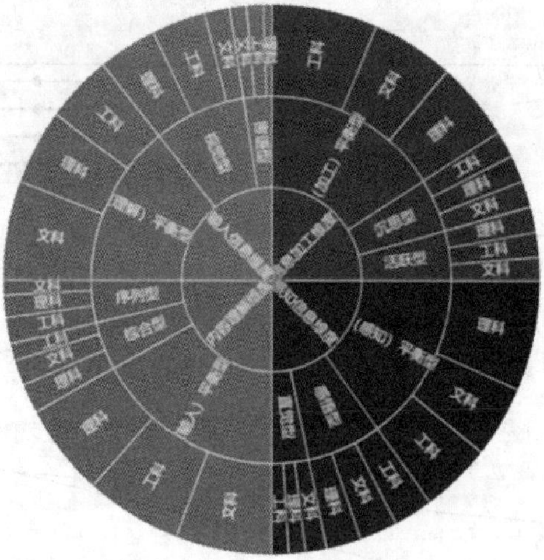

图 3.18　四个维度的理工文科

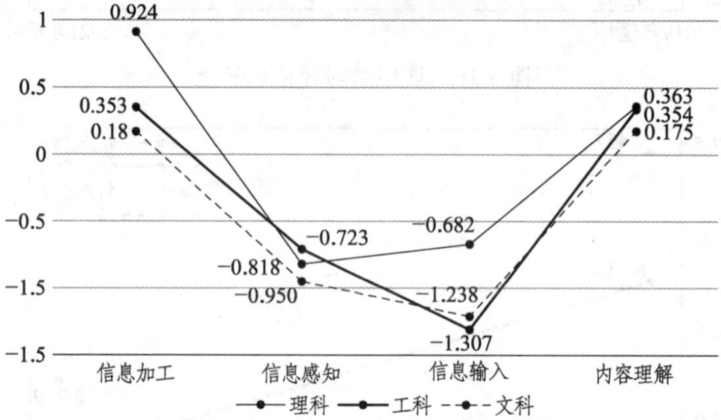

图 3.19　不同学科学习风格变迁的差异性比较

表 3.21　一致性特征与差异化特征

一致性特征	差异化特征
在沉思中更添活力	理科生在活跃度上，变化最明显
在学习案例的同时，更能接受抽象概念，更擅长处理复杂事务	文科生的抽象思维能力提升最快
视觉学习的特征在减弱，逐步适应文字类的学习	文科生和工科生的文字学习能力提升最明显
从全局性学习开始发展出程序化学习的趋势	

一致性包括以下方面：

（1）信息加工方面，理工文三个学科的学生得分增加，在沉思中更添活跃，注重深入思考的同时，也更注重参与讨论、应用。

（2）信息感知方面，理工文三个学科的学生得分下降，在学习案例的同时，更能接受抽象概念，更擅长处理复杂事物。

（3）信息输入方面，理工文三个学科的学生得分下降，视觉学习的特征在减弱，逐步适应文字类的学习。

（4）信息理解方面，理工文三个学科的学生得分增加，从全局性学习开始发展出程序化学习的趋势。

差异性包括以下方面：

（1）信息加工方面，理科生的得分增加幅度更大，表明理科生在活跃度上，变化最明显。

（2）信息感知方面，文科生的得分下降幅度更大，表明文科生的抽象思维能力提升最快。

（3）信息输入方面，相较于理科生，文科生和工科生的得分下降幅度更大，表明文科生和工科生的文字学习能力提升最明显。

3.2.3.3 分性别分析

1. 整体男、女的分析（2019 年和 2021 年）

见图 3.20、图 3.21、表 3.22，表 3.23，学习风格的四个维度在性别上无明显差异。男性和女性在信息加工、信息感知、信息输入和信息理解四个维度上的得分差异不大，表明男女性学习风格无明显差异。

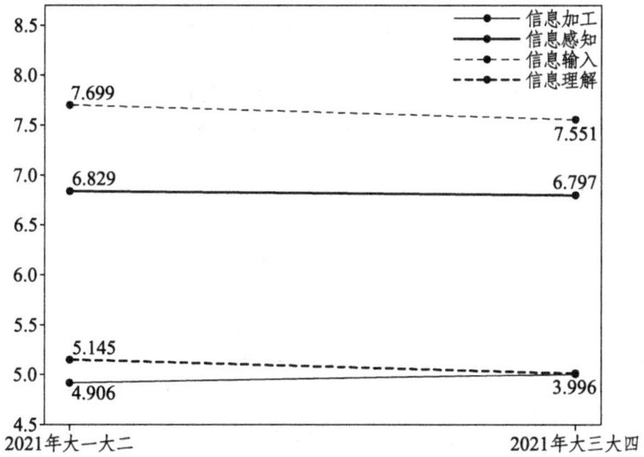

图 3.20　2019 年男女整体学习风格

表 3.22　2019 男女学习风格差异检验结果表

配对变量	中位数±标准差			z	df	P	Cohen's d
	配对 1	配对 2	配对差值（配对 1-配对 2）				
X1 配对 Y1	5±2.592	5±2.09	0±3.351	0.794	99	0.427	0.132
X2 配对 Y2	7±1.911	7±2.132	0±2.9	0.766	99	0.444	0.173
X3 配对 Y3	8±2.163	8±2.04	1±3.043	0.028	99	0.977	0.014
X4 配对 Y4	5±2.387	5±2.084	0±2.928	0.492	99	0.623	0.067

注：***、**、*分别代表 1%、5%、10%的显著性水平。

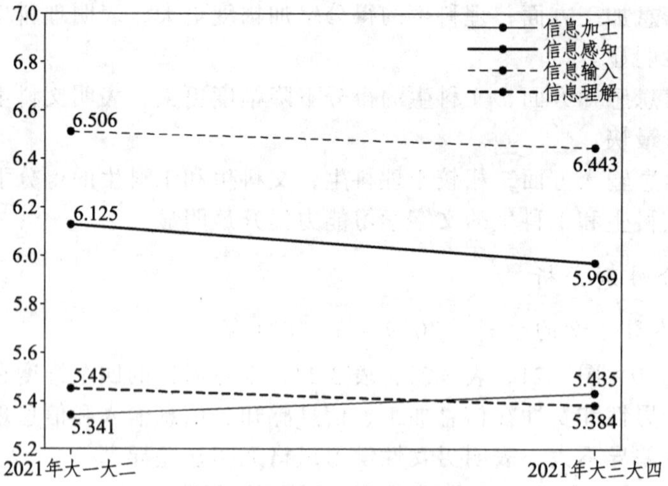

图 3.21　2021 男女整体学习风格

表 3.23　2021 男女学习风格差异检验结果表

配对变量	中位数±标准差			z	df	P	Cohen's d
	配对 1	配对 2	配对差值（配对 1-配对 2）				
X1 配对 Y1	5±2.516	5±2.238	0±3.253	0.874	99	0.382	0.134
X2 配对 Y2	7±2.086	8±2.083	0±2.754	1.615	99	0.106	0.221
X3 配对 Y3	7±2.153	7±2.149	0±3.031	0.397	99	0.691	0.028
X4 配对 Y4	5±2.259	5±1.772	0±3.037	0.34	99	0.734	0.015

注：***、**、*分别代表 1%、5%、10%的显著性水平。

2. 男性学习风格的变迁，女性学习风格的变迁（2019 年和 2021 年）

从图 3.22、图 3.23 可以看出，男女性学习风格的变化趋势相同，学习风格均向平衡型发展。

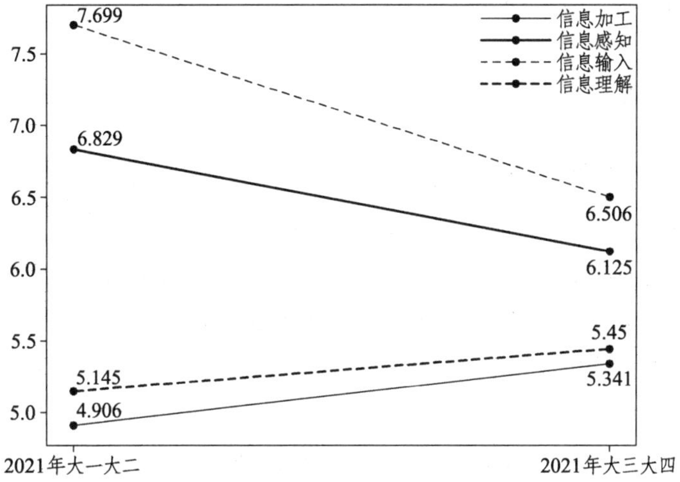

图 3.22　男性学习风格变迁

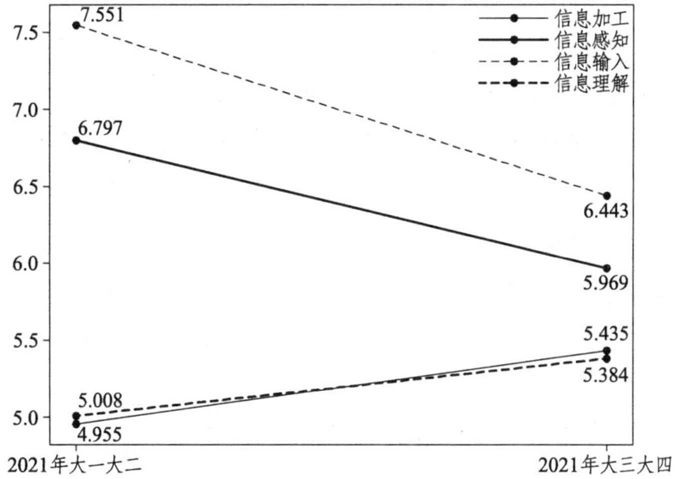

图 3.23　女性学习风格变迁

信息加工方面，男女性的得分都有所增加，在沉思中更添活跃，注重深入思考的同时，也更注重参与讨论、应用；信息感知方面，男女性的得分都有所下降，在学习案例的同时，更能接受抽象概念，更擅长处理复杂事物；信息输入方面，男女性的得分都有所下降，视觉学习的特征在减弱，逐步适应文字类的学习；信息理解方面，男女性的得分都有所增加，从全局性学习开始发展出程序化学习的趋势。

3.2.4 小 结

3.2.4.1 整体分析小结

1. Z世代整体风格（两次的整体变化）

相较于2019年，2021年的Z世代大学生的学习风格更趋于平稳，四个维度的差异逐渐缩小。各个维度的具体表现如下：

（1）Z世代的学习风格有向活跃、直觉、言语、序列四个方向发展的趋势。

（2）在信息加工（活跃/沉思型）和信息理解（序列/综合型）两个维度变化不大，但在信息输入（视觉/言语型）和信息感知（感悟/直觉型）两个维度变化明显。

① 在信息输入方面，00后视觉学习的特征在减弱，逐步适应文字类的学习。在注重图形图像的同时，开始注重文字阅读。

② 在信息感知方面，00后在注重具象案例的同时，开始向更抽象的学习方向发展。

2. 95后学习风格

95后的学习风格整体较平稳，但在四个维度上具有不同的倾向性。

（1）在信息加工方面，95后倾向深入思考，偏爱独自学习或者与固定的学习搭档共同学习。

（2）在信息理解方面，95后更喜欢全面地思考问题，思维比较发散和跳跃。

（3）在信息感知方面，95后呈现出耐心的特点，擅长记忆事实，但不擅长处理复杂事务。

（4）在信息输入方面，95后视觉学习能力较强，注重图像学习。

3. 00后学习风格

（1）自身的发展（2019年的大一大二，2021年的大三大四）。

00后的学习风格整体趋向平稳，但在四个维度上呈现差异化的变化特征，有向活跃、序列、直觉、言语四个方向发展的趋势。

① 在信息加工方面，00后在沉思中更添活跃，注重深入思考的同时，也更注重参与讨论、应用。

② 在信息理解方面，00后在注重全面思考的同时，也更注重程序化学习，逻辑性增强。

③ 在信息感知方面，00后在注重具象案例的同时，对抽象概念也具有更好的理解能力。

④ 在信息输入方面，00后视觉学习的特征在减弱，由偏图像记忆向文字记忆发展。

（2）前后的对照（2021年的大一大二，大三大四）。

00后大学生的学习风格受所在年级的影响较小，低年级学生和高年级学生在信息加工、信息感知、信息输入、信息理解四个方面差别不大。

（3）95后与00后的比较（2019年的大三大四，2021年的大三大四）。

① 在信息加工方面，95后偏向深入思考的学习，沉思特征更明显；00后偏向讨论、应用等学习方式，活跃特征更明显。

② 在信息感知方面，95后更注重具象案例，00后则对抽象概念具有更好的理解能力。

③ 在信息输入方面，95后更注重图像学习，00后文字学习的特征更明显。

④ 在信息理解方面，95后和00后都倾向全局性学习，相对而言，95后更注重逻辑顺序，00后思维相对较发散和跳跃，但二者差别不是很大。

3.2.4.2 分学科的分析

1. 理工文各学科的学习风格差异

（1）2019年，理工文各学科的学习风格差异。

① 工科学生在信息输入方面，视觉学习的特征更加明显，更注重图形图像记忆。

② 理科学生在信息加工方面，沉思的特征更加明显，更倾向于通过深入思考来学习，偏爱独自学习或者与固定的学习搭档共同学习。

（2）2021 年，理工文各学科的学习风格差异。

相较于理工科学生，文科学生在学习风格上呈现更明显的沉思、理论知识学习、文字学习、全局性学习倾向。尤其在信息输入方面，与理工科学生差异较大，文科学生呈现更明显的文字学习特征。

2. 理工文各自学习风格的变迁

理工文三个学科的学生的学习风格都趋向平稳；在学习风格变迁中，理工文三个学科的学生呈现出一致性与差异性特征。

（1）一致性。

① 信息加工方面，在沉思中更添活跃，注重深入思考的同时，也更注重参与讨论、应用。

② 信息感知方面，在学习案例的同时，更能接受抽象概念，更擅长处理复杂事物。

③ 信息输入方面，视觉学习的特征在减弱，逐步适应文字类的学习。

④ 信息理解方面，从全局性学习开始发展出程序化学习的趋势。

（2）差异性。

① 信息加工方面，理科生在活跃度上，变化最明显。

② 信息感知方面，文科生的抽象思维能力提升最快。

③ 信息输入方面，文科和工科生的文字学习能力提升最明显。

3.2.4.3 分性别的分析

1. 男女学习风格的分析（2019 年和 2021 年）

男性和女性学习风格无明显差异。

2. 男性学习风格的变迁和女性学习风格的变迁（2019 年和 2021 年）

男性和女性的学习风格都趋向平稳，呈现一致性的学习风格变迁特征。

① 信息加工方面，在沉思中更添活跃，注重深入思考的同时，也更注重参与讨论、应用。

② 信息感知方面，在学习案例的同时，更能接受抽象概念，更擅长处理复杂事物。

③ 信息输入方面，视觉学习的特征在减弱，逐步适应文字类的学习。

④ 信息理解方面，从全局性学习开始发展出程序化学习的趋势。

3.2.5 关于Z世代大学生学习风格的深度访谈

为了进一步探究Z世代大学生的学习风格因何呈现如此特征，为何存在专业差异等问题，我们与34位参与调查的受访者进行了深度访谈。结合相关文献及访谈数据，我们试图对以上问题进行分析和讨论。

3.2.5.1 整体学习风格变迁呈现的一致性特征

1. 信息加工方面

在信息加工方面，00后在沉思中更添活跃，注重深入思考的同时，也更注重参与讨论、应用。

调查发现，Z世代大学生在沉思中更添活跃。为什么随着时间的推移，他们的活跃性会增强呢？相关研究表明，教师教学方式对于学生学习风格的变迁有一定的影响[①]。同时，不同学习风格的学生进行组队学习时，可能会受到其他学习风格队员的影响，从而导致自身学习风格的转变[②]。

通过深度访谈，发现导致Z世代大学生沉思中更添活跃的原因包括以下几个方面：

（1）教师教学方式、教学内容的变化导致大学生小组合作频率增加。由于课程难度提升、实践性增强等原因，教师布置的作业更加多元，鼓励学生积极参与讨论、小组合作。

“老师其实更倾向于团队合作，对于老师来说，他们会认为团队合作去解决一个问题，会在其间锻炼到整个团队的各种能力，包括与人交际或者团队协作、团队管理的能力。”（访谈对象A，大四，工科，男生）

“课堂上，老师更倾向于让我们进行小组合作。大一大二时，老师更倾向于让我们独立思考，而到了大三大四，更多的是进行小组合作项目，因为大一大二打基础，大三大四面向更接近于工业界的开发模式。”（访谈对象D，大四，工科，女生）

“大一大二学的内容还是比较基础的，就算拔高也不会太难，但是大三大四明显核心课更多了，对于知识框架性的内容更多了，整个学习任务的处理

① 唐成晨，甘晓雯，钱懿华，等. MOOC教学模式下学习者学习风格与物理学习成效分析研究[J]. 物理教师，2020，41（7）：93-97.

② 张小凡，阳乐，李佳圆. PBL教学在流行病学教学中应用于不同学习风格学生的效果[J]. 现代预防医学，2020，47（14）：2685-2688.

会很难，小组合作更会被鼓励。”（访谈对象 H，大四，文科，女生）

（2）学生学习动机的变化是自身活跃性增强的原因之一。随着学习内容难度的上升，学生自身探讨、合作的学习需求增加，越来越意识到合作和小组讨论的重要性，对知识的学习也出现了从被动接受到主动探索转变的趋势。

“相比于大一大二时，我参与小组讨论的频率会增加，因为我越来越认识到合作和小组讨论的重要性。”（访谈对象 E，大四，理科，男生）

“因为学不懂，必须去找人探讨，或者找老师。”（访谈对象 F，大四，理科，女生）

“参与讨论的频率整体是呈现增加的状态，我觉得产生这种变化主要是因为从前我们主要是被动式地接受知识，要学会这些知识是什么，然后到现在变成主动地去探求、探索这些知识，来通过自己的创造力把这些知识转化为自己的东西。”（访谈对象 G，大四，理科，女生）

（3）学生的社交圈扩大，进而参与讨论、合作的可能性提高。

“课内参与小组讨论的频率有增加，主要是认识的同学变多了。课外主要是后面有一些比赛、科研需要去讨论，越往大三大四参加的这种课外项目就变多了，认识的同学也会变多，感兴趣的话大家就会一起做。”（访谈对象 C，大四，工科，男生）

“因为可能大一大二的时候大家还没有那么熟，或者说可能合作的次数还没那么多，那时候大家还比较内向或者说表达欲还不是特别强。但是到大三大四，因为大家已经相处很久了，彼此会更熟悉，也能找到更多学习习惯相似的伙伴，在小组讨论方面的效率会增加，表达能力相对以前也更强。所以说我会更多地参加小组讨论。”（访谈对象 H，大四，文科，女生）

（4）跨学科比赛的经历促使大学生更加活跃。一方面，由于比赛的跨学科性较强，需要成员之间进行讨论；另一方面，学生在与其他学科的同学合作的过程中，自身的学习风格也可能受到影响。

“课外的话，小组讨论其实一直都很多，因为课外的难度较大，然后跨学科性也比较强，所以更需要大家一起讨论，去规划一个整体的目标。”（访谈对象 A，大四，工科，男生）

2. 信息理解方面

在信息理解方面，00 后在注重全面思考同时，也更注重程序化学习，逻辑性增强。

调查发现，Z 世代大学生在注重全面思考的同时，也更注重程序化学习。

为什么大学生会呈现逻辑性增强的趋势呢？相关研究表明，课程呈现方式对学生程序化学习倾向的增加有一定的影响，有些线上课程资源组织上，表现为分章节划分的形式，各章节之间知识衔接性不明显，但存在递进关系，更契合序列型学习者按照逻辑顺序学习的特点[①]。由于疫情的原因，这种逻辑性强的网课比例增加，因此，学生为了更好地适应课程呈现方式，可能会出现程序化学习的倾向。

通过深度访谈，发现Z世代大学生程序化学习倾向增强的原因如下：

（1）突发事件在一定程度上影响了考试形式，部分线上考试存在做完一道题才可以做下一道题的设置，序列型风格更明显。

“我们有一次考试改成了线上考，我记得那个时候就有科目，它是一道题做完，你才能做第下一道，那它这种设置就强行要求我必须一个题一个题地做，没法浏览后面的。”（访谈对象F，大四，理科，女生）

（2）学习内容发生变化，高中应试问题较多，而大学开放式问题较多，对学生的条理性、梳理能力要求更高。

“因为大学里面很多抛出的问题是比较开放式的，没有所谓的标准答案，这样的情况而言，更有条理性地去梳理，可能对于整个的效果来说更加客观。”（访谈对象J，大三，文科，男生）

（3）随着年级的增长，教学内容对学生逻辑性的要求增强。

“相较于大一大二来说，不管是整体性的考量还是逻辑性的思辨，大三大四的这个要求都要更高一些。”（访谈对象J，大三，文科，男生）

3. 信息感知方面

在信息感知方面，00后在注重具象案例的同时，对抽象概念也具有更好的理解能力。

调查发现，Z世代大学生的抽象思维能力有所增强。为什么会出现这种趋势？相关研究表明，个体的思维发展是一个从直观动作到具象思维再到抽象思维的过程，利用知识技能解决问题的过程体现了学习者一定的心智模型和认知过程，体现了在不同情境下能力的具体表现过程[②]。

随着学习时间的增加，经过具体案例的学习，学生在掌握具象经验的基

① 唐成晨，甘晓雯，钱懿华，等. MOOC教学模式下学习者学习风格与物理学习成效分析研究[J]. 物理教师，2020，41（7）：93-97.

② 范佳荣，钟绍春. 学科知识图谱研究：由知识学习走向思维发展[J]. 电化教育研究，2022，43（1）：32-38.

础上，提炼总结的抽象学习能力也在不断提升。同时，由于学生抽象思维能力的逐渐形成，教师的教学策略可能也会发生相应转变，这又进一步促进了学生直觉性的趋向。

通过深度访谈，发现导致 Z 世代大学生抽象思维增强的原因有以下几个方面：

（1）教师倾向于理论的教学方式，以及理论学习深度的增加，促使学生对于理论知识的学习能力、抽象概念的理解能力有所提高。

“课堂上，老师理论知识教学占比多一点。”（访谈对象 C，大四，工科，男生）

“相比于大一大二，我觉得高年级以后老师更喜欢理论教学，就是案例更少了，可能也跟学科难度有关系吧。”（访谈对象 F，大四，理科，女生）

“越到高年级，其实老师越倾向于理论教学。”（访谈对象 H，大四，文科，女生）

（2）基于前期知识的积累，学生对于新的理论知识的学习能力增强。

“因为前期有了一定的知识积累，现在至少我知道如何去快速地学习新知识。”（访谈对象 A，大四，工科，男生）

“相比于大一大二时，我在理论知识方面的学习能力有一些提高吧，主要就是学的东西变多了，方法也会了。还有就是之前打了基础。”（访谈对象 C，大四，工科，男生）

“我认为我在理论知识方面的学习能力得到了提升，因为我现在拥有了较为牢固的理论知识基础，所以在学习问题的时候更容易联想到相关的知识，也就能更容易地理解了；即便是面对一个新的理论，我也可以快速地找到资料或者借助以往的东西来形成一个认识。”（访谈对象 D，大四，工科，女生）

“相比于大一大二时，我在理论知识方面的学习能力有提升，这个变化可能主要在于我熟悉了这一套理论这个逻辑。”（访谈对象 E，大四，理科，男生）

“那就我而言，我觉得我在理论知识方面学习能力肯定是提升了的，因为首先从学习方法上来看，最开始可能刚接触我的专业啊，我是不知道如何要学，但是经过四年的积累，我已经有属于我自己的这种学习理论知识的方法来进行理论学习。另外一方面就是我感觉也是知识迁移的过程，我会摸索出来这种方式是比较适合理论学习，那么我就会尝试把这种方法迁移到后续的理论学习过程当中。”（访谈对象 G，大四，理科，女生）

“理论学习可能因为在低年级已经掌握了一定的方法，然后高年级就继续用了这种方法，所以有了一定的基础积累之后，后面觉得自己的理论知识的学习会更加容易了。”（访谈对象I，大四，工科，女生）

（3）学生逐渐意识到理论知识学习的重要性，相应的学习积极性有所提高。

“我更喜欢在课堂上学到具体的理论知识，因为项目或者实践可以在各个方面或者比赛中获得，但是理论知识还是需要从课内学到。”（访谈对象A，大四，工科，男生）

（4）受特殊情况影响，线上的方式对学生的抽象思维能力提出了更高的要求。

“对于我们部分涉及需要实习的这种专业，很多这种实习就变成了线上，那我们就没有办法沉浸在这种环境中，或者说及时地感受到我们做出的这个产品，或者说我们所参与的这个项目它成品到底是怎样的。”（访谈对象G，大四，理科，女生）

（5）跨学科比赛的合作中，学习风格受到队友的影响。

“当时我是和一个学法律的同学一起负责一个文书板块的内容，那个学法律的同学非常注重整个工作的一个逻辑性，对于我逻辑性方面的能力也有一定的提升。”（访谈对象J，大三，文科，男生）

4. 信息输入方面

在信息输入方面，00后视觉学习的特征在减弱，由偏图像记忆向文字记忆发展。

调查发现，Z世代大学生视觉学习特征减弱。相关研究表明，由于PPT资料多为教师课堂教学所用课件，以理论概念的学习为主①，或许是大学生文字学习特征增强的原因。

通过深度访谈，发现导致Z世代大学生文本学习特征增强的原因包括以下几个方面：

（1）老师倾向于使用文本教学，PPT资料多为教师课堂教学所用课件。

“老师更习惯用文本，课件还是文字偏多一点。”（访谈对象A，大四，工科，男生）

① 陈凯泉，高蕾，孟祥红. 高校混合式教学中的线上学习路径挖掘及对教学改革的启示——以某大学《生物化学》课程为例[J]. 高教探索，2020（5）：5-13.

“我们老师在讲课过程当中，也会比较倾向于使用文本语音这种。”（访谈对象G，大四，理科，女生）

（2）随着年级的增高，课程难度增加，越发抽象的知识多以文字描述呈现。

“高年级的理科课程就会很抽象。”（访谈对象E，大四，理科，男生）

“感觉教学就是越来越多纯文本、语音这种，越来越少图片了。这个也是因为课程难度的问题啊，越来越抽象，所以不好用图片和视频来表达。”（访谈对象F，大四，理科，女生）

（3）基于大一大二打下的基础，学生文本学习能力提升。

“看书速度变快了，因为慢慢会养成一套学习的方法，然后这个方法也在不断学习中完善，所以在最后学习到后期的时候，反而会觉得学习会相对轻松一点，而且学习的效率也会慢慢变高。”（访谈对象A，大四，工科，男生）

“有了一定的知识掌握之后，包括大一大二的时候，也看了很多案例，就能更具象地去理解这样的一些很抽象的文字方面的东西。”（访谈对象B，大四，文科，女生）

“我认为我利用文本学习的能力得到了提升。因为大一大二我就接受了较多诸如此类的训练，所以现在我对于阅读长文本会更加地轻松。”（访谈对象D，大四，工科，女生）

（4）相较于大一大二，在大三大四时文献等文本的阅读量有所上升。

“之前对文本的检索能力可能不是那么强，现在比如我要去查某个方向的论文，能快速地找到相关的网站，对相关的论文通过摘要等进行一个检索，包括现在也会用一些辅助阅读文本的工具，现在就是读论文变得很重要。”（访谈对象C，大四，工科，男生）

“越到高年级，需要做研究的时候，就必须去了解学术论文的写作，即便我们可能主要涉及很多的计算，那也是要了解文本写法的。”（访谈对象F，大四，理科，女生）

（5）学习方式上，部分学生由于自身文本学习比视频学习的速度更快，或为避免图片、视频等画面因素的干扰，更倾向于文本学习。

“如果有文档的话还是优先看文档，因为文档的学习速度会比视频的播放速度快。”（访谈对象A，大四，工科，男生）

“我更倾向于借助文本语音学习，因为我认为这样学习的速度会更快，而图片视频学习，就比较慢。”（访谈对象D，大四，工科，女生）

“我比较喜欢借助文本语音来学习，因为我感觉过多的图片或者视频这些画面因素会分散我的注意力。”（访谈对象G，大四，理科，女生）

3.2.5.2 理工文各自学习风格的变迁中所呈现的差异性

1. 信息加工方面

在信息加工方面，理科生在活跃度上，变化最明显。

调查发现，理工科学生中，理科生在活跃度上变化最明显。为什么理科生在活跃度变化上尤为明显呢？相关研究表明，专业性质会影响到学习风格[①]。

通过深度访谈，发现理科生独处学习的场景居多，文科和工科生的团队合作场景相对较多，因此随着教师鼓励小组合作的教学方式的实施，理科学生身上的活跃度提升更为明显或许就得到了解释。

“我平时倾向于独立思考，我学习的这个科目应该都很少布置过这个小组作业吧，但是还是鼓励同学之间互相讨论一下。”（访谈对象F，大四，理科，女生）

“在课堂上，专业课老师也是更倾向于让我们独立思考，因为我学习的这个科目的特点就是你得有自己的学习方法。相比较在大一大二的时候，老师会更多地鼓励我们进行一些研讨。”（访谈对象G，大四，理科，女生）

2. 信息感知方面

在信息感知方面，文科生的抽象思维能力提升最快。

调查发现，文科生的抽象思维能力提升最快。为什么文科生的抽象思维能力提升最快呢？相关研究表明，对于学习风格的感悟-直觉型维度而言，其区别主要在于学习内容属于具体化的学习内容还是较为抽象的学习内容[②]。

理工文学科由于学习内容特点的不同，导致学习风格的感悟-直觉型变迁存在不同。文科学生的学习内容具有较多的抽象性特点，且学习理论类知识较多。这或许可以解释为何在信息感知方面，文科生的抽象思维能力提升最快。

通过深度访谈，也会发现文科学生的日常学习中，理论知识内容是比较多的。

“我更喜欢借助文本语音进行学习，因为我学习的本来就是一门语言学科，正常来说就是需要不断进行听说读写的练习，所以还是利用文本语音进行学习的情况会多一些。”（访谈对象H，大四，文科，女生）

---

① 林琼轶. 学习风格、学习策略对英语成绩的影响及其作用机制分析[J]. 教育评论，2014（8）：69-71.

② 任毅，费明明，甘文田. 学习风格对网络课程学习效果的影响探析[J]. 中国成人教育，2017（13）：95-98.

“不管年级如何，老师也都是更加倾向于文本语音的教学，因为我学习的这个学科，确实老师更倾向于让大家回归到语言文本本身上去，很多作品如果我们要去了解一个作者真正在想什么以及这个文学作品真正想阐发的是什么，其实我们更多的是要进入到文本中。”（访谈对象 J，大三，文科，男生）

3. 信息输入方面

在信息输入方面，文科和工科生的文字学习能力提升最明显。

调查发现，文科和工科生的文字学习能力提升最明显。为什么文科和工科生的文字学习能力提升最明显呢？相关研究表明，视觉-语言型维度主要是学习者对于信息的呈现形式所表现出的接受性倾向①。文科学习的信息呈现中，文字类信息占据很大的比例；而工科生则有可能因为做实验等学习方式，而对信息呈现形式表现出不同的接受性倾向变化。

通过深度访谈，发现学科特点影响教师的教学内容以及学生的学习方式。文科生的学习内容理论知识居多，随着学习时间的增加，其文本学习能力也随之提升；有工科的受访者表示，在实验过程中会意识到理论知识的重要性，从而更加重视理论知识的学习。

“相比于大一大二时，我个人利用文本学习的能力是在提升的。一方面是因为我在大三年级进行的这个理论学习比较多，更多的就需要我从这个文本来获取相应的理论知识；另一方面，我阅读的文本对我的文本学习理解能力的要求也在不断提高，至少在这个提高的过程当中，我利用文本学习的能力也在提升。”（访谈对象 J，大三，文科，男生）

“我发现在实验过程中，理论知识变得尤为重要的时候，在这个时候我就会去更重视理论知识的学习。”（访谈对象 A，大四，工科，男生）

3.2.6 学习风格变迁与跨学科教学策略

学生学习风格是教师开展教学的基础，因此本节将根据调查数据给出面向 Z 世代大学生开展教学的具体策略，尤其是针对不同专业学生开展跨学科教学的策略。

---

① 任毅，费明明，甘文田. 学习风格对网络课程学习效果的影响探析[J]. 中国成人教育，2017（13）：95-98.

1. 设置合理的互动教学频率

Z 世代大学生的整体风格趋向活跃，表明学生对于讨论、团队合作的接受度有所增加，为教师开展更多互动教学提供了支持。但是教师在教学中仍需要注意以下几点：

正如学者谭顶良在《学习风格的研究及其在教学实践中的应用》中提到的，每一个教师都有其自身独特的教学方式或教学风格，而这往往只能与班级内一部分学生的学习风格相匹配，而与其余的学生不相匹配，这就可能导致两极分化[①]。

虽然 Z 世代大学生整体风格趋向活跃，但是也存在部分同学不喜欢小组合作的情况。一方面，如何积极引导这部分同学主动参与课堂讨论，给教师在教学策略方面提出了挑战；另一方面，如果一味强制这部分同学参与小组合作，可能会出现与预期效果背道而驰的结果。因此，教师在教学中应兼顾学生的不同学习风格，把握好教学策略，因材施教。

同时，虽然教学中设置小组合作，可以调动学生的积极性，提高课堂活跃度，但是当布置的小组任务太多时，可能会给学生带来疲惫心理，降低教学质量。因此，建议教师注意设置合理的互动教学频率。

2. 合理设置文本教学与图像教学的比重

Z 世代大学生的抽象思维和文字学习特征增强，一方面为教师开展理论性、文本性教学提供了学情基础；另一方面学生的视觉学习仍不可忽视，在文本教学中穿插合理的视觉教学，有助于吸引学生的注意力，提升教学质量。

陈凯泉等学者也指出，当前的学习资源早已从简单的书本、报告等文本材料拓展到图片、视频、动画等更为直观的学习材料，为了满足不同学习风格的学习者对学习资源类型的需求，教师最好能够提供包括视频图片、流程图、图表等在内的直观学习材料以及论文、报告等文本类材料[②]。

另一方面，学生的抽象学习能力和文本学习能力出现随着年级的增长而提高的现象。教师在教学中也应考虑到学生在不同年级表现的学习能力，避免出现课程难度与学生能力不匹配的现象。

---

① 谭顶良. 学习风格的研究及其在教学实践中的应用[J]. 江苏高教，1998(5)：56-58.

② 陈凯泉，高蕾，孟祥红. 高校混合式教学中的线上学习路径挖掘及对教学改革的启示——以某大学《生物化学》课程为例[J]. 高教探索，2020（5）：5-13.

3. 采用理论与实践相结合的教学方式

学者胡定荣在《论教学模式的校本学习指导转向》中指出，一些教学模式理论与实践脱节的问题，导致了教学模式的理论水平和操作化水平的提升均受到限制。教学模式的建构需要教学理论和实践的结合，应不断完善教学理论与实践结合的思路[①]。

教师在教学过程中应平衡好理论教学与案例教学的关系，理论结合案例的教学方式，使理论知识在实践中进行验证，有助于学生对理论知识的进一步理解与记忆。

4. 增强学生学习内驱动力

学习动机是学生学习风格发生变迁的重要影响因素之一。谭顶良[②]等学者在总结学习风格的构成要素时，也指出了学习动机在其中发挥的作用。

教师作为学生学习活动的指引者，除了传授知识，还应关注到学生的内心世界，加强与学生的沟通，充分了解学生的想法，从源头强化学生的学习动机，帮助学生增强学习内驱力。

5. 适应学习风格教学的同时，关注个性化教学

教师在教学时，建议根据学生的学习风格制定相应的教学策略。契合学生学习风格的教学方式，会更适应学生的学习方式、学习节奏，有助于改善学生的学习效果。唐成晨等学者通过研究也发现，学习资源的组织形式与学习者学习风格越一致，其学习成效越显著[③]。

同时，个性化教学的重要性也不容忽视。正如梁辰在《面向自适应学习的高校教师教学变革与角色转变》中提到的，自适应学习系统对教师提出了更高的个性化教学要求，这一过程中，教师需要更深入地了解每个学生的学习进度和理解能力，以及他们对不同学习材料的反应[④]。

由于学生的多样性与差异性，教师面对的学生学习风格可能也不是完全

① 胡定荣. 论教学模式的校本学习指导转向[J].教育研究，2020，41（7）：75-83.
② 谭顶良. 学习风格的要素及其测定[J]. 教育理论与实践，1993（1）：55-62.
③ 唐成晨，甘晓雯，钱懿华，等. MOOC 教学模式下学习者学习风格与物理学习成效分析研究[J]. 物理教师，2020，41（7）：93-97.
④ 梁辰. 面向自适应学习的高校教师教学变革与角色转变[J].江苏高教，2024（3）：85-90.

统一的，这也提醒教学工作者，突出学生的主体地位，肯定适应学习风格的教学策略的同时，也需要关注到个性化教学方式。

6. 积极开展跨学科教学

传统的教学活动一般是分学科进行，教师向本学科学生教授专业知识，学生接触到的知识也多为本学科的内容，学习结构较单一，与其他学科的联系较弱。而跨学科教学可以有效增强不同学科之间的联结，促进学科之间的交流与碰撞。

李臣之等学者认为，教师跨学科教学是影响新课程实施的关键支点，教师要以学科教学能力为支撑点，以跨学科教学力为增长点，不断自我更新与发展，以胜任跨学科教学[①]。

教师可以通过跨学科教学拓宽学科视野，了解到其他学科的知识，通过交叉点，将本学科知识与其他学科知识联系起来，丰富教学内容，促进专业进步。教师通过跨学科教学可以帮助学生形成更系统全面的知识网络，促进对知识的融会贯通，提高学生的综合素质。

因此，建议学校积极开展跨学科教学。一方面，增加各学科教师之间的交流，促进不同学科间的优势互补；另一方面，在课堂以及课下实践中，优化跨学科学习的支持环境，根据学生需求、课程特点等，积极整合跨学科课程资源，建立跨学科教学队伍，在课堂教学实践中不断改进，除此之外，多多支持跨学科竞赛的举办，鼓励学生跨学科组队，在协作中共同进步。

7. 关注学习风格的动态变化，及时调整教学策略

学生的学习风格并不是一成不变的，课程难度、年龄增长、学习环境等原因都可能使学习风格发生变化。邵明铭等学者在《基于多模态技术的学习风格分析：演进、困境及图景》中也指出，学习者学习偏好具有动态性，偏好的形成是不断发展的[②]。

因此，教师应认识到学生学习风格的动态性特点，保持对学生的关注，动态根据学生的学习风格，为他们提供相适应的教学策略。

---

① 李臣之，梁舒婷. 跨学科教学力：撬动新课程改革的阿基米德点[J].湖南师范大学教育科学学报，2023，22（2）：63-69.

② 邵明铭，赵丽. 基于多模态技术的学习风格分析：演进、困境及图景[J]. 开放教育研究，2022，28（4）：102-109.

3.3 学习风格对 Z 世代创新能力的影响

随着数字时代知识创新加快，学习者的创新能力被认为是推动社会进步和个人成长的关键因素之一。学习风格作为个体对待学习任务的方式和偏好的表现，对学习者的学习方式、信息处理以及思维模式等方面的创新能力有着重要影响。

已有研究表明，影响大学生创新能力的因素包含国家创新政策、高校培养模式等外因和学生自主学习行为、情绪及认知、学习风格等内因。国内外学者认为，学生内部因素对个体创新能力的影响大于外部因素，且内部因素中的学习风格与创新能力之间存在显著关系。

当代大学生（尤其是 1995—2009 年间出生的 Z 世代大学生）深受互联网、智能手机等信息技术产品的影响，其学习模式和学习风格已发生根本改变。为此，本节旨在采用通径分析的方法探究学习风格对创新能力的影响路径，为高校根据学生学习风格开展教学，从而有针对性地提升学生创新能力提供参考。

3.3.1 学习风格对大学生创新能力影响研究现状

国内外早有针对大学生群体学习风格与创新能力的研究，其中的实证研究涉及不同大学生群体。国外学者关于学习风格对大学生创新能力影响的实证研究包含三个方面，一是直接探讨学习风格是否影响创新能力，二是在探索积极教学方法的过程中分析学习风格与创新能力的关系，三是按照学习风格组织学习材料并搭建创新能力培养系统，以考察不同学习习惯对创新能力的增长作用。这些研究指出，学习风格对于学生创造性表现至关重要①，其中，善于接收并处理图像信息风格②，擅长结构化思考、喜欢对观察事物分析或反思③，可以将理论运用至实践、擅长学习案例与经验的学习者可能具有更强的创新潜质④。

① SITAR，ALEŠA SAŠA，ERNE，et al. Individual Learning Styles and Creativity[J]. Creativity Research Journal，2016，28（3）：334-341.

② HUANG，TIEN-CHI. Do different learning styles make a difference when it comes to creativity? An empirical study[J]. Computers in Human Behavior，2019，100：252-257.

③ EISHANI，KHALIL ALLAH，SAA'D，et al. The Relationship between Learning Styles and Creativity[J]. Procedia - Social and Behavioral Sciences，2014，114：52-55.

④ POLOŠKI VOKI，NINA，ALEKSI，et al. Are active teaching methods suitable for all generation Y students—creativity as a needed ingredient and the role of learning style[J]. Education Sciences，2020，10（4）：87.

反观国内相关研究，在针对国内不同大学生群体进行实证研究的基础上，有学者针对研究生的研究指出，擅长把握抽象概念并积极实践的学习者往往具有良好的学术与科学创造力①，而过分反思、省察逻辑则可能会妨碍学生的创造力或影响其自我评价，这与另一关于护理专业本科生创新能力与学习风格相关性研究②的结果具有一致性；而在对西北地区高校少数民族大学生的调查指出，言语能力强，擅长与人沟通的学生也可能体现出更高的创造性倾向③。

回顾文献发现，目前关于学习风格对创新能力的影响研究尚存在两点不足。第一，文献中使用的创新能力测量量表主要针对国外大学生，缺少适合国内大学生的创新能力测量量表，导致测量指标偏离中国高等教育现状，测量结果之间存在较大差异。第二，从统计方法上看，目前采用的相关分析、分类统计等方法存在解释效果不佳，无法区分直接和间接影响因素以及影响因素显著性分析不足等问题，需要采用通径分析方法弥补以上不足。通径分析最早由遗传学家 Sewall Wright 在解释遗传学中的因果关系时提出，不仅可以将变量之间的关系分解为直接影响和间接影响两部分之和，还能够用带有方向的路径图将分析结果直观展示。教育学家 Maksum 等将通径分析应用于自我调节、社交技能、批判性思维和问题解决技能对小学生社会学习成果的影响的研究当中④。因此，我们将在现有研究基础上提出研究假设，运用通径分析研究学习风格不同维度对创新能力的影响程度和效果。

3.3.2 学习风格对创新能力的通径分析*

3.3.2.1 关于 Z1 创新人格的影响

通过通径分析发现（见图 3.24、表 3.24），信息加工、信息感知、信息输入与信息理解对创新人格具有间接和直接的双重影响，间接效应与直接效应的总

① 赵源，施春华，沈汪兵. 研究生学习动机及学习风格与其创造力的关系探究[J]. 杭州师范大学学报（自然科学版），2019，18（2）：128-134.

② 柴守霞，韩世范. 护理本科生创造力倾向与学习风格的相关性研究[J]. 护理研究，2009，23（13）：1129-1135，1169.

③ 吴弦. 西北地区高校少数民族大学生的学习风格与创造性倾向研究[J]. 黑龙江高教研究，2018（8）：99-103.

④ 唐松林，范春香，于晓卉. 复杂论视域中的大学课堂构建[J]. 高等教育研究，2015，36（10）：71-77.

* https://q1zhk8ek4b.feishu.cn/docx/UvpYd05KkohWSEx0YNIc7HMMnpb?from= from_copylin.

效应为 0.4497。信息加工、信息输入、信息理解对创新人格具有直接影响，直接效应分别为 0.081、0.256 和 − 0.08，占总效应的 18.01%、56.93%和 − 17.79%，即信息加工、信息感知对创新人格有直接的正向影响，信息理解对创新人格有直接的负向影响。此外，信息加工、信息感知、信息理解还通过不同的路径对创新人格有间接影响，不同路径的间接效应分别为 0.0315、0.0819、0.0206、0.0392 和 0.0195，占总效应的 7%、18.21%、4.58%、8.72%和 4.34%。

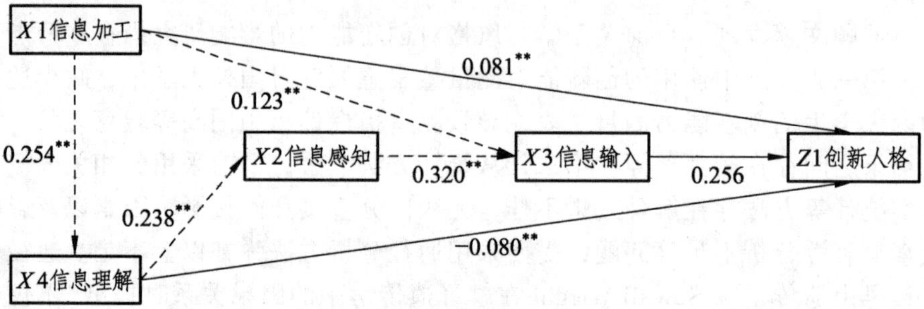

图 3.24 创新人格通径分析图

表 3.24 创新人格通径分析效应表

	作用通径	计算	计算结果	百分比
直接效应	X1→Z1	0.081	0.081	18.01%
	X3→Z1	0.256	0.256	56.93%
	X4→Z1	− 0.08	− 0.08	− 17.79%
间接效应	X1→X3→Z1	0.123×0.256	0.031 5	7%
	X2→X3→Z1	0.32×0.256	0.081 9	18.21%
	X4→X1→Z1	0.254×0.081	0.020 6	4.58%
	X4→X1→X3→Z1	0.254×0.123×0.256	0.039 2	8.72%
	X4→X2→X3→Z1	0.238×0.320×0.256	0.019 5	4.34%
总效应			0.449 7	100%

以上数据表明，活跃的视觉学习者在创新人格方面有显著创新倾向。*X*1 信息加工，*X*3 信息输入对于创新能力的创新人格 *Z*1 具有正向的直接作用，说明活跃的视觉型学习者在创新人格方面有明显优势，支持 *H*1 和 *H*3 的观点；

X3 信息输入对创新人格的影响（X3→Z1）作用最大，占总效应的 56.93%，通径系数为正表现为偏视觉型的学生其创新人格得分相对更高；根据路径图可以发现，X1、X2 和 X4 都会通过 X3 对 Z1 有间接影响，说明 X3 对于创新人格的影响是主导性的，即视觉学习者在创新人格方面有明显优势。

有大局观的学习者在创新人格方面具有更强优势。X4 内容理解对于创新人格的影响（X4→Z1）为负向作用，说明习惯全局理解综合型思考的学生在创新人格上得分更高。支持 H4 的观点。

1. 关于 Y1 冒险性的通径分析（见图 3.25、表 3.25）

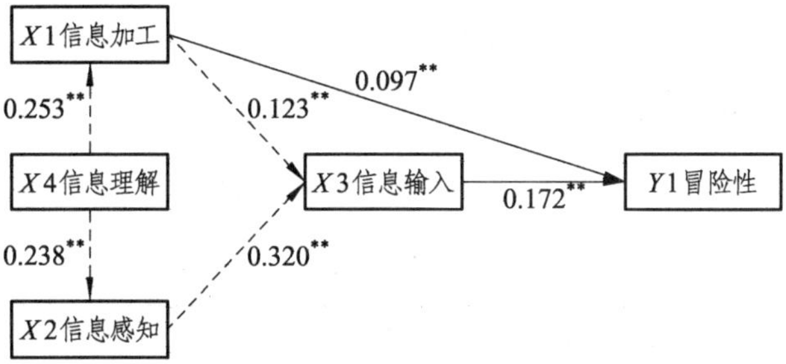

图 3.25 冒险性通径分析图

表 3.25 冒险性通径分析效应表

	作用通径	计算	计算结果	百分比
直接效应	X1→Y1	0.097	0.097	26.68%
	X3→Y1	0.172	0.172	47.30%
间接效应	X1→X3→Y1	0.123×0.172	0.021 2	5.83%
	X2→X3→Y1	0.320×0.172	0.055	15.13%
	X4→X2→X3→Y1	0.238×0.320×0.172	0.013 1	3.60%
	X4→X1→X3→Y1	0.253×0.123×0.172	0.005 3	1.46%
总效应			0.363 6	100.00%

信息加工、信息感知、信息输入与信息理解对冒险性具有间接和直接的双重影响，间接效应与直接效应的总效应为 0.363 6。信息加工和信息输入对冒险性具有直接影响，直接效应分别为 0.097 和 0.172，占总效应的 26.68% 和 47.30%，即信息加工和信息输入对冒险性有直接的正向影响。此外，信息

加工、信息感知、信息理解还通过不同的路径对冒险性有间接影响，不同路径的间接效应分别为 0.021 2、0.055、0.013 1 和 0.005 3，占总效应的 5.83%、15.13%、3.60%和 1.46%。

2. 关于 Y2 好奇性的通径分析（见图 3.26、表 3.26）

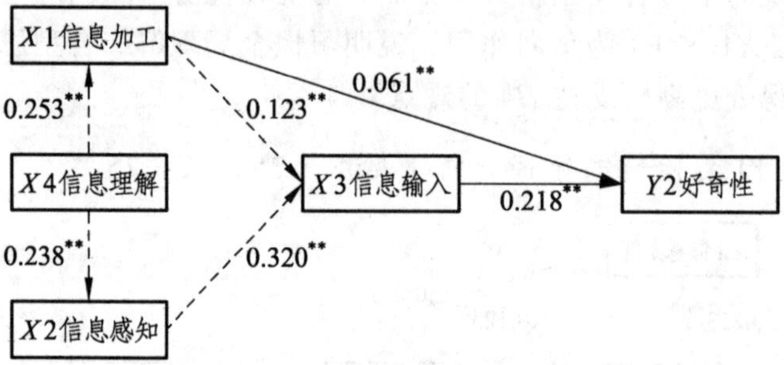

图 3.26 好奇性通径分析图

表 3.26 好奇性通径分析效应表

	作用通径	计算	计算结果	百分比
直接效应	X1→Y2	0.061	0.061	11.12%
	X3→Y2	0.218	0.218	39.75%
间接效应	X1→X3→Y2	0.123×0.218	0.026 8	4.89%
	X2→X3→Y2	0.320×0.218	0.069 8	12.73%
	X4→X2→X3→Y2	0.238×0.320×0.218	0.166 0	30.27%
	X4→X1→X3→Y2	0.253×0.123×0.218	0.006 8	1.24%
总效应			0.548 4	100.00%

信息加工、信息感知、信息输入与信息理解对好奇性具有间接和直接的双重影响，间接效应与直接效应的总效应为 0.548 4。信息加工和信息输入对创新人格具有直接影响，直接效应分别为 0.061 和 0.218，占总效应的 11.12% 和 39.75%，即信息加工和信息输入对好奇性有直接的正向影响。此外，信息加工、信息感知、信息理解还通过不同的路径对好奇性有间接影响，不同路径的间接效应分别为 0.026 8、0.069 8、0.166 0 和 0.006 8，占总效应的 4.89%、12.73%、30.27%和 1.24%。

3. 关于 *Y*3 想象力的通径分析（见图 3.27、表 3.27）

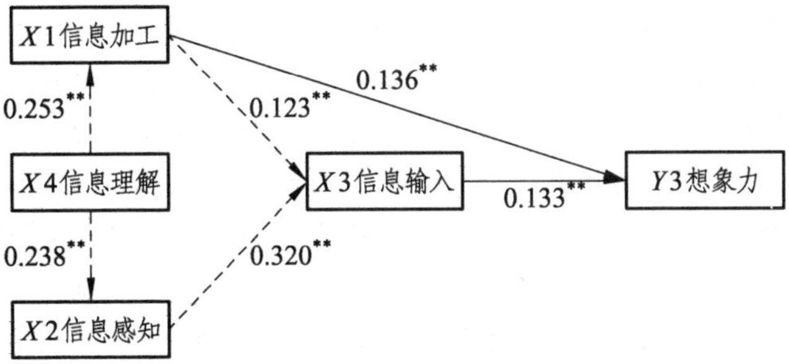

图 3.27 想象力通径分析图

表 3.27 想象力通径分析效应表

	作用通径	计算	计算结果	百分比
直接效应	*X*1→*Y*3	0.136	0.136	39.74%
	*X*3→*Y*3	0.133	0.133	38.87%
间接效应	*X*1→*X*3→*Y*3	0.123×0.133	0.016 4	4.79%
	*X*2→*X*3→*Y*3	0.320×0.133	0.042 6	12.45%
	*X*4→*X*2→*X*3→*Y*3	0.238×0.320×0.133	0.010 1	2.95%
	*X*4→*X*1→*X*3→*Y*3	0.253×0.123×0.133	0.004 1	1.20%
总效应			0.342 2	100.00%

信息加工、信息感知、信息输入与信息理解对想象力具有间接和直接的双重影响，间接效应与直接效应的总效应为 0.342 2。信息加工和信息输入对想象力具有直接影响，直接效应分别为 0.136 和 0.133，占总效应的 39.74%和 38.87%，即信息加工和信息输入对想象力有直接的正向影响。此外，信息加工、信息感知、信息理解还通过不同的路径对想象力有间接影响，不同路径的间接效应分别为 0.016 4、0.042 6、0.010 1 和 0.004 1，占总效应的 4.79%、12.45%、2.95%和 1.20%。

由 *Y*1、*Y*2、*Y*3 数据得出，活跃的视觉学习者更具有冒险性、好奇性、想象力。*X*1 信息加工、*X*3 信息输入对 *Y*1 冒险性、*Y*2 好奇性和 *Y*3 想象力均具有直接正向影响，即活跃型信息加工和视觉型信息输入对冒险性、好奇性和想象力均具有积极效果。

3.3.2.2 关于 Z2 创新成果的影响

通过通径分析发现（见图 3.28、表 3.28），信息加工、信息感知、信息输入与信息理解对创新成果具有间接和直接的双重影响，间接效应与直接效应的总效应为 0.267 4。信息加工、信息感知、信息理解对创新成果具有直接影响，直接效应分别为 0.029、－0.085 和 0.212，占总效应的 11.09%、－32.49%和 81.04%，即信息加工、信息理解对创新成果有直接的正向影响，信息感知对创新成果有直接的负向影响。此外，信息加工、信息感知、信息理解还通过不同的路径对创新成果有间接影响，不同路径的间接效应分别为 0.053 6、0.081 9、－0.027 0 和－0.002 9，占总效应的 20.49%、31.31%、－10.32%和－1.11%。

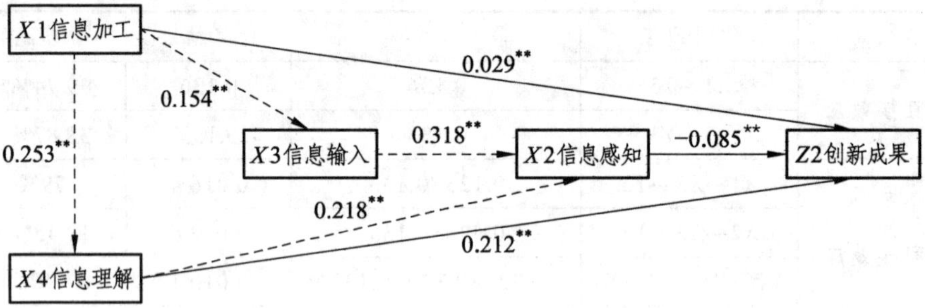

图 3.28 创新成果通径分析图

表 3.28 创新成果通径分析效应图

	作用通径	计算	计算结果	百分比
直接效应	X1→Z2	0.029	0.029	11.09%
	X2→Z2	－0.085	－0.085	－32.49%
	X4→Z2	0.212	0.212	81.04%
间接效应	X1→X4→Z2	0.253×0.212	0.053 6	20.49%
	X3→X2→Z2	0.318×（－0.085）	0.081 9	31.31%
	X4→X2→Z2	0.218×（－0.085）	－0.027	－10.32%
	X1→X3→X2→Z2	0.154×0.318×（－0.085）	－0.002 9	－1.11%
总效应			0.261 6	100.00%

以上数据表明，活跃的序列学习者具有更强的行动力、转换力。X1 信息

加工、X4 信息理解对创新成果有直接正向影响，即活跃型信息加工、序列型信息理解对创新成果有积极影响。

直觉型学习者具有更强的行动力、转换力。X2 信息感知对创新成果直接影响效应为负，正向影响指标指向直觉型信息感知，而在三条影响路径中，信息理解对创新成果作用通径（X4→Z2）的计算结果最大，说明直觉型信息感知使得学习者具有更强的行动力与转换力，并且在对创新成果中的影响最为明显。

1. 关于 Y5 行动力的通径分析（见图 3.29、表 3.29）

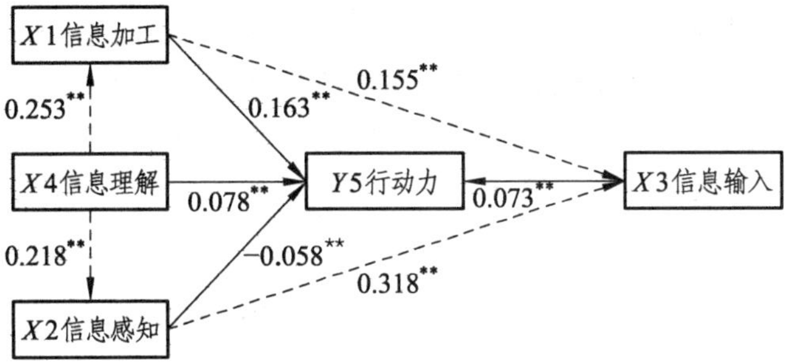

图 3.29 行动力通径分析图

表 3.29 行动力通径分析效应表

	作用通径	计算	计算结果	百分比
直接效应	X1→Y5	0.163	0.163	49.83%
	X2→Y5	−0.058	−0.058	−17.73%
	X3→Y5	0.073	0.073	22.32%
	X4→Y5	0.078	0.078	23.85%
间接效应	X1→X3→Y5	0.155×0.073	0.011 3	3.45%
	X2→X3→Y5	0.318×0.073	0.023 2	7.09%
	X4→X1→Y5	0.253×0.163	0.041 2	12.60%
	X4→X2→Y5	0.218×（−0.058）	−0.012 6	−3.85%
	X4→X2→X3→Y5	0.218×0.318×0.073	0.005 1	1.56%
	X4→X1→X3→Y5	0.253×0.155×0.073	0.002 9	0.89%
总效应			0.327 1	100.00%

信息加工、信息感知、信息输入与信息理解对行动力具有间接和直接的双重影响，间接效应与直接效应的总效应为 0.327 1。信息加工、信息感知、信息输入与信息理解均对行动力具有直接影响，直接效应分别为 0.163、－0.058、0.073 和 0.078，占总效应的 49.83%、－17.73%、22.32%和 23.85%，即信息加工、信息输入与信息理解对行动力具有正向的直接影响，信息感知对行动力有负向的直接影响。此外，信息加工、信息感知、信息理解还通过不同的路径对行动力有间接影响，不同路径的间接效应分别为 0.011 3、0.023 2、0.041 2、－0.012 6、0.005 1 和 0.002 9，占总效应的 3.45%、7.09%、12.60%、－3.85%、1.56%和 0.89%。

由以上数据得出，具有行动力的学习者具有以下四个特征：活跃、偏向视觉学习、更能接受抽象概念，同时执行程序化学习。*X*1 信息加工、*X*2 信息感知、*X*3 信息输入和 *X*4 信息理解对 *Y*5 行动力具有正向直接影响，即活跃型信息加工、直觉型信息感知、视觉型信息输入和综合型信息理解对行动力有积极影响。

2. 关于 *Y*6 转换力的通径分析（见图 3.30、表 3.30）

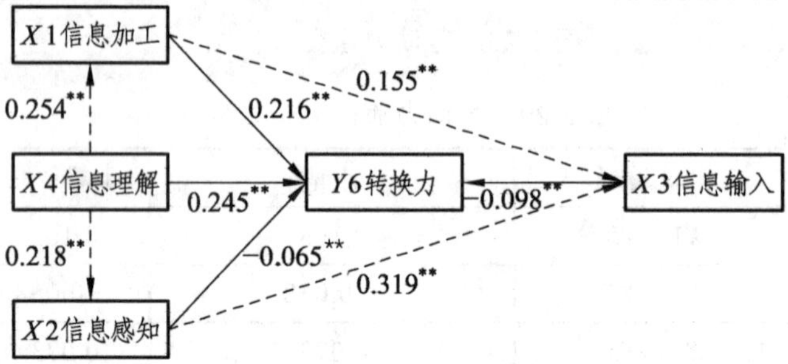

图 3.30　转换力通径分析图

表 3.30　转换力通径分析效应表

	作用通径	计算	计算结果	百分比
直接效应	*X*1→*Y*6	0.155	0.155	70.29%
	*X*2→*Y*6	－0.065	－0.065	－29.48%
	*X*3→*Y*6	－0.098	－0.098	－44.44%
	*X*4→*Y*6	0.245	0.245	111.11%

续表

	作用通径	计算	计算结果	百分比
间接效应	*X*1→*X*3→*Y*6	0.155×（－0.098）	－0.015 2	－6.89%
	*X*2→*X*3→*Y*6	0.319×（－0.098）	－0.031 3	－14.20%
	*X*4→*X*1→*Y*6	0.254×0.216	0.054 9	24.90%
	*X*4→*X*2→*Y*6	0.218×（－0.065）	－0.014 2	－6.44%
	*X*4→*X*2→*X*3→*Y*6	0.218×0.319×（－0.098）	－0.006 8	－3.08%
	*X*4→*X*1→*X*3→*Y*6	0.254×0.155×（－0.098）	－0.003 9	－1.77%
总效应			0.220 5	100.00%

信息加工、信息感知、信息输入与信息理解对转换力具有间接和直接的双重影响，间接效应与直接效应的总效应为 0.220 5。信息加工、信息感知、信息输入与信息理解均对转换力具有直接影响，直接效应分别为 0.155、－0.065、－0.098 和 0.245，占总效应的 70.29%、－29.48%、－44.44%和 111.11%，即信息加工和信息理解对转换力具有正向的直接影响，信息感知和信息输入对转换力有负向的直接影响。此外，信息加工、信息感知、信息理解还通过不同的路径对行动力有间接影响，不同路径的间接效应分别为－0.015 2、－0.031 3、0.054 9、－0.014 2、－0.006 8 和－0.003 9，占总效应的－6.89%、－14.20%、24.90%、－6.44%、－3.08%和－1.77%。

什么样的学习者创新成果的转换最多？更具有转换力的学习者一般更加活跃，偏向文字学习与抽象思维，并且更倾向程序化学习。活跃、序列型的学习者更善于行动和转化，擅长抽象思维的学习者具有更强的成果转化能力。*X*1 信息加工、*X*2 信息感知、*X*3 信息输入和 *X*4 信息理解对 *Y*6 转换力具有正向直接影响，即活跃型信息加工、直觉型信息感知、视觉型信息输入和综合型信息理解对行动力有积极影响。

3.3.3 小　结

1. 学习风格对创新人格的影响

（1）活跃的视觉学习者在创新人格方面有显著创新倾向。

通径分析数据指出，喜欢视觉信息输入并对信息进行活跃加工的学习者有着更为突出的创新人格。为什么活跃的视觉学习者在创新人格方面有显著创新倾向呢？文献指出，在接受创新或创业培训时，活跃的学习者擅长抽丝剥茧和创新思维[①]，能快速理解信息，创新能力相对较强[②]。同时当前高校课堂教育主要信息输入方式以讲评、板书、课件等视觉信息输入为主，学生接受视觉训练更多[③]，而视觉作为多元智能[④]的一种能力能够激发学生的积极性想象创造。有针对高校创新创业队伍的调查结果显示，绝大部分参与创新队伍的学生都是视觉型信息输入学习者，而半数以上的学生在信息加工方面趋于外向，在课堂内外积极活跃[⑤]。而针对护理专业硕士研究生群体的调查结果也指出，冒险性强、想象力丰富的学生往往也是积极型的信息加工者[⑥]。

通过观察，我们发现具有创新人格优势的活跃型视觉学习者具有以下表现：

① 活跃的视觉学习者在第一课堂上积极活跃。他们主动参与课上讨论，会将课堂上汲取到的信息及时与周围人分享并交流思路。

② 活跃的视觉学习者会采用非线性的笔记形式（如思维导图、图画等）记录学习内容，表达自己的想法。

③ 活跃的视觉学习者对一维文字（如文字、数据）兴趣不高，更倾向于通过生动的图片、视频获取信息，并能对视觉信息丰富的信息输入保持较高和较长时间的专注度。

（2）有大局观的学习者在创新人格方面具有更强优势。

针对创新人格，通径分析还指出，综合型学习者在这方面更具有优势，关于此结论，文献指出，综合型学习者倾向同时接收并理解大量讯息，以创新的方式将信息进行组合[⑦]。从信息理解风格来看，广泛搜集海量信息有助

---

① 王莉，张蔚然．学习风格倾向对大学生案例学习态度的影响研究[J]．甘肃教育研究，2021（7）：11-19.

② 刘胜通．学习风格视域下大学生创新创业实践能力的培养探究[J]．创新创业理论研究与实践，2022，5（22）：192-194，198.

③ 同②.

④ 浦晓露．大学生视觉素养调查及培育研究[D]．大连理工大学，2009

⑤ 袁娜，董翠英，马壮，等．学习风格与创新创业团队项目合作效果的研究[J]．科技与创新，2021（8）：70-72.

⑥ 贾彩丽．晋京两地护理硕士研究生学习风格与创造力倾向的相关性研究[D]．山西医科大学，2009.

⑦ 同②.

于个人思维内部“集思广益”，在知识与个人兴趣的基础之上捕捉信息重点并诞生创新想法。同时从思维风格看，高创造性倾向者往往更喜欢自己创造规则，喜欢预先无构建的问题①，他们会在大量不设限的问题与信息资源中，通过自行“立法”创建规则。在创新团队中，综合型学习者往往在项目中扮演调度督导的角色，既能对资料进行检索整理，又能对项目运行提出建设性意见②，综合型学习者的大局观能使其在创新过程中不断为创新项目注入大量信息并开发出独具新意的想法。

通过观察，我们发现具有创新人格优势的综合型学习者具有以下表现：

① 在完成考试或习题时，综合型学习者会先浏览题目，随后选择题目进行作答，可能会按照自己擅长的题目类型顺序完成，不会按照顺序做题。

② 综合型学习者倾向于按照自己指定的顺序或者更感兴趣的部分进行阅读。

③ 综合型学习者在进行专业课学习之余也更喜欢看不同类型的课外书籍。

2. 学习风格对创新成果的影响

（1）活跃的序列型学习者具有更强的行动力、转换力。

通径分析数据指出，活跃型信息加工、序列型信息理解的学习者具有更强的行动力，更能将创新想法进行转换。为什么活跃的序列学习者具有更强的行动力、转换力呢？文献指出，序列型学习者注重信息的线性逻辑，趋向于按部就班解决问题③，而具有创新力潜能的学习者往往呈现出等级型思维，能对目标进行等级排列④，活跃的序列型学习者在创新转化过程中能够积极推进创新想法，按部就班地完成每一项成果落地步骤；当学习资源过于冗杂时，由于缺乏梳理排列的能力，序列型学习者容易无法理清事物的线性逻辑，转换能力将有所降低⑤。然而，越活跃的学习者学习动机越强

① 郑磊磊，刘爱伦. 思维风格与创造性倾向关系的研究[J]. 应用心理学，2000（2）：14-20.

② 袁娜，董翠英，马壮，等. 学习风格与创新创业团队项目合作效果的研究[J]. 科技与创新，2021（8）：70-72.

③ 刘胜通. 学习风格视域下大学生创新创业实践能力的培养探究[J]. 创新创业理论研究与实践，2022，5（22）：192-194，198.

④ 同①.

⑤ 同③.

烈[①]，活跃型信息加工风格能够使学习者提升信息理解效率与创新转化意愿，加快信息梳理转化，从而提升序列学习者的行动力与转换力。

通过观察，我们发现具有强行动力与转换力的活跃序列学习者具有以下表现：

① 活跃的序列型学习者喜欢按部就班完成专业课任务，注重作业每个板块间的线性逻辑。

② 当线性思维处理信息受阻时，活跃的序列型学习者会迅速联系他人通过团队讨论、合作获得信息与灵感。

（2）直觉型学习者具有更强的行动力、转换力。

除此之外，调查数据还指出，直觉型信息感知的学习者也具有更强的行动力和转换力，为什么直觉型学习者具有更强的行动力、转换力呢？文献指出，直觉型学习者善于发现事物间的关联，具有革新性，擅长把握新概念与创新事物[②]，也正因为直觉型学习者善于把握事物间联系，他们在学习过程中也更注重调整心态[③]。对心态与信息关联的良好把握使得直觉型学习者在创新过程中能够关注到事物创新与发展的可能，并在转化过程中拥有良好的心态，不断执行与实现各类想法。有学者针对大学生学习风格的调查指出，当学生直觉性的学习风格减少，说明他们对于创新及事物发展的可能性和关系关注相对减少[④]，在这种情况下，学习者创新成果转化能力也将相对有所降低。

通过观察，我们发现具有强行动力与转换力的直觉型学习者具有以下表现：

① 直觉型学习者对以深奥复杂理论为主的课堂内容感兴趣，能比一般学习者更认真专注地倾听。

② 直觉型学习者对充满抽象表达的教材更感兴趣，并认为其中有大量可掌握的知识。

---

① 肖佳阳，黄玉盈，郑路宽，等．大学生学习风格偏好对自主学习能力影响的研究——基于辽宁省14所高校的调查[J]．卫生职业教育，2022，40（15）：102-105.

② 刘胜通．学习风格视域下大学生创新创业实践能力的培养探究[J]．创新创业理论研究与实践，2022，5（22）：192-194，198.

③ 吴越．大学生学习策略与场认知方式、学习风格、学习动机以及学业成就关系的研究[D]．陕西师范大学，2004.

④ 万芳．大学生学习风格与课堂认同度的关系研究[D]．西南财经大学，2013.

3. 创新能力六维度之间的关系

（1）活跃的视觉学习者更具有冒险性、好奇心、想象力。

（2）具有行动力的学习者具有以下四个特征：活跃、偏向视觉学习、更能接受抽象概念，同时执行程序化学习。

（3）什么样的学习者创新成果的转换最多？更具有转换力的学习者一般更加活跃，偏向文字学习与抽象思维，并且更倾向程序化学习。

（4）活跃、序列型的学习者更善于行动和转化。

（5）擅长抽象思维的学习者具有更强的成果转化能力。

3.3.4 学习风格影响创新能力的个案分析

为了进一步解释学习风格因何导致了创新能力的差异，我们分别对三位来自文、理、工科，具有良好创新能力的同学进行跟踪观察，通过观察并记录他们课上、课下的学习习惯，梳理出他们具有创新优势的学习风格表现。

3.3.4.1 个案 1：文科女生 小 J

早上 9：50，小 J 来到教室上课，这是一门跨学科课程，很多知识她从没接触过。课间，小 J 主动和大家讨论课上老师提到的内容，还积极和大家交流期末提报的思路。她时不时在平板上写写画画，表达自己的想法。（信息加工偏向活跃型，信息输入偏向视觉型）。

时间来到 14：00，同一门课。老师先是放了几张有许多文字和数据的 PPT，小 J 对此表现出一点厌倦，但没过多久老师就开始放视频，小 J 瞬间变得专注起来。她说，自己还是觉得视频有意思（信息输入偏向视觉型）。

16：00，小 J 回到寝室，开始琢磨起老师布置的作业。这门课需要用软件实现数据可视化，她赶紧打开课上老师给的文档，按照作业顺序一一完成起来（信息理解偏向序列型）。

过了一会儿，小 J 发现自己生成的图像似乎有问题，于是她找了一份类似的案例阅读起来，并顺利解决了问题。小 J 说，课上讲的数据什么的太难懂了，还是直接找一个做得好的案例，看看人家哪里和自己不一样，比较能解决问题（信息感知偏向感悟型）。

20：00，作业暂时做完了，她准备继续学习论文方面的内容。为了能给自己的毕业论文找一些好的研究思路和方法，她联系了同组的同学，大家聊了起来，她表示自己得到了很多收获（信息加工偏向活跃型）。

3.3.4.2 个案 2：理科男生 小 L

早上 8 点，这是今天的第一节课。授课内容以文字为主，理论性比较强，旁边的同学都在打瞌睡，他却专注地听着。当同学们讨论问题时，小 L 选择一个人思考（信息加工偏向沉思型，信息输入偏向文本型）。

下午 3 点，小 L 来到图书馆。最近在准备六级考试，他打开一本六级阅读做起来。但他并没有按照顺序做，而是选择先做长阅读再做选词填空，他说，自己觉得长阅读更简单，做起来比较快，可以先把这部分做完再做难的（信息理解偏向综合型）。

完成今天的六级练习后，小 L 又开始做学生工作。他负责学院的新闻稿采写，但比起摄影，他还是更喜欢写作（信息输入偏向文本型）。

处理完这部分工作，小 L 又开始复习课上讲的知识。他拿出教材认真地看着，这是一本图很少的书，而且都是抽象表达，但小 L 觉得有很多有用的知识（信息输入偏向文本型、信息感知偏向直觉型）。

忙了好一阵子，小 L 决定休息一下。他掏出几本东野圭吾的书开始看。他还提到了最爱的“神探伽利略”系列，不过他不会按顺序看，反倒更喜欢按照自己期望的顺序去看（信息输入偏向文本型、信息理解偏向综合型）。

吃完晚饭，接近下午 6 点，小 L 又回到了图书馆复习。比起其他身边的同学，遇到专业上的问题时，小 L 更喜欢上网查资料或者给老师发邮件询问，而不是去和别人讨论（信息加工偏向活跃型）。

3.3.4.3 个案 3：工科女生 小 H

上午 9 点的教室里，小 H 正在一个人上自习。她认真地看着老师给的 PPT，对应着教材做笔记。PPT 上有很多案例图，小 H 比较喜欢这种学习方式，她认为有图会比较好理解。过了一会儿，她开始做作业（信息加工偏向沉思型，信息输入偏向视觉型）。

下午 2 点，小 H 和朋友来到八教上自习。她对上午学习的一些问题做了整理，但她并没有问一旁的同学，而是打开搜索引擎进行查找。旁边放着一些教材，这些教材里也有很多案例图。小 H 说，复习时，比起死记硬背抽象概念，她更喜欢借助一些案例理解知识（信息加工偏向沉思型，信息输入偏向视觉型，信息感知偏向感悟型）。

休息时间，小 H 掏出一本有很多图案的书，打开后津津有味地看了起来。纯文字的课外书小 H 简直看不进去，她觉得太无聊了（信息输入偏向视觉型）。

过了一会儿，小 H 干脆独自在八教逛起来。一楼有各种各样的工艺作品展览，小 H 说她平时就比较喜欢看这些，艺术品鲜艳的颜色和各式各样的形状非常有趣。在其他楼层，有城规相关的作品展示，她也认真地看着（信息输入偏向视觉型）。

第二天上午 9：50，小 H 到教室上课。课间时，别的同学就课堂问题展开讨论，但小 H 仍然在专注地自己研究。对于这门理论性较强的课程，小 H 更倾向于自己解决问题（信息加工偏向沉思型）。

3.3.5 基于学习风格提升创新能力的教学策略

3.3.5.1 教学内容方面

1. 课堂内容多媒体输出

高等教育知识群体具有异质性，其知识亦具有散点性、多样性、多变性的特点[①]。不同学生接收信息的偏好不同，有的擅长处理图像信息，有的则更偏向文字、听觉类信息的输入，一个课堂上的学生存在着多种信息输入风格，因此教师在讲授课堂内容时应保持多媒体的信息输入，以图、文、视频多种形式呈现丰富的教学内容，促使不同风格的学生有效接收，降低学生在遇到不同类型知识时可能遇到的信息接收阻力。同时对于创新培养而言，教师应重视在课堂上进行示例图片、视频资料等图影像类教学资源展示的比重。

在使用多媒体课件进行课堂内容输出时，教师应当加强自身多媒体教学技能，注意多媒体内容的科学性，表达引用的规范性，媒体选择的多样性与规范性。

2. 教学内容多广度覆盖

更具创新人格优势的综合型学习者偏好大量信息的汲取并构建独具新意

---

① 陈默，潘婧. 高等教育多媒体教学中认知摩擦的成因分析[J]. 大众文艺，2024(4)：170-173.

的联系。在教学过程中，海量信息将有助于综合型学习者广泛涉猎，同时也可满足不同学习风格以及学习兴趣的学生各取所需，充实头脑，开阔眼界。需要注意的是，教学内容的拓宽不应给学生带来学业负担的加重，而是应该让他们在课堂上尽情畅游知识的海洋。

3.3.5.2 教学形式方面

1. 理论与案例、实践相结合

深奥抽象的理论对于大多数学生来说充满挑战,掌握起来存在一定难度。此外，这种难度也常常会让学生产生畏难心理，对于学习理论知识的兴趣和积极性产生负面影响。然而，那些善于把握抽象理论的学生，更有可能发现不同事物之间的联系，从而产生创新想法。因此，在教学过程中，我们不能忽视理论教学的重要性。

为了帮助学生更好地理解和掌握深奥抽象的理论，教师可以采取一些有效的教学策略。任务驱动教学法是通过完成既定任务以获得知识、技能的一种开放探究式教学方法，以对理论知识的理解、掌握和基本技能的训练为主要教学目标[①]。在任务驱动的教学过程中，教师可将理论与实践相结合帮助学生更好地掌握理论知识，设计需要运用理论知识解决实际问题的场景让学生参与尝试，在课堂实践中领悟理论知识的真谛。另外是辅以充分的案例。案例教学法同样是一种开放式教学方式，案例教学法需要教师设定符合教学目的的案例以供师生及学生之间进行课堂互动，在此过程中学生需要进行个体的深入思考以及个体间的交流，以深度剖析案例，借以提高自身发现问题、分析问题和解决问题的能力，同时培养沟通协调能力、创新能力和团队协作精神[②]。通过将抽象的理论知识与具体的案例相结合，教师可以帮助学生更好地理解理论的内涵和应用，还可以引导学生了解专业领域的前沿动态，让他们明晰专业领域的发展趋势和最新进展。

在理论教学中将以上两种方法结合可以获得更好的教学效果。如任务驱动法能够加深学生对理论的理解，通过一环扣一环地训练、学习并掌握创新技能，而案例教学法则能够将理论运用到实践，让理论经由现实得到深化。

---

① 刘红梅. 任务驱动式案例教学法的构建与应用[J]. 江苏高教，2016（4）：71-73.
② 同①.

2. 学科与竞赛、科研相结合

将学科与竞赛、科研相结合在提升学生创新能力方面不仅能够激发学生的学习兴趣，提高其独立思考和解决问题的能力，还能帮助他们积累实践经验，培养创新思维。

学科与竞赛的结合，可以鼓励学生深入挖掘学科知识，挑战自我，培养竞争意识，强调了理论知识和实践操作的结合，能够让学生在解决问题的过程中，锻炼其创新思维和动手能力。同时，这种模式还能帮助学生发现自己的兴趣所在，为未来的职业规划提供指导。

学科与科研的结合，可以让学生接触到最新的科研成果，激发其好奇心和探索欲望。通过参与科研项目，学生可以深入挖掘学科知识，提升学术素养，培养创新精神。科研项目通常需要团队成员协作完成，这不仅能够培养学生的团队协作能力，还能让他们在项目中学会如何应对挑战，解决问题。

为推动学科与竞赛、科研相结合，具体措施有：调整课程设置，将学科与竞赛、科研相结合的内容纳入课程体系，鼓励教师开展相关的教学活动；加强竞赛和科研的融合，应组织更多的跨学科竞赛和科研项目，鼓励学生跨专业参与，从而培养出更多具有创新精神的人才；提供充足的实践机会，如实验室研究、实地考察等，让学生在实践中积累经验，培养创新能力；营造创新氛围，如举办科技创新活动、设立创新奖学金等，以激发学生的创新热情。

3. 注重团队合作

活跃型学习者在创新人格、创新成果方面均具有优势，从活跃型学习者的学习习惯来看，这说明团队合作在创新课堂上具有促进作用。因此，教师应重视学生间小组合作，通过小组任务或小组讨论让学生交流想法，同时引导学生根据自身学习风格以及性格在团队中承担相应角色与分工，充分发挥学生创新天赋，推动学生进行创新成果转化。

形成相互启发、学习的群体氛围对培养创新人才具有积极作用，因此，有效的小组合作需要注意以下几个方面。首先，团队或小组中的成员需要具备契约精神，师生需要明确结为团队以求达到的教学目标，明确个人分工、合作机制等，如有需要可以列出具体的小组规章，确保小组合作顺利开展①。其次，教师需要尽量确保每个学生都能参与到小组中，调动沉默者的积极性，让尽可能多的想法相互碰撞。最后，应尽量避免优绩主义对小组合作成果评价造成异化影响②。

① 张仁杰，寇焜照. 从“拔尖”到“乐群”：小组合作学习与高校拔尖创新人才培养[J]. 重庆高教研究，2024，12（3）：69-81.

② 同①.

4 大中小学生创新能力的一体化研究

在进行 Z 世代大学生创新能力研究的过程中，我们发现大学生创新能力的形成和发展离不开小学和中学阶段的影响，且在中小学形成的创新人格会持续影响大学期间的创新实践。因此本章将中小学生的创新能力纳入研究视野，形成小学生、中学生、大学生一体化的研究脉络，以呈现 Z 世代创新能力的基本样貌。

4.1 大中小学创新能力

4.1.1 一体化研究的必要性

党的二十大明确指出，教育、科技、人才是全面建设社会主义现代化国家的基础性、战略性支撑，要深入实施科教兴国战略、人才强国战略、创新驱动发展战略，开辟发展新领域新赛道，不断塑造发展新动能新优势。可见，培养学生的创新能力是十分重要的。

针对中小学的创新能力培养，国家教育事业发展“十三五”规划指出，培养学生创新能力要从中小学做起，注重激发学生学习兴趣、科学兴趣和创新意识，加强科学方法的训练，研究制定中小学生科学素质标准[①]。2022 年版的《义务教育课程方案》提出要“坚持创新导向”，新课标着重强化课程综

① 国务院. 国务院关于印发国家教育事业发展“十三五”规划的通知[EB/OL]. [2017-01-19].

合性和实践性，着力发展学生核心素养，关注学生个性化、多样化的学习和发展需求。

针对大学生的创新能力培养，2016 年，习近平在全国高校思想政治工作会议中指出，高等教育发展水平是一个国家发展水平和发展潜力的重要标志，我们对高等教育的需要比以往任何时候都更加迫切，对科学知识和卓越人才的渴求比以往任何时候都更加强烈[①]。加强创新能力培养，就是在提高我国的高等教育发展水平，增强国家核心竞争力。

同济大学党委书记方守恩委员表示："高校的创新能力取决于高等教育的人才培养质量，提高创新能力要从培养中小学生的创新意识、科学素养、创新能力入手，循序渐进、系统推进，为培养造就拔尖创新人才奠定基础"[②]。所以，培养创新能力要从中小学开始，奠定学生的创新意识与能力素养，在此基础上在大学进行更深层次的创新创业教育。但是，中小学和大学若没有统一理念和方法进行创新能力培育，在升入大学后，学生难免会觉得自己的创新能力有"水土不服"的现象。因此，他还建议，在大中小学各学段贯通推进创新教育，统筹推进大中小学创新教育模式[③]。进行大中小学创新能力的一体化培养，是创新能力培养方式未来的重中之重。

4.1.2 大中小学创新能力现状

对于少年儿童的创新能力总体表现，有学者发现，少年儿童创新力总体发展水平一般，水平较差者占了总体近四分之一，且创新精神和创新能力较低，创新思维发展一般[④]。有学者通过问卷进行统计和分析，发现大部分小学生创新意识薄弱、有待激发，创新学习方法使用少[⑤]。中学生的创新能力则存在创新精神增强受阻、创新意识逐渐薄弱、创新意愿明显缺失、知识内化程度不够、理论无法联系实际等问题[⑥]。

---

① 新华社．全国高校思想政治工作会议 12 月 7 日至 8 日在北京召开[EB/OL]．[2016-12-08].

② 颜维琦．方守恩委员：在大中小学各学段贯通推进创新教育[J]．小学教学（数学版），2023（6）：35.

③ 同②.

④ 冯维．少年儿童创新力现状调查及提升策略研究[D]．河南大学，2021.

⑤ 左广艮．小学生创新能力培养策略研究[D]．江苏大学，2018.

⑥ 南洋．中学生创新能力培养的问题研究[D]．沈阳师范大学教育学原理，2019.

出现这些现象的原因之一是学校普遍重视学生应试能力的提升，而忽略了实践能力的提升[②]。学校作为课程实施的责任主体，有的在落实国家课程方案和课程标准的过程中，受制于提高教学成绩等压力和责任，对于科学教育的支持程度不高[①]。

对于教师而言，因为“唯分数论”的教师评价标准，导致教师更多地让学生进行接受式学习，从而来提高学习效率，而这与创新人才的培养要求背道而驰[②]。在教师资质培养方面，还有学者发现，由于教学培训次数少且单一，对实践的指导性不足，所以现有的专业培训和教研无法有效保障教师成为专业成长型的自我发展主体，而这是优质教师培养的核心要求和持续发展的核心动力[⑤]。

对于中小学生而言，他们虽具有一定的个体创新意向，但是如果不了解创新相关知识，个体创新发展会受到局限[②]。此外“求同心理”和“死记硬背”的学习方式束缚了中小学生的求知欲和自我个性的发展，限制了学生深入思考和建构知识体系，这也是中小学生创新能力发展受阻的原因之一[④]。

总体来看，当今中小学生创新能力发展水平一般的原因主要集中在以应试教育为中心的学校、教师、学生三方应对机制上，主要表现形式有：学校课程教学不重实践，教师教育理念只重分数，学生被应试教育束缚思维等。

大学生的创新能力也存在明显不足的现象。有学者经过问卷调查，发现大学生虽对创新意识和创新能力的培养有正确认识,但仍存在一定的片面性。虽对参与创新实践活动有兴趣，但自主意识不足，参与活动的形式相对单一，看重评定加分和物质奖励[③]。有研究者对学校组织的创新活动进行了调查，发现仅有不到 8%的大学生经常参加创新活动，且有接近一半的大学生根本不参加这类活动，很难将创新意识转化为创新能力[④]。

以上问题说明，如果忽视学生“学”的主体地位，则很难激发学生的求

---

① 田伟，辛涛，胡卫平. 义务教育阶段的科学教育：关键问题与对策建议[J]. 北京师范大学学报（社会科学版），2021（3）：82-91.

② 姜丽华. 基于学生创新能力培养的教师文化反思与重构[J]. 教育科学，2016，32（4）：41-45.

③ 孙明国，于汉伟，汪文文. 当前大学生创新意识和创新能力培养调查与分析——以安徽工程大学为例[J]. 教育观察，2019，8（1）：50-53.

④ 陈静. 当代大学生创新意识与创新能力的调查与研究——以江西省三所高校为例[J]. 科技创新导报，2012（25）：242-244.

知欲和主观能动性，一定程度上制约创新意识和创新能力培养[①]。

同时，也有学者认为，问题源于高校对学生创新能力培养的指导。虽然大学通过开设通识课程，聘请企业创新创业导师进入课堂以求对学生进行创新教育，但是很多学生只是停留在获得选修学分的层面[②]。有学者通过调查指出，学生参加实践活动集中在“社会活动”和“学科竞赛”这两项上，参与活动的形式相对单一，而保持活动形式的丰富性是大学设计和开展创新实践活动时必须思考的问题[①]。

所以，当今大学生创新能力不足的原因分为学生、教师和学校三个层面。在学生层面，当今大学生对创新能力的认识和实践不足；在教师层面，高校教师在教学模式和教学设计上不够先进；在学校层面，大学对实践活动的指导与设计不够充分。

4.1.3 大中小学创新能力培养方式

4.1.3.1 中小学生创新能力培养方式

当下学者对中小学创新能力培养方式的研究集中在教育理念、教学模式的改进上。例如在教育理念方面，沈胜林等认为基于新课标理念的探究性学习能够以问题为中心开展探究性活动，开展自主与合作探究的交互式学习，有助于提升师生的探究性思维能力[③]。在教学模式方面，李克东等根据 STEM（Science, Technology, Engineering, Mathematics）教育理念，设计提出了跨学科学习活动 5EX 设计模型，通过任务驱动，整合运用学科知识，帮助学生提出问题，进行创意设计和学习反思，以更好培养复合式创新人才[④]。钟柏昌等提出了 4C 教学模式，通过聚类教学、概念提取（Euter and Questions, EQ; Exploration and Mathematics, EM;Engineering and Technology, ET; Expansion and Creativity, EC; Evaluation and Reflection, ER）、关联内化、迁移创新四个

---

① 杨永富，胡真，宫奕波. 新工科导向下大学数学课程创新能力培养体系的构建与实践[J]. 大学数学，2022，38（5）：45-51.

② 闫仕宇，李萌，田纹龙，等. “做学融创，训赛一体”的软件人才创新能力培养[J]. 计算机教育，2023（8）：15-19.

③ 沈胜林，张心，陈中文. 基于新课标理念的中小学探究性学习特征与推进策略[J]. 教学与管理，2023（25）：23-26.

④ 李克东，李颖. STEM 教育跨学科学习活动 5EX 设计模型[J]. 电化教育研究，2019，40（4）：5-13.

层层递进的环节推进来提高学生的创新能力，学生能在“情境化→去情境化→情境化”的学习阶梯中不断提升自身的创新能力[①]。通过教育理念更新，教师能够转换教育理念，调整教学方法；通过教学模式的改进，学生能够一步步地提高创新能力和创新素养，以更好地投入到创新之中。

此外，还有学者从其他角度切入。除了教育理念和教学模式的改变外，学者们还试图从教学环境、教学评价等角度出发，提升中小学生的创新素养。例如从教学环境角度出发，徐显龙等提出将创新实验室作为培养学生创新能力的载体，这种实验室既整合学科教学，又构造创新环境，可以让学生围绕自己感兴趣的问题，运用先进的仪器设备开展探究性的活动，以提高学生的创新能力和创新素养[②]。从教学评价角度出发，殷世东从背景、输入、过程和成果四个维度建构与践行基于 CIPP 课程评价模式的中小学劳动教育课程评价，推动中小学劳动教育课程有效实施，实现其育人旨归，调整劳动教育课程领导决策，进而推进劳动教育有序有效开展[③]。黄宁等扎根本土化需求，构建与应用 STEAM 教育评价体系，从而具体化和细化 STEAM 教育内涵，以制约 STEAM 教育的健康持续发展[④]。

4.1.3.2 大学创新能力培养方式

在双创（大众创新、万众创业）背景下，当下学者对大学创新能力培养方式的研究集中在教学模式的改进上，主要分为产教一体和赛教结合两个方面。

在产教一体方面，杨欢以成果导向教育理念为理论基础，以聚焦成果、向下设计、高度期许、拓展机会为原则进行教学策略设计，提出通过产教融合的方式，利用企业资源优化教学资源和教学模式，建立职业平台，达到促进开放教育技能型人才培养专创融合，完成“学生从产业来，知识到产业去”

① 钟柏昌，刘晓凡．创新能力培养的学理机制与4C教学模式建构[J]．现代远程教育研究，2021，33（4）：20-32．

② 徐显龙，管珏琪，张峦，等．面向创新能力培养的中小学创新实验室建设与应用[J]．电化教育研究，2015，36（3）：70-76，106．

③ 殷世东．中小学劳动教育课程评价体系的建构与运行——基于CIPP课程评价模式[J]．中国教育学刊，2021（10）：85-88，98．

④ 黄宁，雷敏，张淑鑫，等．立足本土化需求的中小学 STEAM 教育评价体系构建与应用[J]．现代远距离教育，2022（5）：79-87．

的过程①。龙晓枫等学者根据“任务驱动”原则，构建出“以市场需求为导向、以学生体验为中心、以研究项目为载体、以能力提升为目标”的基于“项目研究”的本科生实践创新能力培养模式，实现理论知识传授与实践技能拓展的“教、学、做”一体化②。

在赛教结合方面，魏泉增等学者提出基于学科竞赛视域下培养和提升大学生创新素质能力的策略，鼓励大学生参加全国性学科竞赛，以赛助学，以赛助教，促进创新能力培养与科研协同发展，激发大学生的创新能力③。闫仕宇等学者针对当前地方高校软件人才创新能力培养中存在的问题，提出“做学融创，训赛一体”的软件人才创新能力培养模式，从构建实践教学体系、采用融入创新思维训练的 CBL 教学方法、采取“训赛一体”的团队式培养等，让学生创新能力不断提升，创业能力意识显著提升④。

除产教一体和赛教结合外，还有学者对教学模式的改进提出了自己的看法。如黄文等学者强调以学生发展为中心构建大学生创新基础环境，构建大学生创新实践平台，构建校企合作协同创新长效机制，构建创新教育评价与保障体系，构建“专创融合”的创新型人才培养体系，以引领大学生创新能力培养，激发学生的创新训练热情⑤。李伟“四位一体”培养模式，主要以政府、社会、学校、学生为主体，通过“以践驱创”奠定创业基础，致力于构建全新的协同育人机制，又覆盖全体学生，并满足不同学生的需求，孕育创新创业品质⑥。

可见，在教学模式的改进中，大学着重于通过实践激发学生的创新活力，以创新成果吸引大学生进行创新，在过程中提高大学生的创新意识和能力。

---

① 杨欢. 基于成果导向的开放教育技能型人才创新创业能力培养研究——以广州开放大学眼视光学院为例[J]. 广州广播电视大学学报，2023，23（1）：14-19.
② 龙晓枫，陈鑫，田志龙. 市场营销专业本科生实践创新能力培养模式研究[J]. 中国大学教学，2022（1）：81-87.
③ 魏泉增，刘海英，张晓华，等.“学科竞赛”视域下大学生创新能力培养研究[J]. 科技风，2023（19）：19-21.
④ 闫仕宇，李萌，田纹龙，等.“做学融创，训赛一体”的软件人才创新能力培养[J]. 计算机教育，2023（8）：15-19.
⑤ 黄文，李文. 以学生发展为中心的大学生创新能力培养模式[J]. 大学教育，2021（7）：176-178.
⑥ 李伟.“四位一体”培养模式助力大学生创新创业能力的形成[J]. 吉林农业科技学院学报，2022，31（5）：55-58.

4.1.3.3 大中小学创新能力的一体化培养方式

关于大中小学创新能力的一体化培养，国家教育事业发展“十三五”规划指出，支持有条件的普通高中与高等学校、科研院所开展有效合作，推进创新人才培养。继续推进中学生科技创新后备人才培养计划、全国青少年高校科学营等活动，积极试点探索大学先修课程。

其实，我国创新能力的一体化培养从很早就已开始进行，早在 20 世纪 60 年代，“中央学制问题研究小组”进行学制改革试验，提出大学试办预科、加强小学中学大学衔接培养的意见[①]。到了今日，新高考改革又为一体化培养提供了有利条件，其取消文理分科实行“6 选 3”的选考制度，且选考计划参照各高校按专业或专业大类制定的选科方案，进而形成了以学科为纽带，将高中生兴趣特长、考试制度、大学及专业有机融合的结构化衔接体系，提升了高中生选择适配大学专业的可能性并让高中生能更有针对性地制定生涯规划[②]。

现如今，大中学的衔接培养创新人才的主要方式有自主招生制度、大学先修课程以及人才培养基地。其中，自主招生制度主要是为选拔具有特殊才能的学生。大学先修课程，主要有利于改善大、中学教育的衔接，克服脱节现象，还有利于探索高中课程改革的新模式，为考试招生体制改革实现多元化录取机制提供支持[③]。对于人才培养基地项目，各个大学的人才培养基地各有特色。高焓等学者指出，吉林大学的化学基地形成了具有吉大特色的以“厚基础、强能力、会创新”的化学创新人才培养模式，围绕教学规律和学生成长规律，通过转变教育思想和教育理念为先导，促进教师队伍不断改进教学内容和教学方法，建设优质学习资源和教学实践平台，让教师和学生都受益匪浅[④]。郑若玲等学者指出，厦门大学附属科技中学举办创新实验班已探索出符合自身发展目标、富有特色的“三创”理念与“三微”形式，二者关

① 郑若玲，刘盾，谭蔚. 大中学衔接培养创新人才的探索与成效——以厦门大学附属科技中学为个案[J]. 湖南师范大学教育科学学报，2016，15（2）：56-63.

② 刘文. 大中学衔接培养创新人才：新高考背景下的机遇、挑战与突破[J]. 教育与考试，2023（1）：14-21.

③ 侯自新. 中国大学先修课程的建设与实施[J]. 数学教育学报，2017，26（3）：2-3.

④ 高焓，赵岩，迟晶，等. 持续推进人才培养基地建设实现化学创新人才高质量培养[J]. 化学教育，2022，43（14）：61-64.

联互动、协同作用，帮助学生活化了思维，发展了能力[①]。

当然，现有衔接教育存在着不足。在自主招生制度方面，该制度没有完全摆脱分数限制，仍是以学生的学业成绩和竞赛成绩为“法宝”，测试考核标准模糊，科学性不足[②]。在大学先修课程方面，高中新课程方案提出了学分制设想，学生通过相应考试后获得对应学分，以此来记录学生在高中课程领域学习后所取得的成果，但在绝大多数高中，课程学分只是一个数字符号；中国大学先修课程，试图通过高中学习后所获得的学分，来抵换大学的学分或获得学分互认互换，但学生所获学分只能得到联盟大学的部分认可，可见，大学先修课程存在学分银行和学分互认互换系统未建立完全、缺乏高校普遍认可等问题[③]。在人才培养基地方面，学生难以摆脱现实高考的压力，与大学导师的沟通也不顺利，所以与预期效果有差异[④]。

有学者指出，高质量的高等教育很大程度上依赖于基础教育阶段对学生综合素质水平的培养。在基础教育阶段不断挖掘学生坚强的意志品质、献身科学的精神、强烈的好奇心和求知欲，以及初步的创造能力，能够为学生在高等教育阶段利用这些素质为创造能力的培养打下良好基础[⑤]。但若仅仅是将高中与大学衔接起来，学生在高中三年不仅要培养创新能力基础，还要面对高考的学业压力，这未免有些强人所难。所以，在大中学衔接培养创新人才的效果不尽如人意的情况下，将培养过程拉长，让小学和初中两个学段也加入到创新能力的培养阶段中，就显得尤为重要。有国外学者研究发现，学生的创新能力在 6 岁左右开始下降，并且在 10 岁左右大幅下降[⑥]。因此，从小学开始进行创新能力的培养就更为重要。

---

① 郑若玲，谭蔚，万圆. 大中学衔接培养创新人才：问题与对策[J]. 教育发展研究，2012，32（21）：70-75.

② 袁青青，李宝庆. 高中自主招生制度的阻力与化解[J]. 当代教育科学，2018（11）：49-54.

③ 冯用军，朱立明. 中国大学先修课程的发展困境与解决方案[J]. 江苏高教，2018（5）：42-47.

④ 郑若玲，刘盾，谭蔚. 大中学衔接培养创新人才的探索与成效——以厦门大学附属科技中学为个案[J]. 湖南师范大学教育科学学报，2016，15（2）：56-63.

⑤ 郜学群. 浅析培养大学生创新能力应具备的观念[J]. 黑龙江高教研究，1999（6）：88-90.

⑥ 信欣. 教育改革背景下大中小学创新创业教育一体化建设探析[J]. 创新创业理论研究与实践，2019，2（14）：88-89，94.

目前我国的大中小创新能力的一体化培养研究较少。陈新妍等学者通过研究日本大中小学联动培养人才的案例，分析日本不同教育阶段联动培养人才的模式和举措，结合新时代我国教育发展背景开发了具有一定示范意义和推广价值的大中小联动课程模式——SOUL（Student-centered Open Courses for Public Elementary and Secondary Schools by University Professors and Learner Teachers）课程，有效整合高校的师资力量、大学生资源和中小学校的课程需求和实习平台，实现大中小学之间的资源互补、联动共赢①。

总而言之，我国大中小创新能力的一体化培养虽早有开展，但开展的范围不足，多是定点开展，缺乏普遍性以及适用性。此外，现有的一体化培养方式并没有针对学生的创新能力现状中的问题提出解决方案，学生的创新能力和素养的表现依然不佳。最后，现有研究和一体化培养方案对中小学生的研究不足，较少将小学和初中的学生囊括在一体化培养方案中。

综上所述，在已对 Z 世代大学生创新能力进行研究调研的基础之上，本书将对中小学生进行调查分析，从数据和访谈中研究中小学生的创新能力表现，并与 Z 世代大学生的数据进行对比和一体化分析，以探究学生创新能力问题背后的原因。由此出发，在现有衔接教育的基础上，汲取国内外优秀案例的经验，为打造适合我国国情的大中小学创新能力的一体化培养体系提出建议和措施。

4.2 中小学创新能力调查

4.2.1 抽样方法

在全省中小学中随机选取 18 所中小学发放调查问卷进行简单随机抽样调查，其中成都市 14 所，简阳市 2 所，崇州市 1 所，巴中市 1 所。

4.2.2 样本量的确定

查阅成都市教育局数据可知，成都市小学共有在校生 118.06 万人；初中在校生 47.57 万人；普通高中在校生 24.30 万人，共计 189.93 万人。

---

① 陈新妍，袁莹玉. 构建新时代大中小学联动人才培养模式——基于国际案例[J]. 教育教学论坛，2021（12）：173-176.

根据简单随机抽样公式

$$n=\frac{Nz_{\alpha/2}{}^{2}S^{2}}{Nd^{2}+z_{\alpha/2}{}^{2}S^{2}}$$

取 95%置信度水平，对应 z 值为 1.96。绝对误差限取 $d=0.05$，$S=0.5$，计算得 $n=384.08$ 向上取整得 $n=385$。

按回收率 80%进行计算，至少需发放 482 份问卷。

4.2.3 回收问卷样本情况

本次调查共回收有效问卷 1 440 份，满足调查所需样本量需求，故调查结果可信度较高。对回收问卷分别进行整体分析、性别分析、变化趋势分析。

4.3 调查结果

4.3.1 中小学生创新能力整体分析

从表 4.1 可以看出，在创新能力的六个维度中，中小学生在创新人格四大因素方面得分较高。得分从高到低依次为：冒险性 3.807 分，挑战性 3.742 分，好奇性 3.624 分，想象力 3.592 分。其中，冒险性得分最高，说明中小学生具有较强的冒险和探索精神。

从图 4.1 可以看出，在创新能力的六个维度中，中小学生在创新成果两大因素方面得分较低，行动力 3.530 分，转换力 2.099 分。其中转换力得分最低，说明中小学生将创意转化为成果的能力较差。

表 4.1　中小学整体创新能力得分

创新能力	冒险性	好奇性	想象力	挑战性	行动力	转换力
得分	3.807	3.624	3.592	3.742	3.530	2.099

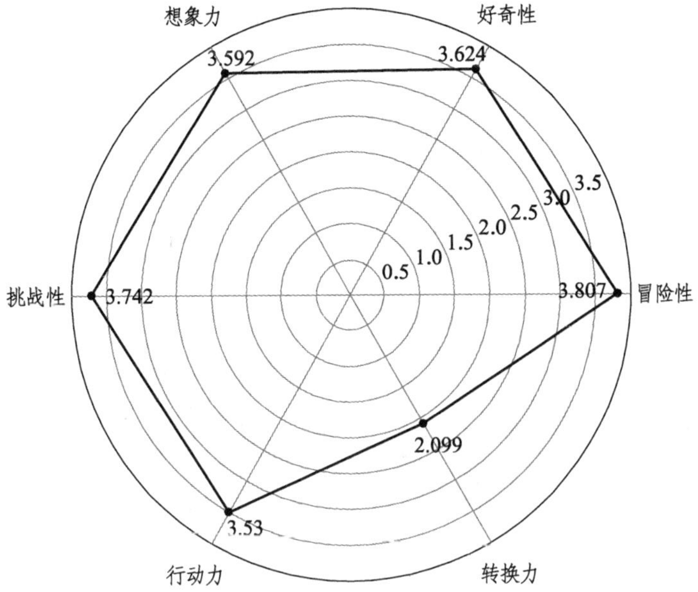

图 4.1 中小学整体创新能力得分雷达图

4.3.2 性别分析

本书将对中小学生创新能力的性别差异进行分析，同时对不同性别的学生群体由于学段变化引发的创新能力变化进行趋势分析。

中小学男女创新能力各维度得分如表 4.2 所示。

表 4.2 中小学创新能力男女总体得分

	冒险性	好奇性	想象力	挑战性	行动力	转换力
中小学男	3.912	3.759	3.702	3.745	3.661	2.077
中小学女	3.734	3.515	3.485	3.736	3.417	2.119

如图 4.2 所示，总体而言，中小学生中男性的创新能力较优。其中，在好奇性和行动力上差异最明显，在这两个维度男性得分均高出 0.244。

中小学的女性在挑战性维度得分与男性得分十分接近。在转换力维度得分，女性得分比男性高出 0.042，略高于男性。

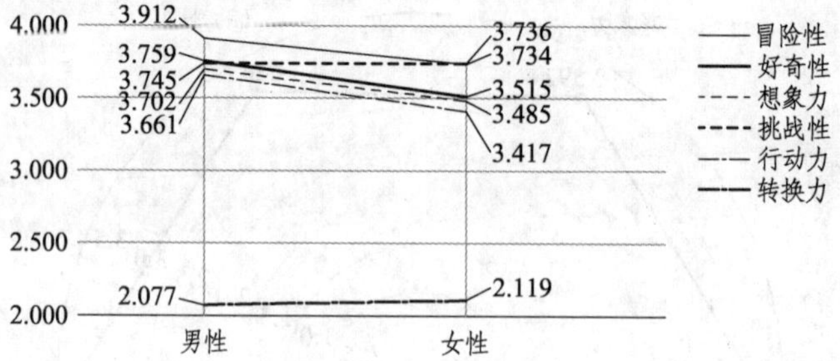

图 4.2 中小学男女整体创新能力比较

将中小学男女不同学段的得分按不同维度绘制成图，如图 4.3 所示。

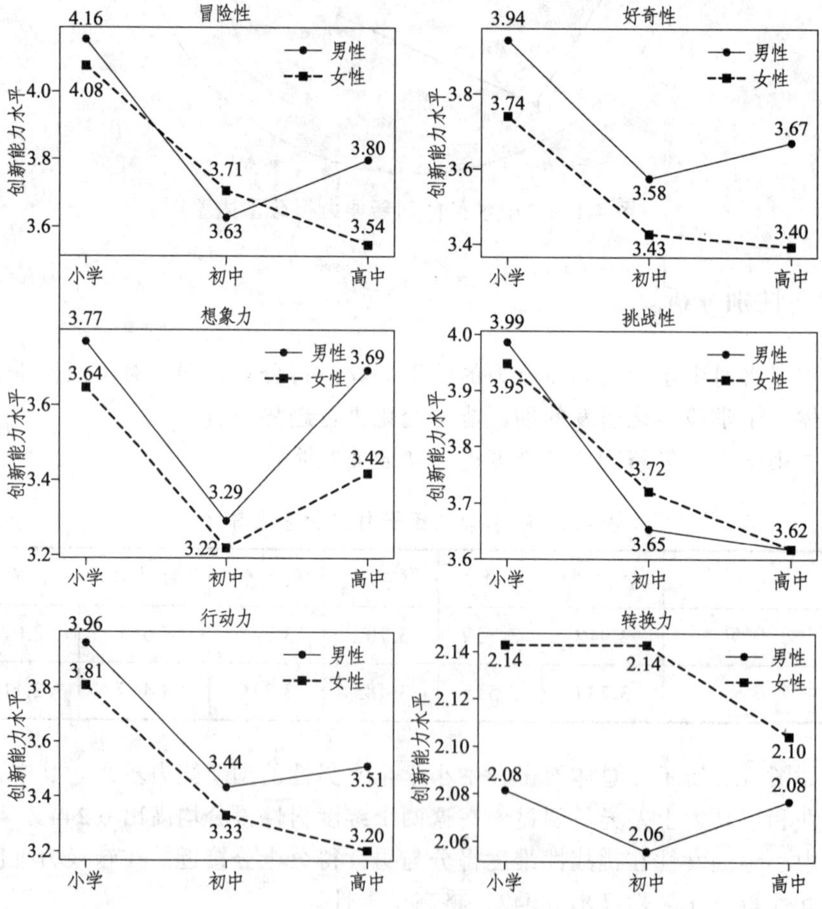

图 4.3 中小学男女性不同学段各维度创新能力得分

针对不同学段不同维度可以看到，中小学男性的创新能力，如冒险性、好奇性、想象力和行动力在小学阶段得分最高，并且随着学段的升高，五项维度均呈现出先降低再升高的趋势。其中，中小学男性的想象力在初中学段降低最多，水平分值下降了 0.48。除此以外，中小学男性的挑战性随着学段的升高不断降低，转换力则先降低再升高，并在高中学段回升到与小学学段相同的水平。

对于中小学女性可以看到，中小学女性的创新能力，如冒险性、好奇性、挑战性和行动力随着学段的升高不断降低，其中行动力降低最多，水平分值下降了 0.61。此外，中小学女性想象力从小学到高中经历了先下降再升高的过程，而转换力水平则先保持不变后小幅度下降。

在小学学段，由图可得，小学男性的创新能力，如冒险性、好奇性、想象力、挑战性和行动力维度都高于小学女性，其中好奇性水平差异最大，得分相差 0.2。在初中学段，中学女性在冒险性、挑战性和转换力维度优于男性。而在高中学段，男性的冒险性再次高于女性，男女的挑战性趋于一致。从小学到高中，男性的好奇性、想象力与行动力水平始终略高于女性，女性的转换力也始终略高于男性。

4.3.3　变化趋势分析

随着年级的升高，中小学生的创新能力总体呈现降低趋势（见图 4.4 和表 4.3）。

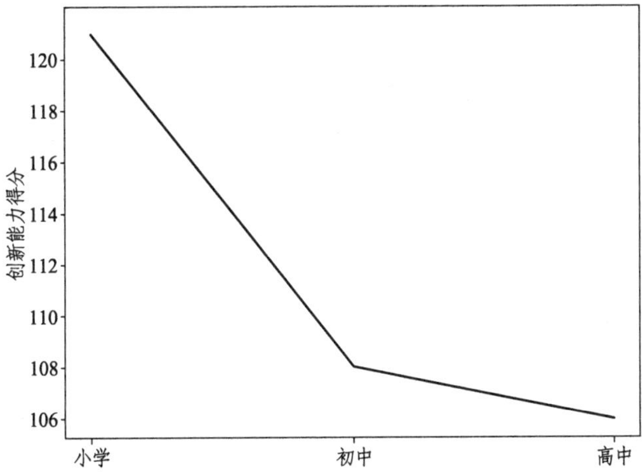

图 4.4　创新能力得分折线图

如图 4.5、表 4.3 所示，中小学生冒险性的下降趋势显著，总共下降 0.475；其好奇性总体呈下降趋势，总共下降 0.35；其想象力的下降较少，总共下降 0.229；其挑战性在逐步下降，总共下降 0.363；其行动力的下降趋势显著，总共下降 0.56。

在创新能力中的下降中，中小学生转换力的下降趋势较小，无显著变化，仅下降 0.015。

此外，中小学生的好奇性和想象力在高中时有所回升。其中好奇性相比初中升高 0.01，想象力相比初中升高 0.276。

表 4.3 中小学不同阶段创新能力得分

创新力维度	小学	初中	高中
冒险性	4.118	3.672	3.643
好奇性	3.854	3.494	3.504
想象力	3.754	3.249	3.525
挑战性	3.973	3.691	3.61
行动力	3.896	3.377	3.336
转换力	2.109	2.106	2.094

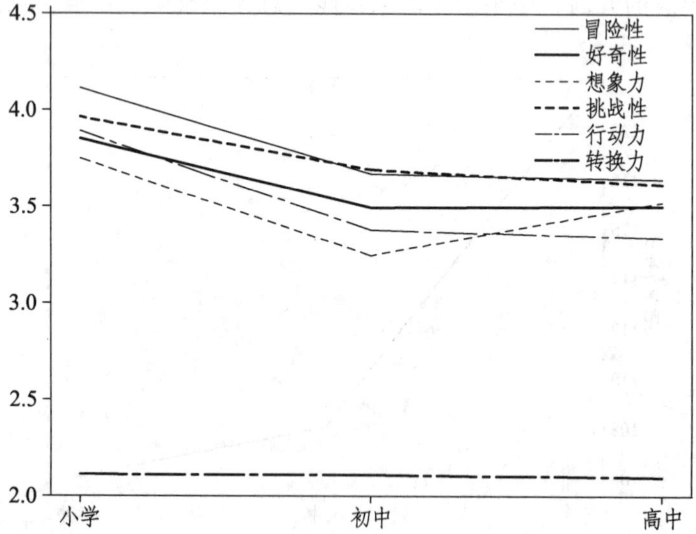

图 4.5 中小学创新能力各维度发展趋势

4.3.4 小　结

4.3.4.1 中小学创新能力分析

1. 整体分析

整体来看，在创新能力的六个维度中，中小学生的创新人格因素（冒险性、好奇性、挑战性、想象）有较好表现，尤其具有冒险精神。

中小学生创新成果因素（行动力、转换力）表现较差，其中将创意转换为成果的能力最差。

2. 性别差异分析

总体而言，中小学生中男性的创新能力优于女性。其中：

（1）男性女性在好奇性和行动力上的差异最明显，男性相较女性更具有好奇心以及行动精神。

（2）中小学女性的转换能力略高于男性，在挑战精神上与男性接近。且在初中时，女性比男性更具有冒险精神和挑战精神。

4.3.4.2 中小学创新能力变化趋势

随着年级的升高，中小学生的创新能力总体呈现降低趋势。各个维度的具体表现如下：

（1）随年级的升高，中小学生的创新人格，即冒险性、好奇性、想象力和挑战性总体呈下降趋势。

（2）随年级的升高，中小学生行动力的下降趋势显著。

（3）随年级的升高，中小学生转换力无显著变化。

其中，冒险性和行动力的下降趋势最显著。学生的好奇性和想象力在高中时有所回升，但仍不及小学，其中想象力回升较多。转换力的下降趋势较小，无显著变化。

4.4 大中小学创新能力对比分析

4.4.1 大中小学创新能力整体对照

4.4.1.1 创新能力对照整体分析

整体来看（见表 4.4），中小学生和 Z 世代大学生的创新能力水平情况相似，都是在创新人格因素（冒险性、好奇性、挑战性、想象）上表现较佳，都具有较强的冒险精神，都是在创新成果因素（行动力、转换力）上表现不佳，其中创意转换能力最差。

但两者不同的是，中小学生在冒险性、好奇性、想象力、挑战性和行动力维度得分相对较高，得分差距从高到低依次为：挑战性 0.563、行动力 0.321、冒险性 0.193、好奇性 0.130、想象力 0.022，其中挑战性差距最大，想象力差距最小。同时，大学生在转换力维度上的得分更高，比中小学生高 0.619，大学生创意转换成果的能力更强。

表 4.4 中小学及大学生整体创新能力得分

	中小学整体	大学生整体
冒险性	3.807	3.614
好奇性	3.624	3.494
想象力	3.592	3.57
挑战性	3.742	3.179
行动力	3.530	3.209
转换力	2.099	2.718

4.4.1.2 创新能力性别差异对照

研究得出，中小学男女创新能力和大学生男女创新能力各维度得分，同一维度下取男女得分差值以观察创新能力在不同学段中的性别差异，得分与分差如图 4.6、图 4.7、图 4.8 所示。

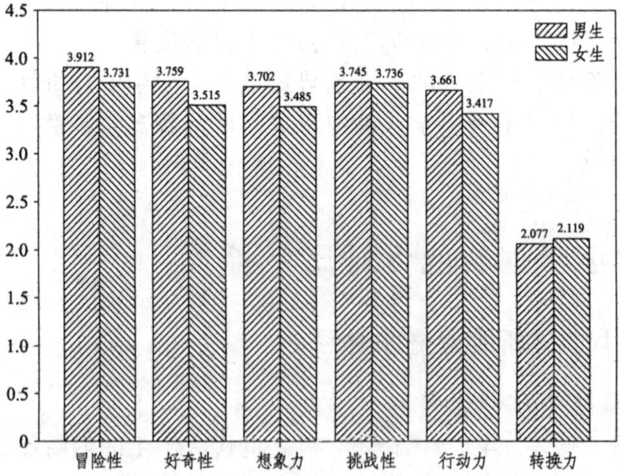

图 4.6 中小学男女创新能力得分

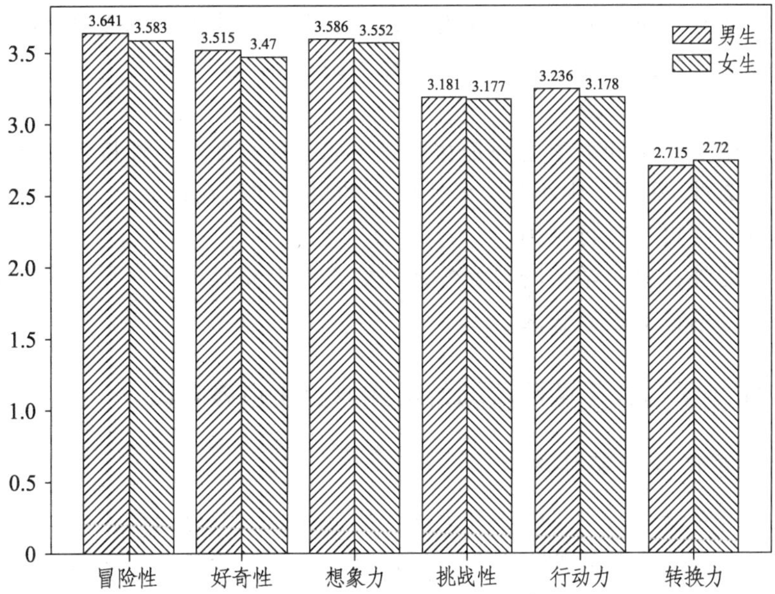

图 4.7 大学生男女创新能力得分

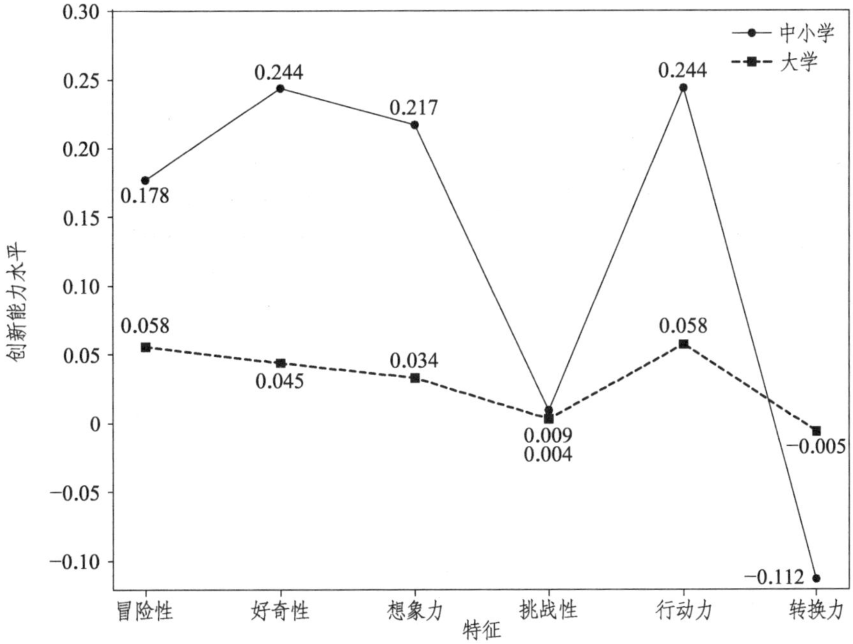

图 4.8 中小学和大学男女差值对比图

可以明显看出，除挑战性维度外，男女在各个维度上的差异都随着学段的升级到大学阶段慢慢缩小。此外，在大中小学一体化视角下，男女创新能力差异呈现出以下特点：

（1）中小学生和大学生都是女性在挑战精神方面与男性接近，且转换能力略高于男性。而且，中小学生和大学生的男女性都在行动力上差异最明显，男性相较而言更具有行动力。

（2）此外，中小学生的男女性还在好奇性上差异较大，大学生的男女性则是在冒险精神上差异较大。

4.4.2 中小学与大学两阶段的创新能力变化趋势对比

4.4.2.1 变化趋势整体对比

如图 4.9 所示，中小学生和大学生的创新能力变化趋势相似，总体呈现降低趋势。但中小学生的创新能力呈现显著的降低趋势，变化明显；大学生创新能力的降低趋势相比而言较弱，变化较平稳。

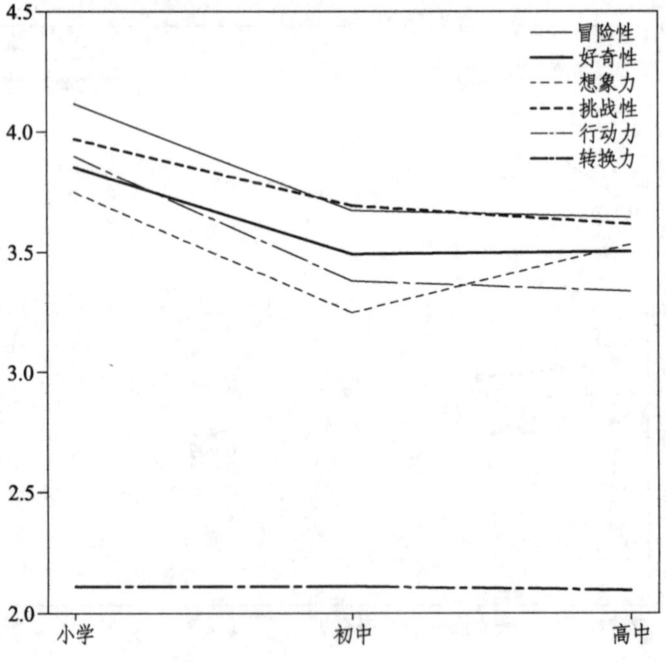

（a）

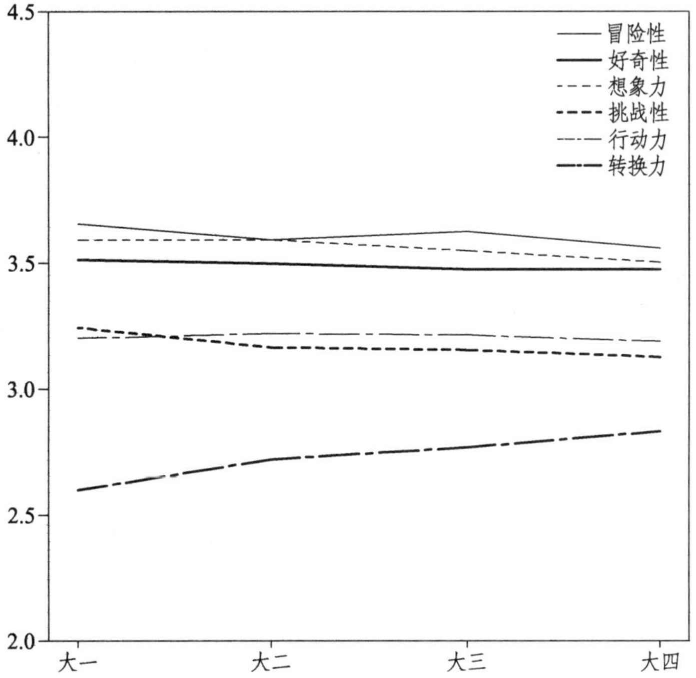

（b）

图 4.9　创新能力变化趋势对比图

4.4.2.2　不同维度变化趋势对比

（1）在好奇性和挑战性维度，中小学生和大学生均呈现降低趋势。

（2）在冒险性维度，中小学生冒险性的下降趋势显著，大学生冒险性的降低趋势呈现波动变化，在大三有上升。

（3）在想象力维度，中小学生的想象力总体呈波动下降，在高中有回升；大学生想象力呈缓慢下降趋势。

（4）在行动力维度，中小学生行动力的下降趋势显著；大学生行动力的降低趋势呈现波动变化，在大二有上升。

（5）在转换力维度，中小学生转换力的下降趋势相对平稳，大学生转换力随年级的升高而显著上升。

4.4.3 大中小学一体化创新能力分析

如图 4.10 所示，综合大中小学六大维度变化趋势分析可得：

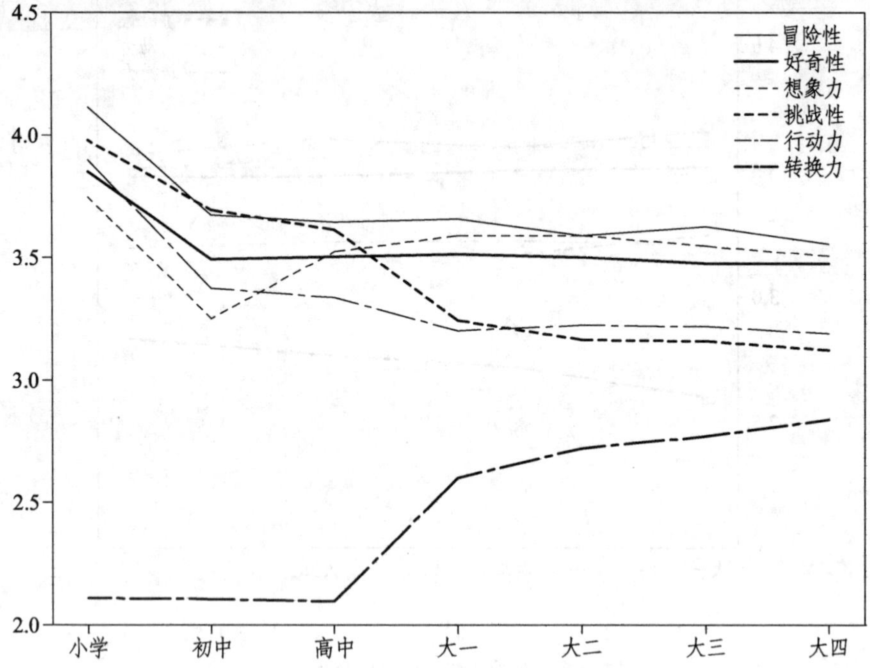

图 4.10 大中小学创新能力变化趋势图

4.4.3.1 从小学到大四的不同维度变化趋势分析

（1）冒险性维度在初中有显著下降，此后呈缓慢下降趋势，变化幅度不大。

（2）好奇性维度在初中有显著下降，此后变化幅度不大。

（3）想象力维度在初中有显著下降，在高中有明显上升，得分上升 0.276。此后呈波动下降趋势，大四与高中的得分差异不大。

（4）挑战性维度在初中有明显下降，总体呈显著下降趋势。

（5）行动力维度在初中有显著下降，此后呈缓慢下降趋势，变化幅度不大。

（6）转换力维度在高中期间无显著变化，在大一有显著上升，此后呈上升趋势。

其中，冒险性、好奇性、想象力、挑战性、行动力五个维度均在初中有显著下降。下降分值从低到高依次为：挑战性 0.282 分，好奇性 0.360 分，冒险性 0.446 分，想象力 0.505 分，行动力 0.519 分。

4.4.3.2 从高中到大一不同维度的差值分析

学生的冒险性上升 0.012，好奇性上升 0.010，想象力上升 0.066，转换力上升 0.508；挑战性下降 0.376，行动力下降 0.136。

其中，学生的挑战精神下降显著，转换能力上升显著。

4.4.4 小　结

4.4.4.1 大中小学创新能力整体对照

（1）整体而言，中小学生在创新能力的许多维度都比大学生强，其中挑战性差距最大，想象力差距最小。但大学生创意转换成果的能力更强。

（2）在男女差异上，中小学生和大学生都是女性在挑战精神方面与男性接近，且转换能力略高于男性。

（3）中小学生和大学生的男女性都在行动力上差异最明显，男性更具有行动力。

（4）大学生男女性的创新能力虽有差异，但各个维度的差异都比中小学生男女性差异小。

4.4.4.2 中小学与大学两阶段的创新能力变化趋势对比

（1）中小学生和大学生的创新能力都呈降低趋势。但中小学生创新能力的下降更明显，呈现显著的降低趋势。

（2）在转换力维度，中小学生转换力基本无变化，大学生转换力随年级的升高而显著上升。

4.4.4.3 大中小学一体化创新能力分析

（1）从小学到大四，学生的创新能力除转换力均呈现降低的趋势。

（2）转换力维度在高中期间无显著变化，但在大一有显著上升，此后呈上升趋势。

（3）从高中到大一，学生的挑战性下降显著，转换力上升显著。

（4）冒险性、好奇性、想象力、挑战性、行动力五个维度均在初中有显著下降。

4.5 关于中小学创新能力的教师访谈

本次深度访谈共计访谈了5位中小学教师，其中小学1人，初中2人，高中2人。

4.5.1 中小学创新能力分析

4.5.1.1 中小学生创新能力整体分析

1. 中小学生的冒险性较突出

调查发现，在创新能力的六个维度中，中小学在冒险性维度的得分最高，相对来说冒险精神较突出。通过访谈我们发现，中小学生确实对未知事物很感兴趣，特别是当他们在面对没有出现过的内容或教学形式时，其不仅专注度很高，而且思维活跃、态度积极。

此外，通过访谈发现，也有教师认为中小学生并不具备较强的冒险精神。有学者指出，中小学生创新意识淡薄，创新勇气缺失①。他们认为中小学生不具备较强冒险精神的原因有以下几个方面：

（1）中小学生喜欢通过填鸭式教学的方式直接记忆知识点，且其很难接受新的学习方法。

“如果让学生尝试新的方法，然后应用到学习当中的话，许多学生更喜欢灌输性教学——就是讲得非常清楚，学生不用动脑直接背。”（访谈对象B，初中教师）

（2）部分学生虽然具有冒险精神，但这类学生的学习成绩往往较差，其冒险精神更会受到学校打压。

“部分学生有很强的学习内驱力，愿意学习自己喜欢的东西，但这种学生

---

① 陈新妍，袁莹玉. 构建新时代大中小学联动人才培养模式——基于国际案例[J]. 教育教学论坛，2021（12）：173-176.

往往成绩较差。因为他成绩已经很差了，反而愿意去上学。”（访谈对象 D，高中教师）

（3）家里条件较好的学生无须担心试错成本，能够保持较高的冒险精神，而具有这种条件的学生较少。

“还有一种就是家里能够兜底的同学。‘没事，孩子你考不到好学校，老妈给你掏钱，上一个好学校。’这一类学生他们愿意。”（访谈对象 D，高中教师）

可以看出，学业压力和家庭条件限制了中小学生的冒险精神。

2. 中小学生的转换力较差

调查发现，在创新能力的六个维度中，中小学在转换力维度的得分最低，相对来说创意转换能力较弱。有研究认为，少年儿童的创新精神和创新能力不够，不能很好地应用创新思维方法，不具备改组、改造旧事物的能力①。通过深度访谈，发现中小学生创意转换能力较差的原因主要有以下几个方面：

（1）个人因素。

① 学生不具备充分的创新方法与创新知识，他们不知道通过何种路径将创新想法实践，大部分学生完成创新成果仍需家长或教师的帮助。

“大多学生停留在‘仅有想法’的阶段，但因为知识的局限，他们不知从何处展开，也不知后续的实践步骤如何完成。”（访谈对象 A，小学教师）

“虽然学生做出作品以及参赛获奖的情况很多，但真正具备‘将想法完全实现’的能力的学生较少，大部分需要家长或教师的帮助。”（访谈对象 A，小学教师）

② 学生的心理素质不够强大。有教师反映，学生会出现“遇到困难就逃避”的现象。

“在我给学生建议之后，那个学生下午的课直接就不上了。他们班主任就说那个学生有一点抑郁。我就不敢这样子去给他建议了。”（访谈对象 B，初中教师）

（2）外部因素。

① 在家庭层面，学生进行创新活动需自行担负制作成本，具备担负能力的学生家庭不多。

---

① 冯维. 少年儿童创新力现状调查及提升策略研究[D]. 河南大学，2021.

“他们做一个创新作品，如果涉及人工智能的相关元器件的话，就是几千块钱。对于大部分的家庭，他花几千块钱的原料来做一个他不能确定能不能获奖，不能确定对他中考、高考有没有帮助的，80%以上的家庭是不会支持的。”（访谈对象D，高中教师）

② 在教师层面，教师多牺牲个人时间来指导学生，精力有限，制作时间也不充足。

“只要学生他有这方面的创意，我们就愿意给他提供时间。而这种时间一般都是利用晚上或周末假期。纯粹是牺牲教师个人的时间。”（访谈对象D，高中教师）

“我不仅在上课，然后我还在科室里面，所以就是时间精力不足……还是有点难开展。”（访谈对象B，初中教师）

③ 在学校层面，学校缺乏创新活动时间、教师资源与物质资源的保障。

“有一些学校不是他们的学生不好，也不是他们的教师不好。的确是因为教师的人手完全不够。”（访谈对象D，高中教师）

“纯粹是牺牲教师个人的时间……这些时间学校没办法给你计工作量，统计不给你报。特别是公立学校缺乏这方面的对教师的保障机制。”（访谈对象D，高中教师）

“我们这边专职的信息技术教师只有两个。”（访谈对象B，初中教师）

“我们教师有一个外号你知道吗？收废品的。因为我们把学校里边很多教师丢的收集起来，因为我们觉得材料可能我们会用到。我们就给它收成一堆，在学生做作品的时候就去找。”（访谈对象D，高中教师）

（3）创新活动和赛事层面。

① 现有创新活动和赛事参与门槛较高，只有较少数人能符合参赛要求。适合学生的、费用低的、普及性的比赛较少。

“现在赛事更多有比较高大上这种特质。要么就是家里有钱，要么就是在创新方面特别厉害。但是家里钱不是特别多的，参加一个比赛两三百块钱，抠抠搜搜的这种家庭，其实还是大多数。一个比赛交400块钱的报名费，再交200块钱的材料费，一共600块钱。其实很多家长不愿意接受，哪怕你就告诉他，这个比赛对孩子的升学有益。”（访谈对象D，高中教师）

② 学生的权益在活动和赛事中无法得到很好的照顾与保障。例如，对于学生在创新活动中产出的成果而言，不仅专利申请的流程烦琐，还会出现专利抢注的情况。

“现在申请专利对于中学生而言不太公平……学生的成果要申请专利只有通过学校，但是学校这一块专利局那边是要收费的。如果学校没有这方面的预算，那最后就是学校想去申请，但是我这个钱不知道怎么出去……我们学校在前几年有这种情况，因为申请专利这一块，时间周期特别长，然后他也参加比赛，然后这一项成果被提前注册了”（访谈对象D，高中教师）

可以看出，中小学生转换力较低不仅有个人创新能力不足，没掌握创新方法等因素，教师、学校、创新活动等外部因素也占很大原因。

3. 中小学生男性的创新能力较优

调查发现，在中小学时，男性的创新能力有一定优势。为何会出现这种现象？有学者认为，文化对女生的约束，导致女生无法像男生一样在创新能力测试里做出自由的反应，从而导致女生创新能力弱于男生的测试结果[①]。经过深度访谈，许多教师也给出了类似的原因：

（1）传统教育中教师和家长对于学生性别的固有认识影响了其培养方式。这种具有偏向性的培养，导致女性创新知识储备较少，也使其创新能力相比男性要弱。

“我们会发现，女生的家长会更多地把她往艺术这些方向去培养，然后男生的家长会更多地往科技这样的方向去培养。从我自己接触学生，我发现他们在这种创新思维能力的基础是没有区别的，就是跟性别是没有关系的。但是因为这种传统的家长和教师的偏向性的培养导致了后期女生可能这块知识点的储备较少，从而导致他们去实现创新想法的能力比男生来说要弱一点。”（访谈对象A，小学教师）

（2）有教师认为，思想的进步让男女性的差异减少了。

“以前的话，可能就是觉得女生相对比男生要乖一点。因为平时我的观察就是特别守规矩的这种学生，其实创新能力就没有那么强……所以觉得女生可能相对要弱一点。但是其实现在觉得男女生的差异其实并没有太大。”（访谈对象C，初中教师）

综上所述，虽然男性的创新能力较优，但不是男女性的性别差异导致的男性创新能力比女性高，而是社会对男女性的固有认知影响了男女性及其培养方式导致的。

---

① 陈金芳. 中小学生创新素养问题与改进策略[J]. 中国教育学刊，2012（11）：5-8.

4. 中小学生女性的转换力略高于男性

调查发现，在创新能力的六个维度中，中小学女性的转换能力略高于男性。有研究指出，女生在创新任务中能够更好地对创意产品进行加工润色①。通过访谈，我们发现女性转换力更高有以下方面的因素：

（1）女性在表达方面要比男性更具优势。所以女性在创新过程中，和同伴或者教师沟通的时候效率更高，这会让作品完成更好。同时，这也让女性的汇报能力更强，更易完成课堂演讲等创新活动。

“关于他们想法的表达，女生确实要比男生强一点。一般女生的发育要靠前一点，所以在同等年纪，女生的表达能力和表演能力吧，一般是比男生要强的。”（访谈对象A，小学教师）

“什么策划汇报，因为女生她语言能力比较强，她可能会做得更好一些。”（访谈对象E，高中教师）

（2）女性思考和实践更细致。若创新成果是某项具体的事物，女性会花心思将其外观美化，成果会更加完善。

“女生可能在结构和外观那些更愿意花心思去美化。她会把物件的外观整得更完善，更细致。”（访谈对象C，初中教师）

（3）女性更配合教师。沟通效率高，再加上配合教师，这让女性的项目完成度会高于男性。

“从教师配合的角度，肯定女生比男生强。女生会更细心一点，准确说就是。”（访谈对象D，高中教师）

5. 在初中时，女性比男性更具有冒险性和挑战性

调查发现，在初中时，女性比男性更具有冒险精神和挑战精神。经过访谈，原因主要有：

（1）初中的女性发育更早，她们对事物的认知比男性要更全面，具有整体思维。

“初中的时候。女生她整体的思维和她对事物的认知可能比男生要更全面一点。所以她更能够分析出自己想要什么。”（访谈对象A，小学教师）

（2）女性对信息的敏感度高。男性常会沉浸在某个事物或事情中，不太会发现生活中出现了新鲜的事物。

① 刘昊. 我国小学创新人才培养模式的构建研究[D]. 江西师范大学教育经济与管理，2015.

“男生可能就是着力点往往就会在很小很窄的一些方向，然后其他的不会去关注到。所以我觉得女生对信息的敏感度比男生要高，然后关注到的事情比男生的面要广。”（访谈对象 A，小学教师）

综上所述，女性更具有冒险精神和挑战精神的原因是女性更具有全面看待事物的能力和对于信息有着高敏感度。

4.5.1.2 中小学生创新能力变化趋势

1. 中小学生的创新能力呈现降低趋势

调查发现，随着年级的升高，中小学生的创新能力呈现降低趋势。有项调查表明，一般人在 5 岁时可具有 90%的创造力，在 7 岁时可具有 10%的创造力，而 8 岁以后其创造力就下降为 2%了，这种现象的出现本质上是因为儿童在接受教育的过程中，不断被知识的经验性和规律性所束缚，丧失了独立思考和想象的能力①。通过访谈，我们发现中小学生创新能力的降低有以下方面的因素：

（1）学生掌握的知识增加，反而让其被知识所束缚。小学时学生天马行空，思维跳跃，但随着年级的升高，学生不会灵活运用知识，导致其思维被限制。

“现在就差异比较大的六年级到八年级这种。就明显觉得八年级的思维更固化，因为他可能学了更多的专业知识，反倒是让他不敢去想了。六年级的他可能就觉得‘我可以天马行空’”（访谈对象 C，初中教师）

（2）随着年龄的升高，学生的价值取向逐渐倾向于实用主义。实用主义引导学生思考创新背后的风险、可行性和实际意义，这往往会导致学生不敢深入思考，最终导致学生的创新能力下降。

“在比赛中，小学生的外观设计是非常绚烂的。但是高中生的就比较沉闷。每一年的创新大赛你也能看到小学生的那种作品，我们觉得就是不切实际，但是他就愿意去做。高中生他就会陷入实用主义里面去，这个东西能不能用？这东西怎么用？他更多地去思考的是使用。”（访谈对象 D，高中教师）

（3）同时，也有教师认为，其实随着年龄升高下降的是学生的创新表现。因为学业的压力，学生会减少创新能力的表现而着重于成绩分数。所以即使

① 陆烨. 我国都市青少年创新能力发展现状及其主要特征[J]. 中国青年研究，2016（12）：98-103，49.

其实践的能力有提高，也有创新想法，但也会因学业压力而缺少实践和表现机会。这造成了学生创新能力随年龄升高而下降的假象。

“我觉得随着年级的升高，孩子的创新能力是在增强的。但是他们的创新表现是在降低的。按理说，随着他的知识积累和他前期积累的创新活动的知识，他是能够更好地把他的创新想法去实践和完成的。但是现在随着年龄的升高，学业的压力会导致他们的关注点往往不会在这些想法的实现上。他更多的是关注自己的分数。”（访谈对象A，小学教师）

总而言之，随着年级的升高，学生的思维逐渐固化，更切实际，同时学业压力的增加让其无时间创新，导致中小学生的创新能力降低。

2. 中小学生冒险性和行动力的下降最显著

调查发现，在中小学生创新能力各维度的下降之中，冒险精神和行动力的下降最为显著。有学者在调查时发现，中小学教师们几乎没有在课堂教学时强调和培养学生们的创新精神，而是希望在有限的课时内，完成计划所安排的知识传授。这种填鸭式的教学模式并没有给学生太多的自由[①]。这种学习方式对学生的压抑，是中小学生冒险性和行动力下降的主要原因。通过访谈，我们发现在影响中小学生其冒险性和行动力的下降上还有以下方面的因素：

（1）学生习惯于服从教师，创新的欲望大大减弱。在学习过程刚开始，学生会因好奇而学习，但若教师没有安排后续任务，学生就会无所适从。

“例如在刚开始学习编程时，就会有学生单纯觉得好看很喜欢，后来他就觉得没什么用就放弃了……你让他创造一个新的东西，他只等着你派任务给他，然后他就做就行了。让他自己去发挥想象，然后去创新一个什么东西，他可能就很难。”（访谈对象B，初中教师）

（2）学生尝试和行动的内在驱动力减弱。他们很少提出遇到的困难或者想改变的东西，对生活的观察不太在意。

“这些学生他们好像对生活的观察都比较没太在意，很少有同学给我提出来。”（访谈对象B，初中教师）

（3）学习压力束缚了学生，让他们没有时间和精力展现自己的冒险精神和行动力。

“可能在我们的课堂上有些东西他原来很积极，就很想去参加一些新的赛

---

① 陈金芳. 中小学生创新素养问题与改进策略[J]. 中国教育学刊，2012（11）：5-8.

事活动。但是因为八年级他学习压力更大了，可能就不太愿意去。”（访谈对象 C，初中教师）

“其实不是能力的下降，而是条件的限制。学生没有那么多的机会去尝试的话，他的能力肯定就会得不到训练而下降。”（访谈对象 E，高中教师）

综上所述，中小学生逐渐习惯于服从教师，个人独立性大大减弱，尝试的内在驱动力减少。同时他们还受学业压力束缚，无精力和时间展现自己。这些是冒险性和行动力下降的主要原因。

3. 中小学生的想象力在高中时有所回升

调查发现，中小学生的想象力在高中时上升许多，但仍不及小学。有国外学者发现，学生在 16 岁出现了创新能力的第二个高峰①。除了客观规律外，经过深度访谈，我们发现导致学生想象力回升的还有以下原因：

（1）在小学和初中，学生都因接触知识层面不够多而受到束缚。而在高中接触了更多其他层面的知识后，学生的思维变得更加开阔。

“初中他正处于一个从小学阶段到高中的一个跨越阶段。那在这个阶段，他接触的知识面还不足够广，就受到了束缚。到高中过后，他其实眼界会更开阔一些，不管是从社会层面，还是说从知识层面，他接触的格局又更大一些了。”（访谈对象 C，初中教师）

（2）因为基础知识掌握得更扎实，高中生便能在学习的基础之上进行发散思维。

“从学生的认知来进行判断的话，他们不都是比较滞后一点。所以高中基础知识掌握得更加扎实后，他有基础进行发散。”（访谈对象 B，初中教师）

（3）随着年龄的增加，高中生也会了解更多别人的想法和成果，他们会被别人的幻想和发散思维所启发，因此想象力得以提高。

“小时候小朋友想象那些怪兽，他可能是自己随便画的……高中之后他看到了更高阶的一些科幻作品，那里面的那些设计比之前的那些更真实、效果更好，然后他就利用这些和小时候画过的那些作品，然后拼凑出一些新的。”（访谈对象 A，小学教师）

（4）新课标的情景式教学给了高中学生很大的自主性，这让学生的想象力得到了锻炼。

“我们现在的教学和新课标，都是注重一种情境式的教学，情境式地开展。

① 陈金芳. 中小学生创新素养问题与改进策略[J]. 中国教育学刊，2012（11）：5-8.

比如说，我们语文的‘家乡文化生活’单元，它就需要同学们去针对这个家乡文化生活这个大的选题，先要做一个调查，然后确定好自己的一个选题方向，然后再进行一些思考，比如说一个手艺传承人的一个访谈。就这样，它的维度更多了，各种思维就会得到训练了。”（访谈对象E，高中教师）

总而言之，随着学习知识的增加，教学方式的改革，高中生思维更开阔，能在学习基础上发散，同时被其他人的幻想所启发，这使其想象力有所提升。

4. 中小学生的转换力无显著变化

调查发现，在中小学创新能力的下降中，其转换能力的下降趋势较小，无显著变化。有学者调查显示，我国少年儿童的创新能力一直无法提高的原因之一，就是我国传统教育一直重视学生的文化课程与知识教育，而忽视了少年儿童的包括动手能力、操作能力等在内的实践能力方面的训练①。除了实践能力训练少以外，根据访谈我们还发现以下转换力无显著变化的原因：

（1）学生没有持续进行创新技能的学习，导致其所学的创新技能没有进阶，实践水平未得到提升，最终导致创新成果难以得到转换。

“从现在课程的角度来说，孩子他们没有持续地进阶学习。导致他一开始水平就停留在最开始的样子。比如说他学了硬件和编程，然后后期他没有持续学习，那他永远就只会用硬件和编程这两种工具来实现他的一些想法。导致有些特殊的想法，他是没办法实现的。”（访谈对象A，小学教师）

（2）年级对转换力的影响不是强关联。对于大众而言，针对创新能力的训练不会随着年级升高而增加，这让个体因素显得更重要，如个人的创新能力和家庭条件等。

“并不是说七年级的学生就会比八年级的学生汇报能力要弱一点。可能有七年级学生，他原本的这个成绩就很好，然后语言能力也很好，逻辑思维能力好，那么他的这种转换能力，他一定会比那个八年级的学生的这种成绩差的学生要好一点。”（访谈对象B，初中教师）

（3）学校在实践能力训练课程方面开设和引导不足。首先，不是每个学校都开设了专项的实践能力训练课程；其次，课程也没法覆盖全校学生，只有部分学生才能参加；最后，学生必须个人有兴趣才会参加这种课程。

“我们学校现在就开设了很多的一些常态的人工智能课，明显会感觉到相

① 冯维. 少年儿童创新力现状调查及提升策略研究[D]. 河南大学，2021.

比没有去开设这种课程的其他学校，有很大的不一样，但可能还是有很多提升。……我们比如说常态的人工智能课，那么我们基本上是在6、7年级都在开设。那如果说特别地有一部分他特别感兴趣的，我们也会在我们的选修课筛选一部分学生出来，再单独就是强化训练……因为这个跟学生有很大关系，一定是有兴趣的同学来参与。”（访谈对象C，初中教师）

可见，由于学生没有进行创新工具的进阶学习，再加上创新训练课程没有随学段的升高而增加，而且覆盖学生不足等因素，中小学生的转换力随学段增高而无显著变化。

4.5.2　中小学和大学创新能力对比分析

4.5.2.1　中小学生和大学生创新能力整体对照

1. 和中小学生相比，大学生的转换力更强

调查发现，整体而言，中小学生在创新能力的许多维度上都比大学生强，但大学生的创意转换成果的能力更强。有学者认为，大学生具备了创新过程中的基础理论与有力工具，具备了较充足的创新条件，他们的科研成果达到了较高层次，即创新成果有了较高的智慧性[①]。在大学，因为课业等因素，学生有成果转换的需求，同时大学学习的知识以及环境都满足学生转换成果的条件，所以其转换能力会比中小学生强。在大学生创新能力的其他维度的降低方面，经过访谈我们发现了以下因素：

（1）大学生相比中小学生会更现实。

① 大学生的实用主义倾向会更强，例如他们在参加活动时会判断活动带来的利益，还会觉得许多想法不切实际而停止创新的进程。

“因为小学生想法比较单纯，不会去判断这件事物背后是否可以产生，比如说经济效益，或者说它值不值得去做。而大学生可能会考虑这些东西，然后就导致有一些想法就在半路被 Pass 掉了，就觉得可能做出来是没有意义的”（访谈对象A，小学教师）

② 大学生相比中小学生需承担更多责任，所以他们会更多考虑创新的后果和风险，有百分百的把握才会行动。

“大学生因为想做到100分，却迟迟不肯动手，而小学生也没有想过一定

① 岳晓东. 大学生创新能力培养之我见[J]. 高等教育研究，2004（1）：84-91.

要做到100分，可能他想的是做到60分就行了。他的行动力就会强一点。”（访谈对象A，小学教师）

“年龄越大其实要去承担的责任更大，所以说他会考虑到各种各样的后果……所以他的冒险能力和意愿就没有那么强了。”（访谈对象C，初中教师）

（2）大学生多有固定的学习方法和认知路径，这使其被自己的知识和经验所束缚。因为见识过各种方向和案例，所以大学生会不自觉地重复过往案例，致使其创新力相对较弱。且对部分大学生而言，既然已有正确的、被验证的方向，他们就不愿开拓新的方向了。这种对现状的满足和创新的懈怠也使其创新能力降低。

“随着人年龄长大，然后各个案例都看到过的样子，每次一提到那个东西他就会回到之前的经验的记忆里。小学生因为没见过，所以他可以天马行空地去想象。”（访谈对象A，小学教师）

“小时候已经去尝试过很多了……就没有那么愿意去尝试了。包括你看我们成年人，其实现在也是这样子的，如果说我能按照原来既定的这个方向去走，那我何必要大费周章地去探索一条新的路呢？”（访谈对象C，初中教师）

（3）现在的Z世代大学生处在课程改革的节点之前，他们在中小学被传统的学习方式压制，并没有接受过创新能力训练的课程。所以现在中小学生的创新能力比Z世代大学生强。随着新课标改革，现在的中小学生有更多实践机会，能力更强。

“这批大学生可能在中小学的时候受到这方面的训练并不多。这种思维能力就没有他们现在这么强，就是也有之前基础教育的原因吧。”（访谈对象E，高中教师）

综上所述，大学生除转换力的其他创新能力，会因其更现实，被经验束缚，满足现状和没接受过创新能力训练等因素而比中小学生更低。

2. 中小学生和大学生在挑战性维度差距最大，想象力维度差距最小

调查发现，在中小学生比大学生强的创新能力维度中，二者在挑战性方面差距最大，想象力方面差距最小。经过访谈，我们发现挑战性维度的差距主要源于以下原因：

（1）依然是因大学生考虑更多现实风险因素，而中小学生则更多地使用变化的眼光看待事物，没有太多顾忌。

“大学生他可能会更保守一些，因为他考虑到后果，然后影响之类的。”（访谈对象C，初中教师）

（2）大学生受定式思维的影响较多。在分析事物时，大学生大多会进行系统化分析，而系统化分析前提就是在一个既有的框架下去做分析，而这样可能性就被框定了。而孩子没有框架意识，不会受框架的限制，跳出思考导致孩子的角度更多样。

“比如这次的主题可能是智慧运动。从我们教师的角度来说，可能更多地就会去思考在智慧运动的主题下，要完成一个智慧运动涉及哪些内容，然后根据不同的板块去发现这些内容里面有哪些东西是可以做创新的，或者说是分析哪些板块有问题的，我们可以想办法来解决，从而创新。从孩子的角度来说，他就会有一些很直观的不一样的认识：我最喜欢的运动是什么——跑步，那跑步做什么创新？他就是很直接，不会像我们那样子系统化地去分析。我们系统化分析的前提就是在一个既有的框架下去做分析，那么只要你在一定的框架下，那你所有的可能性就相当于已经是确定了的。但是因为孩子没有这种框架意识，他就不会受这种限制。你提到运动，他第一个想到的可能和运动都没有关系，他可能想到的是，运动完了之后我有点饿，然后我喝水什么怎么方便点，然后我吃东西怎么可以让三明治更快做出来……就是它会在运动过程中任何的体验都纳到思考的范围内，这样就导致他的眼光和角度要多一点。”（访谈对象 A，小学教师）

（3）Z 世代大学生经过 12 年的传统应试教育，其思维固化，挑战精神已被消磨，难以用变化的眼光看待事物。而当今中小学生接受过创新能力训练的课程，所以其依然保留有挑战性。

“您现在看到的大学生都是经过六年中考、高考给折磨出来。他的脑袋里只有知识点，缺乏现在新的变化。……被考试压力束缚住的时候，你们就会发现他不愿意去想。”（访谈对象 D，高中教师）

综上所述，大学生因为现实因素，受定势思维影响，以及 12 年的教学压力，让其在挑战性方面与中小学生差异较大。在想象力方面，因为学生的想象力在高中有所回升，所以相较起来，中小学生和大学生在想象力方面的差距较小。

3. 中小学和大学的女性都在挑战力维度与男性接近，且转换力略高于男性

调查发现，中小学生和大学生的女性都是在挑战性方面与男性接近，且转换能力略高于男性。经过访谈，我们发现原因主要有以下几个方面：

（1）男性对细节关注不强，相较而言，女性天生就比较敏感，更加细致。

“我觉得男生很多时候他有一种莫名的自信，他可能是身体的优势，再加上他的学习力比较强的话，他可能会觉得没有什么事情是解决不了的。然后在这种自信状态，就会导致男生在很多时候对细节的关注不是那么强……那就导致他在做东西的时候往往就比女生没有那么认真和细致。”（访谈对象A，小学教师）

“可能女生天生就比较敏感点，比较细致……她们乐于观察吧，然后就会发现一些不同，在变化的事物。”（访谈对象B，初中教师）

（2）在创新活动中，女性比例较少，所以女性对创新机会非常珍惜，全力以赴。

“女生她可能觉得，在咱们中国传统文化里，觉得自己是属于弱势的。那么她做事就会更加地认真和仔细……再加上之前聊到的就是往创新科创这边培训培养的女生的家长就很少。女生一般在接触到创新制作这种东西的时候，她的态度是属于很珍惜的状态。比如说像我们组个队去参加比赛，可能十个孩子中只有一两个是女生，她对这种机会她是非常珍惜的，所以她都是全力以赴。……就可能还是培养方向导致男生和女生对创新方面天生的态度不同。”（访谈对象A，小学教师）

（3）女性会更沉稳、全面、理智一些，可以将项目的节奏把控清楚。

“跟年龄特征有很大关系吧，我觉得女生比男生相对的要早熟一些。那么她可能相对更沉稳一些，做事情各方面她会更全面一些，更细腻一些。”（访谈对象C，初中教师）

“女性她在这个阶段自信更强……在学生组队的时候，我们都建议，如果是三个人组队的话，建议尽量让一个女孩子进去。因为她可以帮助男孩子把整个项目的节奏把控好。”（访谈对象D，高中教师）

总而言之，男女特质不同，女性会更敏感细致些，做事认真仔细。同时也受传统文化影响，女性特别重视创新机会，所以女性转换力会略高于男性。

4. 中小学和大学都是男性更具有行动力

调查发现，中小学生和大学生的男女性都在行动力上差异最明显，男性更具有行动力。据调查，男生比女生在实践能力上更高一层，他们善于对身边事物进行改造或发明[①]。为何男性更具有行动力？根据访谈我们得出了以下几个原因：

① 马凤莉．论大学生创新及其本质特征[D]．陕西师范大学，2008.

（1）性格方面男性外向好动，实践的主动性强。当教师遇到问题时，往往是男性较积极。

“比如说我遇到一些问题，就是教师我存在一些问题，一般情况男生他比较积极主动。女生很少这样子……一般都是男生，比较外向。”（访谈对象B，初中教师）

（2）男性不仅愿意钻研问题，且善于解决问题。当遇到问题时，男性的战胜欲和胜负欲比女性强，女性遇到问题时则更倾向于放弃。

“就是男生他更好动一些，他也更愿意去钻研一些，遇到问题他的那种战胜欲，那种胜负欲更强一些，我觉得他更想把一个事情就把它解决掉。就越是难我越要去挑战，我觉得跟他的这种心理有很大的关系吧。”（访谈对象C，初中教师）

（3）女性由于社会观念和审美顾虑所影响。首先是因社会观念影响，女性多被引导去学艺术方面，与创新接触少；其次，有的女性天生爱美，觉得创新过程中的灰尘和受伤会影响外貌。

“学生去选一个技术型的课程和一个艺术型的课程，90%以上是男孩子选择技术型，女孩子选择艺术型。因为女孩子她们被社会和家庭一直给灌输这些事……女孩子她就觉得不愿意去做这种，一个就是因为做工，应用工具它会有灰尘，会影响到她的外貌皮肤……更多的是在于女生还是天生更爱自己一些……有女孩子直接说‘我不想做，上次把我手弄伤了，我怕有疤’。”（访谈对象D，高中教师）

可见，男性的行动力更强是因男性的性格和胜负欲方面有着优势，女性则因为社会观念和审美顾虑的影响，致使其行动力不高。

5. 大学男女性创新能力的差异比中小学男女性创新能力的差异小

经调查发现，大学生男女性的创新能力虽有差异，但各个维度的差异都比中小学生男女性的差异小。有的研究得出了相同的结论：进入大学阶段，男女生在创新能力得分上的差距逐渐缩小，男女的创新能力基本相同[①]。根据访谈，发现大学男女创新能力差异比中小学男女创新能力差异小的原因有以下两个方面：

---

① 刘昊. 我国小学创新人才培养模式的构建研究[D]. 江西师范大学教育经济与管理，2015.

（1）在中小学时，男女性因社会风俗导致学习方向有显著差异。而随着成长，男性不像中小学的时候具有优势，且接触创新的时间相对变少；随着女性长大，相对来说她对创新的接触会增多。二者对创新的接触程度逐渐趋同。

“我觉得就有点像函数。走到最后，它的幅度是会越来越小的。就是虽然男生和女生在小学阶段，接触到的完全不一样，导致他们的差别大。但是随着他们人生的逐渐成长，女生从小学到大学阶段，她其实有很多机会也会接触到创新；那么男生也并不是说从小学就一直一股脑就钻在创新里面，那么可能他在初中、高中这个阶段的其他的时间没有花在创新上……最后导致他们在大学期间，大家的知识水平也好，或者说动手能力的差距就会逐渐地缩小。”（访谈对象 A，小学教师）

（2）在中小学时，男女的学习思维和学习能力差异较大。但在进入大学后，随着学业能力的提高和社会认知的趋同，男女学习思维和学习能力的差距逐渐减小。

“就中小学哈，我们这边有些班好多男孩子他的数学、物理相对要好一点。那女生的语文、英语普遍要好一点。在中小学时男女的这种学习思维差异比较大。然后经历过初中，高中，到了大学他们这种学习思维渐渐趋同。”（访谈对象 B，初中教师）

“学业能力和对于社会的认知，他们其实都趋同，所以他们就会比中小学的男女生差异要小，它的共性更多一些了，”（访谈对象 E，高中教师）

（3）同时随着成长，男女性的交流更多，思想在互相交流融合，这也让思维差异减少。

“因为在成长过程中，随着这个男女生的交往，他们的思想其实也在互相交流。那么在这个交流的过程中，它的差异就会变小……比如说一个家庭的两个人，他结合了以后就会越来越像，就是在于交往的过程中，他就慢慢趋同了。”（访谈对象 E，高中教师）

可见，随着成长，男女对创新的接触程度逐渐趋同，且学习思维和学习能力的差异也在减小，男女思维差异也在随着交流缩小。这让男女在大学时的创新能力差异比中小学时的创新能力差异小。

4.5.2.2 中小学与大学两阶段的创新能力变化趋势对比

1. 与大学生相比，中小学生的创新力呈现显著的降低趋势

经调查发现，虽然中小学生和大学生的创新能力都呈降低趋势，但中小

学生的创新能力的下降更明显，呈现显著的降低趋势。有学者指出，一个人在接受中小学教育的 10 多年中，其创新思维大抵经历了一个扼杀期—标准化期的发展历程，其中前者主要在幼儿教育和小学教育期间形成，后者在中学教育期间形成，进入大学教育后，由于学习自主性和批判性被强调，这一创造力一路下滑的局面才有所回落①。根据访谈，发现中小学创新能力下降显著的原因有以下几个方面：

（1）随着学段的增加，中小学学业负担愈发沉重。学生没法把时间花在创新能力培养和兴趣发展上。

“不知道你有没有关注现在的中考压力哈，就是现在中考压力都说比高考大。现在小学其实每天做活动的时间还是挺多的，因为小学他的教育理念就是活动育人，在各种活动中综合性地去培养学生的德智体美劳的这些能力和素养……到了中学你就会发现大部分时间都是在卷成绩。小学阶段家长非常支持孩子去搞这些活动，参与这些活动，但是到了初中之后，因为这个升学的压力，很多家长他是不愿意支持孩子去做这些事情的。在他们看来，兴趣还是比不上你的未来一辈子的基础。”（访谈对象 A，小学教师）

“课程内容其实明显是在增多的，学业压力也在增加，然后他其实多少还是会受这一部分的影响。”（访谈对象 C，初中教师）

（2）中小学教学方法僵化刻板。现在中小学的教学方法多是让学生背诵记忆知识点，学生在记住知识点后，不会再进行更深一步的理解分析和归纳总结，难以将知识灵活运用。

“我们班的学生必须要把知识给他们划定出来，然后让他们记忆。记忆完之后让他们去理解，去进行应用的时候就很难，就这一步就很难。……现在的考试越来越活了。就是可能要你背诵理解了，然后才能把这个题做出来，但是就发现做理解性的那种题的时候，他们大多数都拿不到分。”（访谈对象 B，初中教师）

（3）学生没有主动学习意识。宣传舆论的引导不足，致使学生对于提高创新能力没有主动性。

“其实也不是没有需求，有需求也没条件，或者说根本没有意识。如果有这样的相应的课程或活动，他自然会得到锻炼……我觉得环境条件很重要，

① 陆烨. 我国都市青少年创新能力发展现状及其主要特征[J]. 中国青年研究，2016（12）：98-103，49.

当然有一些宣传的话就会有提升意识，如果有意识，他才会去主动去完成。”（访谈对象 E，高中教师）

（4）随着学段的增加，学生愈加倾向实用主义。随着年级的提高，学生认知到所学知识实现不了自己的创新想法，于是放弃创新。在这种情形下，知识的增加反而限制了创新。

“因为我们在小的时候，没有什么思维去限制他，就会天马行空，我可能会去畅想月球啊，外太空啊。那当我长大了，他更理性一些，他可能觉得我们的技术在未来达不到那个程度。有些东西是没办法去实现的，他可能会这么去想……就觉得这个事情我可能做不到，或者办不到，那我就不会再去这一方面再去进行深入的一个挖掘。”（访谈对象 C，初中教师）

但知识的增加也会出现促进创新的情况，当学生认为学到的知识能帮助他实现创新，他就会继续钻研，从而提高创新能力。这也是大学创新能力下降较小的原因——学生所选专业是经过自己选择的，能进行深度研究和学习的概率更大，所以创新能力下降得较小。

总而言之，中小学生创新能力下降显著主要是因学业增加，没有主动学习意识，且此时学习的知识无法满足其创新需求。但到大学时，因为专业的选择和学习知识的变化，学生能学习对应的有用的知识，这使其创新能力下降较小。

2. 中小学生转换力基本无变化，大学生转换力随年级的升高而显著上升

经调查发现，在转换力维度，中小学生转换力基本无变化，大学生转换力随年级的升高而显著上升。有研究发现，学生随年级升高，其知识、能力也有所提高，大二、大三、大四学生获奖的可能性分别是大一学生的 1.7、2.8 和 3.5 倍[①]。通过访谈，我们发现原因主要有以下几个方面：

（1）中小学并未针对学生的转换能力进行训练。因为创新比赛和活动无法覆盖全部同学，中小学生难有实践机会，其提高转换能力的需求很小，自然也就没有针对训练。

“我们也没有怎么去训练他，没有让他不断地去做，或者发挥想象去写一些东西。就没有这种比赛，也没有这种需求。一直在整他们中考的内容。”（访谈对象 B，初中教师）

① 王凌雪. 大学生创新能力性别差异比较研究[J]. 科教导刊，2012（1）：101-103.

（2）中小学转换能力训练的机会相比大学较少，大学中创新比赛和活动不仅开展较多，且在学生中的覆盖率也较高。大学因为创新比赛较多，且门槛低，大部分同学都能够参加。同时，因为能够加学分等要求，学生会有强烈的意愿去完成和做好一个创新项目。

“至少我们在中国的小学教师会很少让你写一个策划吧，他就没有条件训练，他也就没有机会接触……而且小学初中阶段，他就一直在积淀一些东西，他才有条件和能力在大学阶段转化出来。”（访谈对象 E，高中教师）

（3）大学生因分专业的缘故，学生能够在专业上进行一个深度的学习和研究，这会提高其创新转换能力。

“比如对某一个方面他特别感兴趣的，他会去深入研究的。他了解到更多的专业知识的时候，他其实会针对某一些点会有一些创新，或者说是有去做深度思考……那大学过后，大部分同学选的专业可能还是比自己喜欢的，那自己在这个专业里面，有去做深度研究，也有去做深度的学习。”（访谈对象 C，初中教师）

综上所述，大学生和中小学生相比，不仅能够针对转换能力进行训练，比赛还能覆盖大多同学，学生还有很强的参与意愿。此外，因为专业的细化，大学生能够进行深度学习与研究。这使其创新转换能力能够随年级上升而上升。

4.5.2.3 大中小学一体化创新能力分析

1. 从小学到大四，学生的创新能力除转换力维度均呈现降低的趋势

经统计显示，从小学到大四，学生的创新能力除转换力维度均呈现降低的趋势。有学者研究描述了我国都市青少年创新能力发展的年龄特点：随着青少年年龄的增长，其创新能力呈现出明显的下降趋势，都市青少年的创新能力并没有因为个体认知能力的发展或是受教育水平的提高而增长①。通过访谈，发现学生的创新能力降低有以下几方面：

（1）学生并不追求创新能力的提高，且针对创新能力也未形成系统的训练方法。由上文可知，现有学习环境中创新实践机会少，覆盖面小，学生需要创新的情况较少，没有提高创新能力的需求；其次是教师人手不足，学校对创新训练投入不够，学生并没有训练创新能力的条件和系统方法，创新能力自然降低。

---

① 刘昊．我国小学创新人才培养模式的构建研究[D]．江西师范大学教育经济与管理，2015．

（2）在中小学时期，学生已经因填鸭式教育等形成了思维定式，这时其的创新能力就已逐渐丧失了。而想重新获取创新能力、打破思维定式非常困难，所以后续的创新能力也在持续下降。

“创新能力就像是毛巾里的水。刚开始，它的水分是很足的……课程压力会让他的创新能力往下掉……就相当于把毛巾里的水拧干，慢慢上升的学习压力就使他的创新能力减少了。学生要想重新获取创新能力的话是非常非常难的。形成定式思维过后要打破定式思维真的非常难。”（访谈对象D，高中教师）

（3）随着年级的升高，家长对学生成绩的关注度增长的同时，对学生的创新行为则愈发忽略。学生进行创新无法得到正向反馈，积极性因此受到打击。

“举个最极端的例子——你到了初高中的时候，有一天你给你的家长说，我今天和学校教师一起搞了什么东西。然后家长问你‘有什么用吗？没用。’对于孩子来说，他的一个正向的反馈和积极性就受到了打击。然后再如果耽误了成绩的话，家长或者说班主任教师对他的一个责备，就会让他去思考‘我做这个东西是不是真的是正确的，我做自己感兴趣的东西有没有用。’”（访谈对象A，小学教师）

学生转换力上升的主要原因有以下几个方面：

（1）随着年级上升，学生知识量得以增加，学习效率提高，转换力自然上升。

“如果说我要去实现一个东西，因为我有更多的知识积淀了。我的知识面更广一些了，那我能做的事情其实相对来说也更多了。包括他的学习能力也在提升。那比如说，即便是一个新的事物，我可能学得更快一些。”（访谈对象C，初中教师）

（2）因为有实际成果的产出，创新转换能力能够被测量，可以据此进行训练。而其他创新能力难被量化，难以训练。

（3）因为有实际成果的产出，所以学生能有成就感，正反馈强，这又促进了转换力的增长。

“可能他就比如说去解决一个问题，然后他就不断地去训练，然后找到一些成就感。或者是让他们创新一个成果出来，他能够实实在在地看得见，所以他就不断升华，然后去训练。”（访谈对象B，初中教师）

可见，创新能力的降低主要还是环境因素的限制，转换力上升是因学生知识的积累变多。其中正反馈对学生来说特别重要，既能因得到正反馈而使转换力上升，也能因得不到正反馈而使其他创新能力下降。

2. 学生的转换力在大一有显著上升

经调查发现，转换力维度从小学起，直到高中都无显著变化，但是在大一有显著上升，此后呈上升趋势。经过访谈，我们发现影响转换力在大一显著上升的因素有以下几个方面：

（1）进入大学时间充裕，且大学的比赛活动和实验室等提供了有利的环境进行成果转换。

“就到大学过后，学生其实时间会更多一些，然后还有一个就是他提供的一个环境。会让他们有这种条件去进行一个成果的转换吧。”（访谈对象 C，初中教师）

“进入大一过后，学生有充分时间的话，他会形成这种爆发式的增长。”（访谈对象 D，高中教师）

（2）进入大学分专业后，学生可以选定一个方向深入研究，有更多知识支撑。

“还有就是专业的多样化，给他们提供了更多的支撑。”（访谈对象 C，初中教师）

（3）大一的学生主动性增强。大一的学生对大学生活充满了兴趣，他们乐于尝试，有内在驱动力。此外，大学更开放多元，各种机会让其对转换成果的需求增加，这使其主动性大大增加。

“大一的时候因为大学生活充满了各种未知，如果一个人是爱学习的话，他就会有各种尝试的愿望，所以他就乐于去做这些事情”（访谈对象 A，小学教师）

“因为有更多的机会和条件需要他去转换了……因为在小学初中阶段，他的重心和注意力是在学业上，而到了大学，他有更多的机会，他的重心和注意力的转移，就会更加有意识去把这一部分做好。”（访谈对象 E，高中教师）

所以，大学环境利于创新，同时大一的同学学习了更多专业知识，有着较强的主动性，这使其转换力大大增加。

3. 学生的挑战性在大一下降显著

经调查发现，挑战性维度虽然自小学起呈现下降趋势，但相比其他维度，其在大一时有显著下降。经过访谈，我们发现学生的挑战性在大一下降显著的原因有以下几个方面：

（1）学生从中小学养成了听从权威的习惯，很少有完全按照自己想法行动。

"大家刚进入大学的时候，因为初中、高中都是接受被动管教的，大一的时候更多的是比较崇尚权威的……所以导致大一的时候大家更多的是愿意听从别人的建议。很少自己另辟蹊径去打破现有的规矩去做一些事。"（访谈对象A，小学教师）

（2）学生存在从众心理。学生有着"大家都这么做，照做就好"的心态。

"我觉得其实中国人的这种从众心理其实还是比较强的。因为觉得大家都这么做，我这么做就OK了。"（访谈对象C，初中教师）

（3）大学的压力减少。

① 中小学考试的压力会迫使学生想各种方法和各种维度解决问题。到了大学，学生只要有一个成熟的解决方法，就可以一直延续这种方法进行，不需更多地思考。并且改变方法的代价较大，学生不想承受试错成本。

"比如说我们在中学阶段，可能有些题目它需要多个方法去解答……给他提供了一个机会和条件去另辟蹊径。"（访谈对象E，高中教师）

② 大学时间充裕，对效率的要求不高，质量也不要求极致，许多学生存在"过了就行"的心态，这让学生的挑战性下降。

"高中到大一这个阶段。我觉得就是成熟了……如果说有一个觉得还比较合适的一个方法去解决这个问题的话，那就行了。为什么我还要去想那么多呢？"（访谈对象C，初中教师）

"而到了大学，他可能很多事情做完就行了，时间也比较充裕，也没有那么多的时间效率的要求，他的思考能力都会下降。"（访谈对象E，高中教师）

综上所述，因为学生个人存在服从权威和从众心理，也因外部压力减小，学生不需多方面思考，这使得学生的挑战性在大一显著下降。

4. 冒险性、好奇性、想象力、挑战性、行动力五个维度均在初中有显著下降

当把中小学和大学的创新能力数据统一，并做出了"大中小学创新能力变化趋势图"后，本研究发现，在初中，学生的冒险性、好奇性、想象力、

挑战性、行动力五个维度均有显著下降。为什么学生的创新能力在初中会显著下降？有学者指出，初中生虽然仍处于义务教育阶段，但在实际的学习中要承担应试教育带来的压力，既要求他们全面发展，又强调升学压力。创新的氛围会受到一定影响①。经过访谈，我们发现创新能力在初中显著下降的原因有以下几个要素：

（1）年龄特征明显，相比小学生，初中更加成熟稳重。

“六年级和七年级，六年级明显就是要更有那种冒险精神，更好动好奇，然后各种事情都想去试一试的这种……是年龄特征的关系吧，决定了他们是这样子的，然后到初中了，原来蹦蹦跳跳的，现在走路都正常了。”（访谈对象C，初中教师）

（2）初中的学业压力有显著上升。学生都投入在学习上，没有时间和精力去创新。

“初中学习压力肯定是有的……初二他们就考生物地理了，这个是被计入他们中考成绩里面的，所以初二就开始有压力了。”（访谈对象B，初中教师）

“初中去了过后……学业包括课程的一些难度都导致他没有那么多时间愿意去思考了，有压力了。”（访谈对象C，初中教师）

（3）初中没有表现和实践机会。

① 初中大多是封闭式管理，管理严格，学生被规则管理得小心翼翼。

“这可能跟学校每个学校的校情有关系，我们初中他们都是封闭式的……管理很严格。那么学生在这种管理很严格的情况下，你觉得他敢不敢冒险去做一些事情……所以中小学安全教育第一，安全很重要”（访谈对象B，初中教师）

② 实践机会较少，创新比赛和创新活动覆盖不够广。

“您去看一下除了主城区的几座大一点的学校去，再去看下私立学校，他们确实有创新活动，但是，是不是所有学生都必须参与……这种创新比赛它没法覆盖到大部分学生。”（访谈对象D，高中教师）

（4）学校教师的教育体系和教学方法，打压了学生的积极性，限制了学生的创造力。所以即使学生具备这些能力也很难展现出来。

“是因为他们没有表现的机会……可能这是教育的问题。现在整个学校教育这套体系对孩子的压制力就很强。”（访谈对象A，小学教师）

---

① 岳晓东. 大学生创新能力培养之我见[J]. 高等教育研究，2004（1）：84-91.

“其实是有些基础知识的学习对学生思维有很多限制。或者说是与现在大部分教师的教学理念有很大的影响的……他就只想让你知道我教的就是这样子的，就是正确的，你就按照我这个思路去做就行了，你就考试就能得高分了，而不是需要你创造性地去创新。”（访谈对象 C，初中教师）

所以，因为更加成熟，学业压力上升，实践机会少，教育方法限制等因素，致使学生的创新能力在初中有显著下降。

此外，值得注意的是，个别学生在初中会出现创新力爆发的现象。但是首先需要学生具有创新天赋；其次需要学校科创资源充足，如具备 3D 打印等设备；最后还需要家庭条件支持。所以只有少部分的初中生能让创新力得到爆发。

4.6 大中小学创新能力一体化培养策略

4.6.1 教学方法改革

4.6.1.1 打造一体化的培养方式

进行大中小创新能力一体化的首要任务，就是为学生建立一个一体化、分阶段的创新能力培养方式。通过持续的、分阶段的创新训练，改变学生创新能力随着年级上升而不断下降的现状，提升学生的创新能力水平。同时，针对转换能力较差的问题，可以对创新转换能力进行针对训练，提高学生实践训练效果，让学生在不同的实践中学习知识，灵活地运用知识。在这个过程中，学生能够学会多种分析框架，具体情况具体分析，习惯用发展的眼光看事物。

在具体执行中，可以通过探究性学习鼓励学生主动参与课堂教学，让他们用自己的头脑和双手获取知识，以探究式的思维方式武装头脑[①]。以此让学生带着目的去学习，改变其习惯填鸭式教学的现状。

① 沈胜林，张心，陈中文. 基于新课标理念的中小学探究性学习特征与推进策略[J]. 教学与管理，2023（25）：23-26.

值得注意的是，虽然在中小学阶段进行的是创新能力的基础培养，但也可以进行专业的细分，尽早设立学生方向，强化学生生涯规划。学生在初期可以进行不同专业的尝试，再选择细分的专业。尽早确定创新学习的方向和专业，可以让学生学到自己想学的知识，进行深度学习与研究。

4.6.1.2 针对创新能力建立新的评价方式

建立新的评价方式，不只是建立对学生创新能力的评价方式，也是建立对教师教学成果的评价方式。

针对学生创新能力，主要是制定统一的创新能力评测标准并推广开来。这样学生的各项创新能力的数值就可以直接被观测到，改变以往“反馈感”不足的情况，学生能够确实地看到自己的不足或进步，从而自己加以努力。同时，根据评测结果，教师也可以了解学生具体的创新能力，从而对不同创新能力进行针对式的教学设计。

建立对教师教学成果的评价方式，能够对教师的教学成果实施检测与考查，保证了教师的权益，改变了以往牺牲个人时间但功劳不被计算的问题。同时让教师在创新能力培养方面有教学压力，迫使其将创新理念融入教育实践之中。其次，也可以针对学科融合成效进行评价，改变当前只考查单一学科的方式，让学科融合由压力和动力联合推动进行。

4.6.1.3 推进跨学科融合教学

创新能力的培养多会涉及跨学科融合，所以教师评价体系中可以针对学科融合成效进行评价。此外，有学者认为，伴随着我国教育数字化转型的发展趋势，应以国家中小学智慧教育平台为支撑，确保精准资源获取、多元能力提升、区域均衡发展进而有效推进新课改背景下的学科融合，以进一步发挥学科融合教学在促进深度理解、培养核心素养、拓展实践能力的重要育人价值[①]。

通过跨学科融合教学，可以促进学生将不同学科知识联动起来，发挥“一加一大于二”的效果，推动其创新能力有效结合。

---

① 郭芳芳，史静寰，涂冬波. 研究型大学创新人才培养研究——基于本科生获奖及创新力提高差异的实证分析[J]. 清华大学教育研究，2012，33（5）：13-20.

4.6.1.4 使用创新技术进行教学

任何新技术都有可能推导出不同的创新——显微镜的发明让人们发现了微生物，蒸汽机的发明让人们创造出了火车。可见，让学生不断地接触创新技术是十分重要的，学生能够通过不同技术的融合进行新的创造。学生可以通过3D 打印，VR 虚拟现实技术等结合创造，还可以通过 AI 赋能教育，利用人工智能技术的计算能力和学习能力来辅助自己。新技术让学生见识到了新天地。

4.6.2 政府、学校、教师

4.6.2.1 政府统筹规划

在一体化培养方面，政府应该发挥统筹作用。有学者指出，政府应设立专门协同育人协调机构，结合当地实际情况和高校的特点，建立校内外贯穿结合的创新创业人才库，设立与之对应的研究推动机构，积极参与创新创业教育①。

此外，政府还应大力宣传创新教育活动，改变“男女创新能力不同”的固有观念，减少对待男女教育方向不同的现状。同时还可以针对学生减少专利的申请流程，让学生对创新有更大的满足感和参与意愿。

4.6.2.2 学校承上启下

学校应该认真理解新课标的改革并落实。首先要保证实践课程的时间，杜绝“抢课”“占课”现象。同时让创新实践课程覆盖更广，通过轮换等制度全面覆盖学生。其次，学校可以联合大学开设专项的创新能力训练项目，让学生接触到大学科研设备并融入创新氛围，寓教于学，激发学生创新热情。

在教学环境上，学校应该大力引进 3D 打印等创新技术设备，让学生接触到前沿科技。若客观能力不满足，学校可以大力推广使用 AI 赋能教学，通过 AI 辅助学生学习，或让学生使用 AI 进行创新活动。

此外，学校必须改变对实践教师不重视的现状，对教师保障到位。在新的评价方式上建立新的保障机制，在对教师进行考核的同时，也对教师的成果进行维护。

---

① 李伟.“四位一体”培养模式助力大学生创新创业能力的形成[J]. 吉林农业科技学院学报，2022，31（5）：55-58.

4.6.2.3 教师持续学习

根据访谈，教师方面面临人手不够，无法转变旧的教育理念与方式，与国家当今人才培养目标偏离的情况。针对这种情况，有学者提出应该全面优化中小学科学教师培训计划。首先进一步扩大中小学科学教师培训的覆盖面，提升培训的层次，着力解决当前仍有大量科学教师没有参加过各级各类培训的问题。其次，重点做好培训规划和教育需求对接，设计有效的培训课程和实施方案，从源头规避很多教师反映的“培训偏理论，对实践指导性较差”这一突出问题①。如此一来，无论是教师能力不足，还是观念陈旧的问题，都能得到较好改善。

此外，在一体化培养的进程中，为减少基础教育人才不适应高等教育的情况，大学教师和中小学教师互相了解显得尤为重要。二者需要常常了解对方情况，二者互相促进，互通有无。中小学教师可就当下教育中遇到的问题向大学教师提出疑问，大学教师可根据大学需求和新的教育理念对中小学教师的创新能力方法提出建议。中小学教师也可在了解大学的需求和结合当下教育情况的前提下，不断改进教学方法。

4.6.3 创新比赛与人才衔接培养继续发展

4.6.3.1 创新比赛和实践活动提高普适性

当下创新比赛以及活动需要扩大化，并提高普适性。减少学生的参赛成本以及成果的制作成本，杜绝只有“高大上”的参赛项目，只有少数学生能够满足要求参加的现状。同时提高赛事奖项或成果的含金量，增加赛事宣传，让学生意识到赛事的低门槛，提高学生参与意愿，让学生自发参与。赛事也可通过电脑制作项目的形式，以线上参加的方式进行，加大学生覆盖面。

在一体化方面，现在大学生的比赛项目可以添加少年组，例如全国大学生数学建模竞赛，“挑战杯”全国大学生课外学术科技作品竞赛。让青少年也可以参与到创新能力的训练中，感受创新氛围。

---

① 田伟，辛涛，胡卫平. 义务教育阶段的科学教育：关键问题与对策建议[J]. 北京师范大学学报（社会科学版），2021（3）：82-91.

4.6.3.2 坚持斜衔教育，推广衔接培养经验

大中学衔接教育作为大中小一体化培养的一部分，需要坚持改进和推广先进经验。对于自主招生制度，有学者指出可以通过创造健康的人文环境、转变传统的价值观念，形成价值共识，建立健全实施机制与制度环境来完善高中自主招生方案①。对于大学先修课程（CAP,），需要建立学分银行和学分互认互换系统，以获得高校普遍认可。有学者认为，大学先修课程需分四步走：第一，借鉴美国经验，创建中国特色的 CAP 模式；第二，变革教育理念，丰富 CAP 的多元评价方法；第三，构建协同联盟，联合提高 CAP 的认可程度；第四，探索新型教育模式，夯实 CAP 的发展基础②。

对于人才培养基地，虽然各大学的培养模式不同，但共性是让少数学生接触大学的培养系统，所以各中小学也可以和大学建立连接，邀请大学讲师进入中小学课堂，以一种固定式的、持续式的教学模式引导中小学生进行学习。

综上所述，要坚持和改进衔接教育的同时，还要将当下衔接教育的成果与经验扩大化，让中小学也参与其中，形成一体化培养。

① 袁青青，李宝庆. 高中自主招生制度的阻力与化解[J]. 当代教育科学，2018（11）：49-54.

② 冯用军，朱立明. 中国大学先修课程的发展困境与解决方案[J]. 江苏高教，2018（5）：42-47.

5 AI对Z世代创新能力的影响

AI进入教学环节后，学生学习风格发生了巨大改变。习惯以AI作为学习手段的Z世代学生的创新能力是否有所变化，AI使用习惯是否影响学生创新能力等问题是本章研究的重点。

5.1 AI与创新能力

5.1.1 AI

人工智能（Artificial Intelligence，简称AI）是与自然进化而来的自然智能相对应的观点，而人工智能作为人为创造的智能，其参考原型必然以人类智能为核心。尽管人类智能在学界内没有明确定义，但大致可以理解为“人类为了生存发展而利用知识发现问题、认识问题和解决问题的能力”，由此出发理解人工智能“使用机器模拟人类智能”的概念便清晰很多，人工智能利用机器学习来模拟、延伸和扩展人脑智力功能乃至思维活动以增强人类智力能力、解放生产力的任务也显而易见[①②]。李开复和王咏刚从技术角度将人工智能定义为“深度学习+大数据＝人工智能，人工智能依赖于算法把知识和意义、教育与人性转化为‘0’和‘1’的机器代码，并为人们提供

① 钟义信. 人工智能：概念·方法·机遇[J]. 科学通报，2017，62（22）：2473-2479.

② 孟翀，王以宁. 教育领域中的人工智能：概念辨析、应用隐忧与解决途径[J]. 现代远距离教育，2021（2）：62-69.

学习方案。[①]”从学科意义来讲，人工智能是计算机科学或智能科学中涉及研究、设计和应用智能机器的一个分支[②]，它集合计算机科学、控制论、信息论、心理学、语言学、哲学等多个学科知识交叉渗透而成[③]。贾积有从人工智能和教育的关系出发界定人工智能：人工智能是用人工的方法对机器实施类人教育从而使其模拟出自然智能[④]。因为人工智能交叉多个学科又对社会各领域产生影响，因此从不同的研究视角定义各不相同。

人工智能的概念起源于 1956 年，由麦卡锡（McCarthy J）、明斯基（Minsky ML）、罗切斯特（Lochester N）和香农（Shannon CE）等人在美国达特茅斯（Dartmouth）大学举办的研讨会中，首次使用了“人工智能”这一术语[⑤]，当时将其定义为“人工智能是模拟能够被精确描述的学习特征或智能特征的能力的机器。[⑥]”这场研讨会是人类历史上第一次人工智能研讨会，标志着国际人工智能学科的诞生，而研讨会的发起人麦卡锡和明斯基，则被誉为国际人工智能的“奠基者”或“创始人”[⑦]。人工智能发展至今经历了三次研究纲领的变迁，旨在通过不同研究视角来模拟人类智能。第一阶段是以逻辑和知识为基础的符号主义人工智能，也即计算智能阶段，是通过符号推理来实现的人工智能形式；第二阶段是联结主义人工智能，即感知智能阶段，该视角立足于仿生学，通过模拟人脑神经网络结构与工作模式来达到机器实现人类智能的目的；第三阶段是行为主义人工智能，即认知智能阶段，该学派提出“智能取决于感知和行为”，重点在于模拟人在控制过程中的智能行为，通过机器的深度学习在与现实环境的交互过程中实现“进化”[⑧⑨]。

中国人工智能研究开始较晚，受到中苏关系的影响，直到改革开放后国家开始实行“向科学技术现代化进军”的战略决策，主张科技事业要解放思想[⑩]，我国人工智能的研究才开始在摸索和批判声中起步。正如新事物发展

---

① 李开复等. 人工智能[M]. 北京：文化发展出版社，2017.
② 蔡自兴. 人工智能及其应用[M]. 5. 北京：清华大学出版社，2016.
③ 朱祝武. 人工智能发展综述[J]. 中国西部科技，2011，10（17）：8-10.
④ 贾积有. 人工智能赋能教育与学习[J]. 远程教育杂志，2018，36（1）：39-47.
⑤ 蔡自兴. 中国人工智能 40 年[J]. 科技导报，2016，34（15）：12-32.
⑥ 徐晔. 从“人工智能+教育”到“教育+人工智能”——人工智能与教育深度融合的路径探析[J]. 湖南师范大学教育科学学报，2018，17（5）：44-50.
⑦ 蔡自兴. 明斯基的人工智能生涯[J]. 科技导报，2016，34（7）：54-55.
⑧ 同③.
⑨ 陈庆霞. 人工智能研究纲领的发展历程和前景[J]. 科技信息，2008（33）：49-234.
⑩ 同⑤.

的一般规律“道路是曲折的，前途是光明的”，1981 年全国性的人工智能组织人工智能学会（CAAI，Chinese Association for Artificial Intelligence）的成立标志着中国人工智能学科的诞生，1987 年国内首部具有知识产权的人工智能专著《人工智能及其应用》的出版昭示着中国人工智能研究迎来曙光[⑤]。进入 21 世纪后，国际发展大势和国内发展需求当前，在国家战略支持与驱动下，我国人工智能发展研究与技术应用持续发力并取得不菲成绩：学科建设、人才培养与科研成果取得重大进展；产业化呈现蓬勃发展的势头，仅 2021 年我国人工智能市场规模已两千余亿元；技术创新能力不断增强，水平居于世界第一梯队；人工智能技术在医疗、教育、交通、智能制造等领域的应用也居于全球领先水平[①]。以“人工智能”为关键词在习近平系列重要讲话数据库中检索，截至 2023 年 9 月涉及人工智能发展的内容高达 145 条结果。习近平总书记在 2016 年全国科技创新大会上发出“为建设世界科技强国而奋斗”的时代强音，并提出五点引领我国包括人工智能在内的科研探索的要求[⑤]，更是在 2019 年指出“加快发展新一代人工智能是我们赢得全球科技竞争主动权的重要战略抓手。[②]”《新一代人工智能发展规划》《关于加快场景创新以人工智能高水平应用促进经济高质量发展的指导意见》《关于支持建设新一代人工智能示范应用场景的通知》等政策措施的相继出台也为推动人工智能高质量发展提供指引[③]。发展与应用人工智能的战略地位之高不言而喻。

经过多年研究发展与更迭，人工智能目前在专家系统、语音识别、自然语言处理、人机博弈等领域取得瞩目成果，其成果也被广泛地运用在国民生活、工业生产与国防建设等领域[④⑤]，人工智能逐渐渗透进社会发展与人民生产生活的方方面面。尽管关于人工智能伦理和社会风险问题的讨论不断，但作为新一轮科技革命和产业变革的重要驱动力，持续推动人工智能的研究与应用已是势在必行，因此政府、行业、企业等多方加强风险研判，共同制定

① 赵志君，庄馨予. 中国人工智能高质量发展：现状、问题与方略[J]. 改革，2023（9）：11-20.

② 人民日报：推动新一代人工智能健康发展--观点--人民网[EB/OL]. [2023-10-11]. http://opinion.people.com.cn/n1/2019/0722/c1003-31246841.html.

③ 同①.

④ 崔雍浩，商聪，陈锶奇，等. 人工智能综述：AI 的发展[J]. 无线电通信技术，2019，45（3）：225-231.

⑤ 邹蕾，张先锋. 人工智能及其发展应用[J]. 信息网络安全，2012（2）：11-13.

标准与规则推动科技向善，才能使人工智能真正造福人类[①]。

随着人工智能对大众社会生活的渗透逐步加深，人工智能技术及工具在教育领域的应用已经初具规模。智能导师系统、自动化测评系统等专用于教育领域的 AI 技术及工具致力于提升教育教学的精确化、个性化、高效率。此外，普适的 AI 工具在教育领域的运用同样产生变革性的影响。例如被称为“技术奇点”的 ChatGPT（生成型预训练变换模型 Chat Generative Pre-Trained Trans-former），它强悍的人机对话交互和文本生成功能在教育领域展现出巨大的能量[②]。

人工智能实验室 OpenAI 研发的人工智能聊天机器人 ChatGPT，于 2022 年 11 月 30 日一问世便凭借着便捷的接入方式和较低的操作门槛，广泛而迅速地介入人们日常生活的各个方面[③]。模型一经发布，就在全球范围内受到广大用户的追捧，上线五天用户就突破了百万，上线不到两个月用户就超过了一亿[④]。

2023 年 3 月，OpenAI 发布了新一代 AI 模型 GPT-4。同样在 3 月，Midjourney 公司也宣布了第五版商业 AI 图像生成服务，很多 AI 绘画爱好者感到惊喜和震撼，并赞叹其“太逼真了”[⑤]。两个强大的人工智能交相辉映，让人感叹 AI 的扩散已经势不可挡。

从类别上看，ChatGPT 和 Midjourney 都属于“生成式 AI”（Generative AI）的范畴，并不同于过去的“分析式 AI”（Analytical AI）[⑥]。分析式 AI 指运用 AI 进行数据分析，在大数据分析中，人工智能技术是一种重要方法，机器学习、计算智能都属于人工智能技术中重要的分析方法[⑦]。生成式 AI 指通过人

① 重视通用人工智能发展（新知）[EB/OL]. [2023-10-11]. http://paper.people.com.cn/rmrb/html/2023-06/26/nw.D110000renmrb_20230626_3-05.htm.

② 王仕勇，张成琳. 国内外 ChatGPT 研究综述及展望：人文社科视角[J]. 重庆工商大学学报（社会科学版），2023，40（5）：1-14.

③ 蒲清平，向往. 生成式人工智能——ChatGPT 的变革影响、风险挑战及应对策略[J]. 重庆大学学报（社会科学版），2023，29（3）：102-114.

④ 陈永伟. 超越 ChatGPT：生成式 AI 的机遇、风险与挑战[J]. 山东大学学报（哲学社会科学版），2023（3）：127-143.

⑤ 张海刚 Hager. Midjourney V5 发布，AI 绘画圈惊呼“太逼真了”！[EB/OL]. https://baijiahao.baidu.com/s?id=1760823436440765495&wfr=spider&for=pc.

⑥ 同④.

⑦ 王万良，张兆娟，高楠，等. 基于人工智能技术的大数据分析方法研究进展[J]. 计算机集成制造系统，2019，25（3）：529-547.

工智能相关技术，以自动化生成文本、图像、视频、音频等多类型内容[①]。与分析式AI使用门槛高、受众范围小不同，生成式AI只需要输入需求指令便能生成内容，这使得生成式AI在教育教学领域迅速扩散开来。

国内外学者多从教育实践、教育生态、教育主体、伦理风险等视角对以ChatGPT为代表的生成式AI的应用场景和改革力量展开研究，再度呼唤新技术浪潮下教育应当回归育人本质，将学生培养成AI高级用户、促使教师成为人机协同的调停者、做好技术与规则的双重监管[②③]。NVIDIACanvas、GITMind这类人工智能生成式软件也被广泛地运用在广告等不同学科领域来辅助教育，助力学生个性化学习，提升教育效率。这类工具的运用是典型的将人工智能技术作为外界辅助物，利用其强大的计算、储存和学习能力来赋能教育，虽是两者的浅层结合，但也为新时代的人才培养路径提供了新的可能。

5.1.2 Z世代的AI使用情况

美国有项数据调查向1000名18岁以上的学生询问了ChatGPT在课堂上的使用情况，89%的人说他们在家庭作业中使用过它，大约48%的人承认他们已经用它来完成家庭测试或测验。超过50%的人表示他们使用ChatGPT撰写论文。对于学生来说，使用生成式AI已经较为普遍，他们常会使用以下几种类型的AI工具：

语言文字类AI。以ChatGPT为例，其是一款基于自然语言处理技术的大型语言模型，其中Chat表示“聊天”，GPT表示“生成式预训练转换器”。换言之，ChatGPT是一款功能强大的聊天机器人程序，采用了最新的自然语言处理和深度学习技术，能够理解人类输入的文字，并根据输入的提问和指令输出答案和反馈，从而实现借助自然语言的多轮次人机对话[④]。

---

① 卢宇，余京蕾，陈鹏鹤，等. 生成式人工智能的教育应用与展望——以ChatGPT系统为例[J]. 中国远程教育，2023，43（4）：24-31.

② 王仕勇，张成琳. 国内外ChatGPT研究综述及展望：人文社科视角[J]. 重庆工商大学学报（社会科学版），2023，40（5）：1-14.

③ 夏琪，程妙婷，薛翔钟，等. 从国际视野透视如何将ChatGPT有效纳入教育——基于对72篇文献的系统综述[J]. 现代教育技术，2023，33（6）：26-33.

④ 刘蕾，张新亚. 人工智能依赖对创造力的影响与未来教育发展路径的省思[J]. 广西师范大学学报（哲学社会科学版），2024，60（1）：83-91.

图画设计类 AI。以 Midjourney 为例，该类 AI 具有高度智能化地生成创意图形和色彩的能力，该工具利用深度学习技术，能够快速生成具备艺术价值的数字作品，为设计师提供了极大的帮助和便利；还能通过自主生成、调整和修改设计方案，进一步提高用户的设计水平，使图形设计过程更加快捷和高效，具备自动颜色搭配、一键生成布局、智能风格迁移等功能[①]。

音频类 AI。以 Suno AI 为例，其可抓取明确的音乐类型风格并批量生成个性化的氛围音乐，任何没有乐理知识的人都能用它去创作音乐，用户只需通过文字描述创作想法或给出特定歌词，并选择歌曲风格，不到一分钟 Suno AI 就能生成两首旋律不同的歌曲[②]。

此外，通过对专业领域的问题提出疑问，又或使用相关插件，用户可以通过 ChatGPT 实现编程和数据分析的功能。

例如用户在编程过程中遇到一个关于 Python 中特定库的使用问题，便可以与 ChatGPT 进行交流：

用户：我在 Python 中使用 numpy 库时遇到了一个数组运算的错误，能帮我看看是哪里出了问题吗？

ChatCPT：请问你能提供一下出错的代码片段吗？

用户：当然，这是我的代码片段：

```
import numpy as np
arrl = np. array（[1，2，3]）
arr2 = np.array（[4，5，6]）
result = arrl + arr2 - 1
print（result）
```

ChatGPT：“根据你提供的代码，问题可能出在对数组进行操作时维度不匹配导致的。建议你检查一下两个数组的形状是否一致。”

通过上面的交流，我们可以看到 ChatGPT 可以根据用户提供的信息对问题进行分析并给出解决建议。这极大地提升了我们在编程中解决问题的效率[③]。

---

① 靳紫微. 探究人工智能技术对当代图形设计的影响——以 Midjourney 绘图软件为例[J]. 大众文艺，2023（16）：32-34.

② 谢楚楚. Suno 的冲击：AI 音乐来了[N]. 经济观察报.

③ ChatGPT 编程：让 AI 成为你的编程助手[EB/OL]. https://blog.csdn.net/2401_83481083/article/details/137056946.

又例如用户通过 Company Transcripts，一个由 Koyfin 提供的 ChatGPT 插件，便可以进行搜索公共公司的财报电话会议记录，这些电话会议记录是公司管理层、分析师、投资者和媒体之间的对话，用户便可使用这些电话会议中的信息来对公司进行基本分析[①]。

可以看出，生成式 AI 的强大已经渗透到了各个方面，任何专业都可以使用它。

也因此，2023 年初，出于对大学生使用生成式人工智能可能会产生不良后果的担心，全球多所高校出台政策禁止学生使用生成式人工智能[②]。部分机构如纽约市教育系统以及香港大学直接颁布禁用令，《自然》和《科学》杂志也明文禁止使用 ChatGPT 生成文本投稿[③]。2023 年 8 月，我国《学位法》草案对利用人工智能代写学位论文等行为规定了相应的法律责任，违者或被撤销学位证书[④]。

从上述行为中，我们可以看到高校和相关法律对生成式 AI 的谨慎态度。但如果高等教育系统只是采用漠视和禁止的态度，没有充分融合 AI 技术开展人才培养和科学研究，未来专业人士的职业技能将注定不完整[④]。大学生作为专业人士的预备军，有必要在大学阶段就开展 AI 教育，提高其相关素养。

5.1.3 AI对创新能力影响的相关研究

聚焦在本研究中，生成式 AI 对创新能力又会产生什么具体的影响呢？

关于生成式 AI 对创新能力的影响，有学者指出了生成式 AI 可以从以下几个方面提高创新力：生成式 AI 可以通过帮助关联远程概念并从中产生想法来支持发散性思维；生成式 AI 还可以在创新前端的其他方面提供帮助，包括通过增加想法的特异性和评估想法以及组合想法；此外，生成式 AI 还

---

① Company Transcripts - 强大的财报电话会议记录搜索工具[EB/OL]. https://playaiplugin.cn/plugin/transcripts.koyfin.com.

② 李艳，许洁，贾程媛，等. 大学生生成式人工智能应用现状与思考——基于浙江大学的调查[J]. 开放教育研究，2024，30（1）：89-98.

③ 吴青，刘毓文. ChatGPT 时代的高等教育应对：禁止还是变革[J]. 高校教育管理，2023，17（3）：32-41.

④ 中国新闻网. 我国拟立学位法：利用人工智能代写学位论文等行为或被撤销学位证书[EB/OL]. http://www.npc.gov.cn/c2/c30834/202308/t20230828_431187.html.

可以促进用户之间在开发产品新想法或设计方面的合作，以帮助人类在个人和集体的努力中创造迄今为止无法想象的解决方案，真正实现创新的民主化。

对于生成式 AI 支持发散性思维，有学者研究人工智能是如何为创作活动的两个方面做出贡献的，即发散思维和收敛思维。该研究发现，一方面，人工智能通过创建多种设计选项来促进发散思维，从而支持创意的产生。另一方面，人工智能方法提供了形成性总结和可视化的工具，这反过来又可以为决策过程提供信息，有助于思维收敛[①]。所以，人工智能不只是影响了发散性思维，同样也影响了收敛思维，从这两个方面共同影响创新活动，以提高人们的创造力。

对于生成式 AI 增加想法特异性及组合想法，有学者对学生进行了深度访谈以了解学生是如何看待人工智能与创造力之间的关系。该研究发现学生将人工智能与创造力之间的关系理解为四个基本概念：社会因素、情感因素、技术和学习因素，其中在技术和学习因素中，学生提到他们将人工智能视为促进或“激发”创造力的一种方式，认为人工智能可以支持他们更有效地获取信息，支持他们的想法，并通过鼓励独立思考等方式帮助发展他们的创造力，例如鼓励“处理不同情况的新方法”[②]。从学生视角可以看到，生成式 AI 可以通过获取信息、组合想法并鼓励新想法的方式来提高创造力。

对于生成式 AI 促进用户合作，有学者提出了“AI 创造力”。该学者认为，在用户之间的合作外，生成式 AI 与人类的合作也十分重要。该学者将“AI 创造力”定义为人类和人工智能通过发挥彼此的优势而共同生活和创造的能力，这可以被设想为一种新的策略，人类和人工智能可以发挥彼此的优势，在整个创作过程中相辅相成，提高生产力并激发创新；人工智能创造力可以被重新视为一股新生力量，在人工智能的赋能下，人类可以比以往任何时候都更具包容性地获得创造力，并降低进入一个领域的门槛，使人类能够专注于创造性，将复杂或耗时的任务留给人工智能[③]。所以，通过用户和用户间

---

① GRIEBEL M, FLATH C, FRIESIKE S. Augmented creativity：leveraging artificial intelligence for idea generation in the creative sphere[J]. 2020.

② MARRONE R，TADDEO V，HILL G. Creativity and artificial intelligence—a student perspective[J]. Journal of Intelligence，2022，10（3）：65.

③ WU Z，JI D，YU K，et al. AI creativity and the human-AI co-creation model[C]//：human-computer interaction. Theory，Methods and Tools：Thematic Area，HCI 2021，Held as Part of the 23rd HCI International Conference，HCII 2021，Virtual Event，July 24-29，2021，Proceedings，Part I 23，2021. Springer.

的合作，用户和生成式 AI 的合作，人们的创造力将得以提高。

除了对创造力的提高外，也有学者担心人们对人工智能形成依赖后会降低创造力。该学者认为对人工智能工具的过度依赖致使个体知识累积受限、个体主动吸收知识的意愿降低，导致其对特定领域的知识掌握深度不足、对个体知识宽度产生负面影响；与此同时，知识深度是提供创造力发展的材料基础，知识宽度从知识结构的灵活性、知识元素的多样性和多领域知识融合三个方面影响着个体创造力①。由此，人工智能依赖最终对创造力发展产生了不利影响。

此外，具体到 AI 类型上，不同类型的 AI 工具对创造力的影响也略有不同。

5.1.3.1 语言文字类 AI 对创造力的影响

在语言文字类 AI 方面，有研究显示 ChatGPT 提高了学生的发散性思维。该研究通过定性和定量两种方法检测数据的灵活性、流畅性、阐述性和原创性，学生表示 ChatGPT 拓宽了他们的想法范围、支持进行发散性思考从而提高灵活性；其有助于头脑风暴，促进想法的产生从而提高了流畅性；ChatGPT 阐述或答案的信息质量被学生认为特别有帮助，如果学生从人工智能中学习如何推进自己的阐述，他们也可以加强他们的整体发散性思维；通过大量研究的结果，使用生成式人工智能让学生的原创性得到了显著的增强②。同时该研究还提到，应该使用人工智能来指导支持学生学习和创造力，而不是与人工智能建立有害和依赖的关系，学生不应该依赖人工智能来寻找答案，而应该利用人工智能的高流畅性和精细性来迭代更广泛的创意②。

还有调查研究了生成式 AI 对创造性写作中的生产力的影响。结果显示，使用生成式 AI 确实提高了写作效率，因为它减少了错误的数量并缩短了所花费的时间，且不太熟练的作家在写作质量上有着显著的提升③。但是该研究同样指出，生成式 AI 可能更适合对效率要求更高的重复性任务，而不是创意写作这类创造性或智力任务等，因为这些任务需要独特的人类视角③。

---

① 刘蕾，张新亚. 人工智能依赖对创造力的影响与未来教育发展路径的省思[J]. 广西师范大学学报（哲学社会科学版），2024，60（1）：83-91.

② HABIB S，VOGEL T，ANLI X，et al. How does generative artificial intelligence impact student creativity[J]. Journal of Creativity，2024，34（1）：100072.

③ BHIMAVARAPU V. The impact of generative AI on human productivity in creative writing[J]. Journal of Student Research，2023，12（3）.

此外，有研究发现，使用ChatGPT实际上恶化了高于中位数创造潜力个人的表现——对那些具有较高创造潜力的人来说，使用ChatGPT对其创造性产生了负面影响，这可能是因为如果没有ChatGPT，他们自己想出的想法会更好；对于那些创造潜力较低的人来说，情况并非如此[①]。

综上所述，使用语言文字类AI能够从灵活性、流畅性、阐述性和原创性四个方面提高人的生产效率，加强人的发散思维。但是语言文字类AI并不适合创造性任务和创造潜力较高的人。

5.1.3.2 图画设计类AI对创造力的影响

针对图画设计类AI对创造力的影响，有学者在数字艺术课上进行案例研究。该研究有数十名学生参与，许多学生表示愿意将生成式AI整合到他们的实践中，希望它能激发新想法或方法，他们在课堂上使用Craiyon艺术生成器获取灵感，以作为启发原创概念或下一步创造的基础[②]。该项研究的作者表示，这项工作表明人工智能可以发挥多种教学和创意作用，激发了全新的艺术表达形式，从而提供广泛的教育和创意可能性[②]。

同样地，也有学者的研究表明，图画设计类AI增加了创造力。该项研究分析了来自学生调查、教师反馈和AI生成内容工件等数据，发现高年级学生成功地使用人工智能生成的图像分析和解释彼此的创作工作，这结果证明了通用人工智能工具在增强艺术和设计课堂创造力和创新方面的潜力；此外，学生在修改提示和重新创建人工智能生成的图像方面采取的各种应用方法突出了人工智能工具在培养不同视角和风格方面的多功能性，高年级学生之间对创造性工作的成功合作和解释也强调了沟通和批判性分析技能在创造性过程中的重要性[③]。该项研究还表明，将人工智能工具结合到不同的环境和作业中可以进一步增强学生的创作过程和成果[③]。

---

① ZHU F，ZOU W. The role of generative AI in human creative processes：experimental evidence[J]. Available at SSRN 4676053，2023.

② HUTSON J，COTRONEO P. Praxis and augmented creativity：a case study in the use of generative artificial intelligence（AI）art in the digital art classroom[J]. The International Journal of Technologies in Learning，2023，31（1）：113.

③ HUTSON J，COTRONEO P. Generative AI tools in art education：exploring prompt engineering and iterative processes for enhanced creativity[J]. Metaverse，2023，4（1）：14.

尽管生成式AI能培养不同视角和风格，能增加学生的创作过程和结果，但也有学者指出生成式AI的不足。2024年的一项研究表明，如果新手设计师将AI图像生成器作为灵感来源，会直接复制AI生成的图像，从而影响创意的流畅性、多样性和原创性。使用生成式AI作为灵感来源会导致想法的流程性、多样性和原创性降低，这对设计师来说无异于慢性死亡。

所以，想使用生成式AI提高创新能力仍然要把握好尺度和方法。

5.1.3.3 编程类AI对创造力的影响

针对编程类AI对创造力的影响，有研究通过对专业计算机程序员进行对照实验调查人工智能在支持开发人员编写服务器方面的作用。该研究中的对照组能够使用网络并检查Stack Overflow或其他知名平台来完成任务，实验组可以访问GitHub Copilot（由类似OpenAI的ChatGPT创建的AI，应用于特定领域“Codex”），其中使用AI的组速度提高了55.8%[①]。这证实AI可以显著提高创新能力中的转换力。

此外，还有研究发现，生成式人工智能可以提高软件工程各个方面的软件生产力，例如：增强创造力，以帮助开发人员为软件和用户体验开发产生新的想法和解决方案；高效开发，通过自动化任务（例如测试、调试和部署）来简化软件开发流程，减少开发时间和成本并提高整体生产力；提高软件质量，通过分析大量数据并识别人类开发人员可能错过的模式，帮助开发人员编写更准确、更高效的代码，并更快地识别和修复错误；提高数据质量，使用生成式AI便可在执行软件相关任务时，根据特定数据对现有模型进行微调[②]。

总而言之，编程类AI对使用人员的创造力和该领域的生产力都有所提高。

从以上的文献梳理我们看到，现有文献在AI对Z世代大学生创新能力的影响方面的研究还是较少。当下AI发展势头正劲，Z世代面对AI，是否会像当年的80后面对网络无所适从？Z世代对AI的使用情况如何？

---

① PENG S, KALLIAMVAKOU E, CIHON P, et al. The impact of AI on developer productivity: evidence from GitHub Copilot[J]. ArXiv Preprint ArXiv: 2302.06590, 2023.

② EBERT C, LOURIDAS P, EBERT C, et al. Generative AI for software practitioners[J]. IEEE Software, 2023, 40 (4): 30-38.

同时，既然 AI 对创新能力是有影响的，那么在 AI 越发强大和完善的当下，探究清楚 AI 对 Z 世代创新能力有什么影响才更为重要，才能为提出教育策略做准备，防止学生依赖 AI 的情况出现。

综上所述，在本章中，本研究将要探究两个问题：

（1）Z 世代大学生的 AI 使用情况如何？

（2）AI 对 Z 世代大学生的创新能力会有什么影响？

5.2 AI 使用对创新能力的影响调查

5.2.1 抽样方法

综合考虑调查的可操作性以及样本的代表性，该调查选取西南交通大学在校本科生为抽样框，在其中进行简单随机抽样，以调查大学生的 AI 使用情况对其创造力的影响。再对抽取的样本按学科、年级及性别等特征分别进行分析。

5.2.2 样本量的确定

对西南交通大学本科生在校人数进行统计，总数约为 32 500 人。

根据简单随机抽样公式，

$$n=\frac{N{z_{\alpha/2}}^2S^2}{Nd^2+{z_{\alpha/2}}^2S^2}$$

式中，n——初始样本量；

N——样本框内总体规模；

S^2——总体方差；

d——绝对误差限；

$z_{\alpha/2}$——在置信水平下对应的标准正态分布分位点值。

取 90%置信度水平，对应 z 值为 1.64。绝对误差限取 $d=0.05$，$S=0.5$，计算得

$n = 266.75$，向上取整得 $n = 267$。

按回收率 80%进行计算，至少需发放 333 份问卷。

5.2.3 回收问卷样本情况

该调查共回收有效问卷 460 份，其中 34 份“未使用过 AI”，这类样本不在本次调查范围内，余下 426 份问卷在均使用过 AI 的基础上做出有效回答且满足调查所需样本量需求，故调查结果可信度较高。

5.3 调查结果

5.3.1 AI 类型与人口统计特征的相关分析

5.3.1.1 学科与 AI 类型分析

对不同学科大学生的 AI 使用情况进行统计得到表 5.1、图 5.1。整体看来，语言类 AI 在各个学科中都是占比最高的，分别达到了 52.81%、58.33%、67.80%；音频类 AI 在各个学科中都是占比最低的，仅达到 4.49%、1.92%、3.39%。

表 5.1 学科与 AI 类型交叉分析

题目	名称	学院			总计
		理科	工科	文科	
AI 类型	未使用 AI	7	24	3	34
	语言文字	47	182	40	269
	图画设计	9	26	7	42
	音频	4	6	2	12
	编程	15	50	2	67
	数据分析	7	24	5	36
合计		89	312	59	460

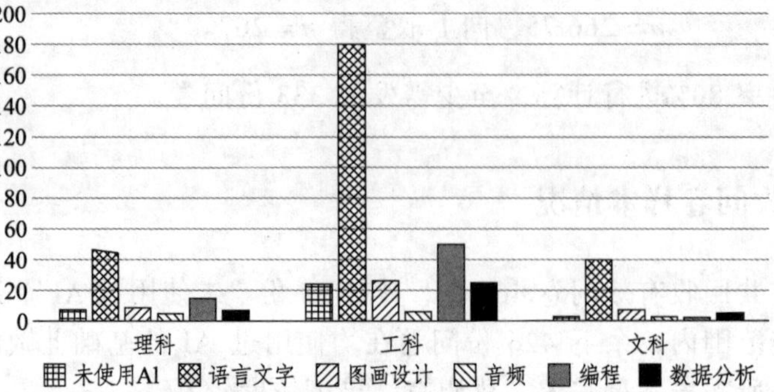

图 5.1 不同学科 AI 使用类型图

根据卡方检验（表 5.2）发现，学科对于 AI 类型的影响并无显著性差异，即不同学科的学生在使用 AI 时，都展现出了相似的趋势。无论是文科、理科还是工科的学生，他们都更倾向于选择语言文字类 AI，同时音频类 AI 的使用则相对较少。

表 5.2 卡方检验 *P* 值

检验方法	χ^2	*P*
Pearson 卡方检验	10.439	0.403

5.3.1.2 性别与 AI 类型分析

对不同性别大学生的 AI 使用情况进行统计得到表 5.3、图 5.2。据表可知，在两个性别中依然是语言类 AI 占比最高，分别达到了 57.75%、58.97%。同样也是音频类 AI 占比最低，仅达到 2.14%、2.93%。

表 5.3 性别与 AI 类型交叉分析

题目	名称	性别		总计
		女	男	
AI 类型	未使用 AI	17	17	34
	语言文字	108	161	269
	图画设计	21	21	42
	音频	4	8	12
	编程	24	43	67
	数据分析	13	23	36
合计		187	273	460

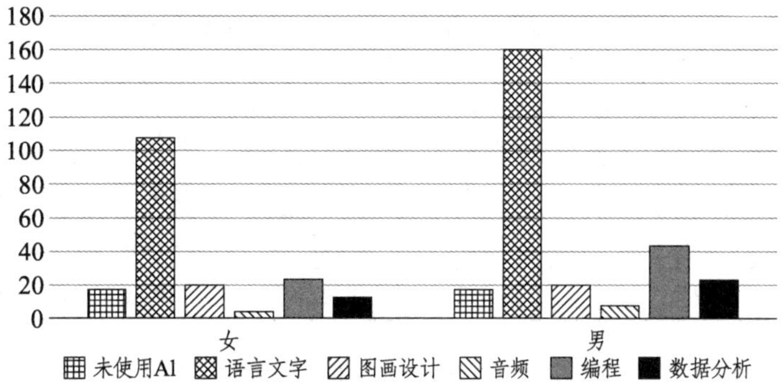

图 5.2 不同性别 AI 使用类型图

根据卡方检验（表 5.4）发现，性别对于 AI 类型的影响无显著性差异，即不论性别，人们都更倾向于选择语言文字类 AI，同时音频类 AI 则较少被使用。

表 5.4 卡方检验 P 值

检验方法	χ^2	P
Pearson 卡方检验	4.003	0.549

5.3.1.3 年级与 AI 使用类型分析

对不同年级大学生 AI 使用类型进行统计得到表 5.5、图 5.3，并得到各年级不同 AI 类型使用人数占比（表 5.6）。由表可知以下结论：

表 5.5 各年级不同 AI 类型使用人数

题目	名称	年级				总计
		大一	大二	大三	大四	
AI 类型	未使用 AI	8	5	0	21	34
	语言文字	49	102	36	82	269
	图画设计	11	12	7	12	42
	音频	3	3	2	4	12
	编程	13	38	7	9	67
	数据分析	4	12	6	14	36
合计		88	172	58	142	460

表 5.6 各年级不同 AI 类型使用人数占比

年级	语言文字类	图画设计类	音频类	编程类	数据分析类
大一	0.612 5	0.137 5	0.037 5	0.162 5	0.050 0
大二	0.610 8	0.071 9	0.018 0	0.227 5	0.071 9
大三	0.620 7	0.120 7	0.034 5	0.120 7	0.103 4
大四	0.677 7	0.099 2	0.033 1	0.074 4	0.115 7

（1）音频类的学生使用比例在各个年级为最低，平均占比为 3.07%。

（2）而语言文字类的 AI 在各个年级的使用比例是最高的，平均占比为 63.04%。

（3）大二学生使用编程类 AI 的比例最高，达到了 61.08%。

（4）数据分析类 AI 的使用情况随年级的升高而增长。此类 AI 的使用在大三时有显著上升，与大二相比增加了 3.16%。

（5）图画设计类 AI 的使用比例在大一和大三相对较高，均超过了 12%。

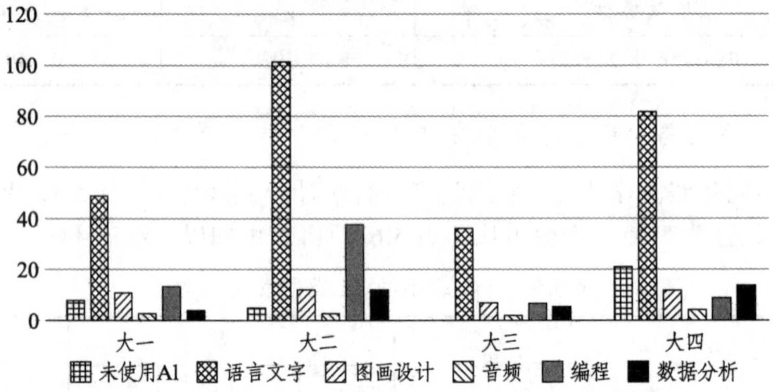

图 5.3 不同年级 AI 使用类型图

根据卡方检验（表 5.7）发现，年级对于 AI 类型的影响存在显著性差异，即年级的不同会导致学生对于 AI 类型的选择有较大的区别。

表 5.7 卡方检验 P 值

检验方法	χ^2	P
Pearson 卡方检验	39.71	0.001***

注：***代表 1%的显著性水平。

5.3.2 AI使用动机与人口统计特征的相关分析

5.3.2.1 学科与AI使用动机分析

对不同学科大学生的AI使用动机进行统计分析得到表5.8、图5.4。整体来看，各学科将AI用于课程作业的比例最高，达到了49.44%、51.92%、64.41%；各学科将AI用于竞赛和复习备考的学生比例最低，合计仅有15.73%、11.86%、6.78%。

表5.8 学科与AI使用动机交叉分析

题目	名称	学科			总计
		理	工	文	
AI使用动机	未使用AI	15	43	6	64
	课程作业	44	162	38	244
	竞赛	6	19	2	27
	技能提升	16	70	11	97
	复习备考	8	18	2	28
合计		89	312	59	460

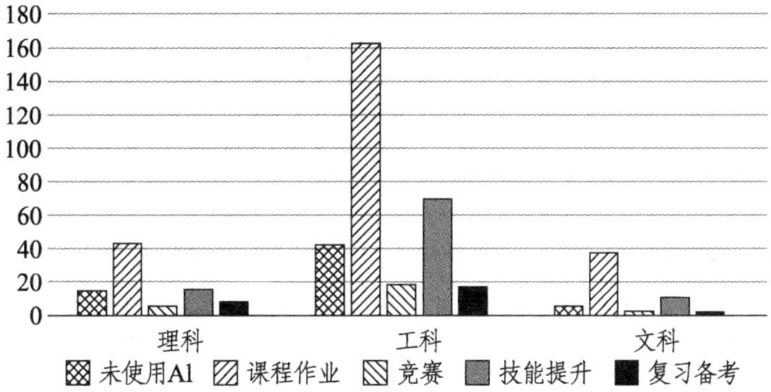

图5.4 学科与AI使用动机图

根据卡方检验（见表5.9）发现，学科与AI使用动机之间不存在显著性差异，即各学科学生在AI使用动机上并无很大的区别。

表 5.9 卡方检验 P 值

检验方法	χ^2	P
Pearson 卡方检验	6.471	0.595

5.3.2.2 性别与 AI 使用动机分析

对不同性别大学生的 AI 使用动机进行统计得到表 5.10、图 5.5，并得到男女生中不同使用动机的占比（表 5.11）。由表可得，女生在将 AI 用于课程作业的方面上的比例高于男生，达到了 69.81%，高出男生 13.69%。然而，在将 AI 用于竞赛、技能提升和复习备考三个方面上，男生的比例均高于女生，分别达到了 8.02%、28.27%、7.59%，高出女生 2.99%、9.40%、1.31%。

表 5.10 性别与 AI 使用动机交叉分析

题目	名称	性别		总计
		女	男	
AI 使用动机	未使用 AI	28	36	64
	课程作业	111	133	244
	竞赛	8	19	27
	技能提升	30	67	97
	复习备考	10	18	28
合计		187	273	460

表 5.11 不同性别 AI 使用动机人数占比分析

性别	课程作业	竞赛	技能提升	复习备考
男生	0.561 2	0.080 2	0.282 7	0.075 9
女生	0.698 1	0.050 3	0.188 7	0.062 9

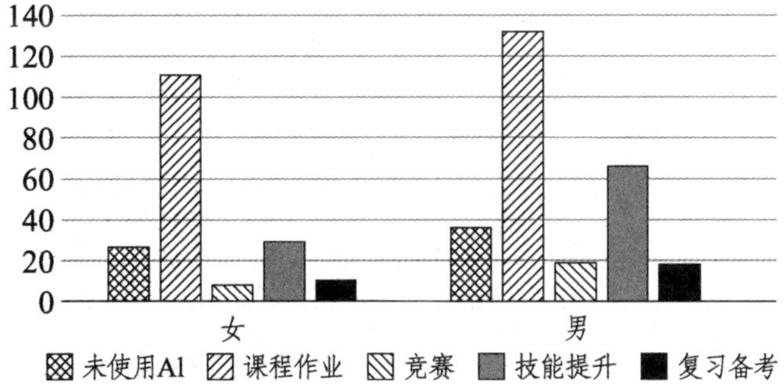

图 5.5 不同性别 AI 使用动机图

根据卡方检验（表 5.12）发现，性别与使用动机之间存在显著差异，即男女生在 AI 的使用动机上有较大区别。

表 5.12 卡方检验 *P* 值图

检验方法	χ^2	*P*
Pearson 卡方检验	8.068	0.089*

注：*代表 10%的显著性水平。

5.3.2.3 年级与 AI 使用动机分析

对不同年级大学生的 AI 使用动机进行统计得到表 5.13、图 5.6，并得到各年级 AI 工具使用动机的人数与该年级总人数占比（表 5.14）。由表分析可知，在不同年级中，学生使用 AI 工具的动机存在一定的差异。总体来说，大部分学生在使用 AI 时，更倾向于解决课程作业这类基础性问题。

具体来说，大一到大四的学生中，将 AI 用于课程作业的比例都相对较高，占比分别为 55.07%、62.26%、58.18%和 66.37%。这表明课程作业是学生在使用 AI 时最常见的需求之一。

然而，在竞赛方面，大三学生的占比最高，达到了 12.73%，而其他年级的占比都比较低。

在技能提升方面，大一的占比最高，为 31.88%，而其他年级的占比相对较低。

表 5.13 年级与 AI 使用动机交叉分析

题目	名称	年级				总计
		大一	大二	大三	大四	
AI 使用动机	未使用 AI	19	13	3	29	64
	课程作业	38	99	32	75	244
	竞赛	2	14	7	4	27
	技能提升	22	34	14	27	97
	复习备考	7	12	2	7	28
合计		88	172	58	142	460

表 5.14 不同年级 AI 使用动机人数占比分析

年级	课程作业	竞赛	技能提升	复习备考
大一	0.550 7	0.029 0	0.318 8	0.101 4
大二	0.622 6	0.088 1	0.213 8	0.075 5
大三	0.581 8	0.127 3	0.254 5	0.036 4
大四	0.663 7	0.035 4	0.238 9	0.061 9

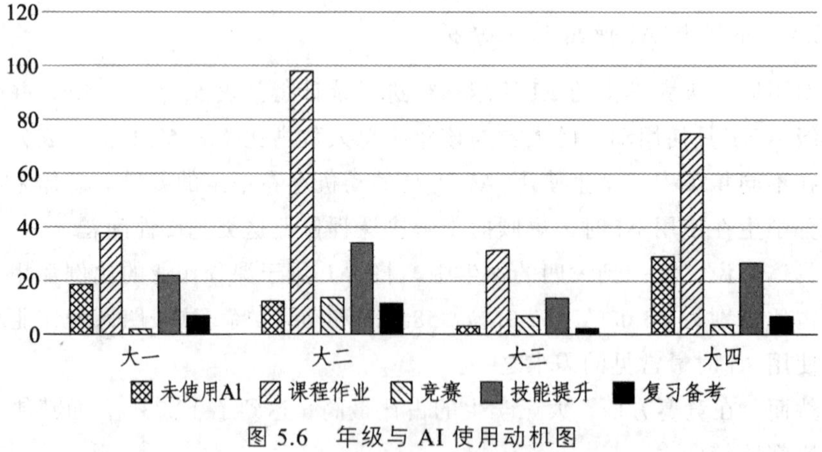

图 5.6 年级与 AI 使用动机图

根据卡方检验（表 5.15）发现，年级与“AI 工具的使用动机”存在显著的差异，即四个年级将 AI 用于学习提升的具体方面有所区别。

表 5.15 卡方检验 P 值

检验方法	χ^2	P
Pearson 卡方检验	31.088	0.002***

注：***代表 1%的显著性水平。

5.3.3 AI使用频率与人口统计特征的相关分析

5.3.3.1 学科与AI使用频率分析

对不同学科大学生的AI使用频率进行统计得到表5.16、图5.7。据表可以发现，文、理、工科三科在AI使用频率上都是中等使用频率最高，平均占比为48.14%。高等使用频率最低，平均占比为14.69%。

表 5.16 学科与 AI 使用频率交叉分析

题目	名称	学科			总计
		理科	文科	工科	
使用频率	中	44	29	143	216
	低	24	22	83	129
	高	14	5	62	81
	不使用	7	3	24	34
合计		89	59	312	460

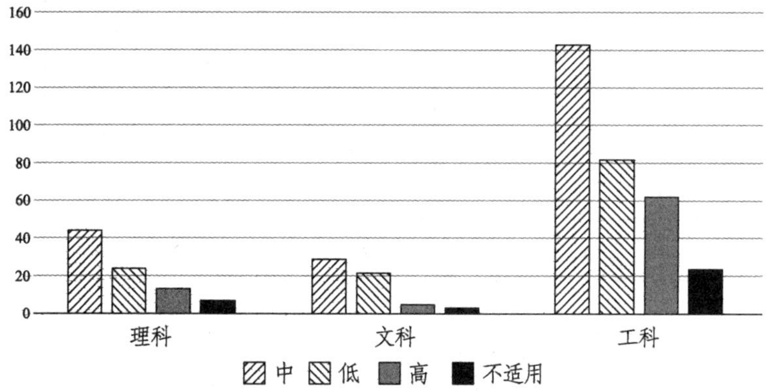

图 5.7 学科与 AI 使用频率图

据卡方检验（见表 5.17）可以得出，不同学科背景对学生的 AI 使用频率没有影响，各科学生的 AI 使用频率在整体上均处于中低水平。

表 5.17　卡方检验 *P* 值

检验方法	检验数据	χ^2	*P*
Pearson 卡方检验	使用频率	6.698	0.350

注：***代表 1%的显著性水平。

5.3.3.2　性别与 AI 使用频率分析

对不同性别大学生的 AI 使用频率进行统计得到表 5.18、图 5.8，并得到男女生中不同使用频率的占比（表 5.19）。从表中可以看出，男生在 AI 使用频率上的表现总体呈现出正态分布特点，其中中等使用频率占比最多，为 51.95%；而高使用频率和低使用频率占比相对较少，分别为 24.61%和 23.44%。而女生在 AI 使用频率上的具体表现为：中等使用频率和低使用频率占比较多，分别为 48.82%和 40.59%；高使用频率占比最少，仅 10.59%。因此可以得出，不同性别在 AI 使用频率上存在的差异表现为：整体上，男生的 AI 使用频率高于女生。

表 5.18　性别与 AI 使用频率交叉分析

题目	名称	性别		总计
		女	男	
使用频率	中	83	133	216
	低	69	60	129
	高	18	63	81
	不使用	17	17	34
合计		187	273	460

表 5.19　性别与 AI 使用频率人数占比分析

性别	低	中	高
男生	0.234 4	0.519 5	0.246 1
女生	0.405 9	0.488 2	0.105 9

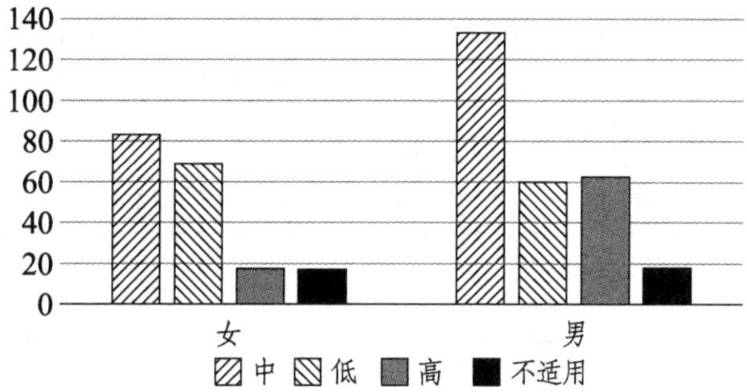

图 5.8 性别与 AI 使用频率图

根据卡方检验（表 5.20）发现，性别与 AI 使用频率之间存在显著性差异，即男女生的不同致使其在 AI 使用频率上的表现不同。

表 5.20 卡方检验 *P* 值

检验方法	χ^2	*P*
Pearson 卡方检验	21.889	0.000***

注：***代表 1%的显著性水平。

5.3.3.3 年级与 AI 使用频率分析

对不同年级大学生的 AI 使用频率进行统计得到表 5.21、图 5.9，并得到不同年级 AI 使用频率人数的占比（见表 5.22）。根据下表进行分析，可以总结出以下几点规律：

（1）中等 AI 使用频率的学生在各年级学生总数中的占比均为最高，分别为 52.5%、50.90%、53.45%和 47.93%。

（2）此外我们还发现，随着年级的升高，AI 使用频率为“高”的学生人数占比逐渐降低：从大一的 25%逐渐降至大四的 14.05%。

（3）与此同时，随着年级的升高，AI 使用频率为“低”的学生人数占比在逐渐提高：从大一的 22.5%逐渐提高至大四的 38.02%。

为直观总结出学生的 AI 使用频率随年级增长而变化的规律，我们将各年级 AI 中等使用频率和低使用频率的人数占比结合在一起，此时各年级学生 AI 使用频率“中、低”的人数占比分别为：大一 75%、大二 79%、大三 84%、大四 86%，即 AI 使用频率为“中、低”的学生占比随年级升高呈递增趋势。

再结合上文所述，AI使用频率为“高”的学生人数占比随年级升高逐渐降低，因此可以得出这样的结论：年级与AI使用频率呈负相关，大学生的AI使用频率随年级的升高而逐渐降低。

表 5.21　年级与AI使用频率交叉分析

题目	名称	年级				总计
		大一	大二	大三	大四	
使用频率	中	58	31	85	42	216
	低	46	18	47	18	129
	高	17	9	35	20	81
	不使用	21	0	5	8	34
合计		142	58	172	88	460

表 5.22　年级与AI使用频率人数占比分析

年级	高	中	低
大一	0.25	0.525	0.225
大二	0.209 6	0.509	0.281 4
大三	0.155 2	0.534 5	0.310 3
大四	0.140 5	0.479 3	0.380 2

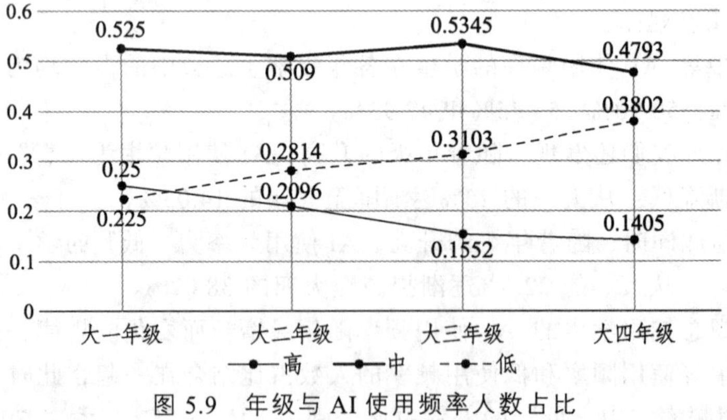

图 5.9　年级与AI使用频率人数占比

根据卡方检验（见表5.23）发现，年级与AI的使用频率之间存在显著性差异，即随着年级改变，学生的AI使用频率会有明显变化。

表 5.23 卡方检验 P 值

检验方法	χ^2	P
Pearson 卡方检验	29.438	0.001***

注：***代表 1%的显著性水平。

5.3.4 单次使用 AI 时间与人口统计特征的相关分析

5.3.4.1 学科与单次使用 AI 时间分析

对不同学科大学生单次使用 AI 工具时间进行统计得到表 5.24、图 5.10。据表可以发现，文、理、工科三科在单次使用 AI 时间上都是中等使用时间达到了最高，平均占比为 60.43%，长时间使用 AI 的人数少，平均占比为 6.15%。

表 5.24 学科与单次使用 AI 工具时间交叉分析

题目	名称	学科			总计
		理科	文科	工科	
单次使用时长	中	48	43	170	261
	短	28	11	92	131
	长	6	2	26	34
	不使用	7	3	24	34
合计		89	59	312	460

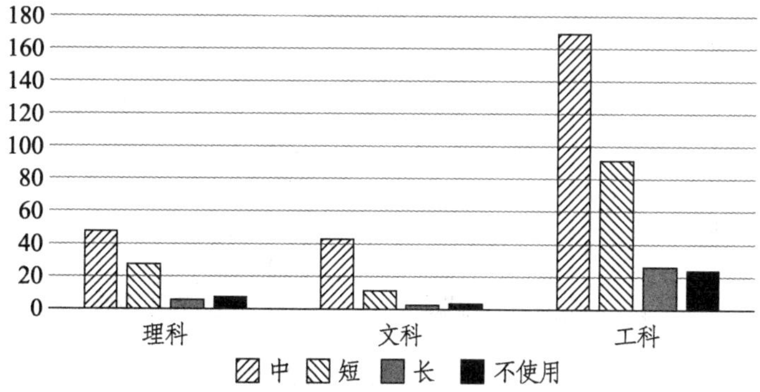

图 5.10 学科与 AI 单次使用时长图

根据卡方检验（表 5.25）发现，学科与单次使用 AI 时间之间不存在显著性差异，即不同学科背景的学生在 AI 的单次使用时间上的表现都是相似的，均呈现出“单次使用 AI 的时间多为中等或较短”的特点。

表 5.25　卡方检验 *P* 值

检验方法	检验数据	χ^2	P
Pearson 卡方检验	单次使用 AI 时间	7.699	0.261

注：***代表 1%的显著性水平。

5.3.4.2　性别与单次使用 AI 时间分析

对不同性别大学生单次使用 AI 工具时间进行统计得到表 5.26、图 5.11。据表分析可知，在 AI 单次使用时长方面，男女生并没有明显表现出差异，均表现出 AI 单次使用时长以中等或较短为主的倾向。其中，男生使用时间短的比例为 28.94%，使用时间中等的比例为 56.41%；女生使用时间短的比例为 27.81%，使用时间中等的比例为 57.75%。

表 5.26　性别与单次使用 AI 工具时间交叉分析

题目	名称	性别		总计
		女	男	
单次使用时长	中	107	154	261
	短	52	79	131
	长	11	23	34
	不使用	17	17	34
合计		187	273	460

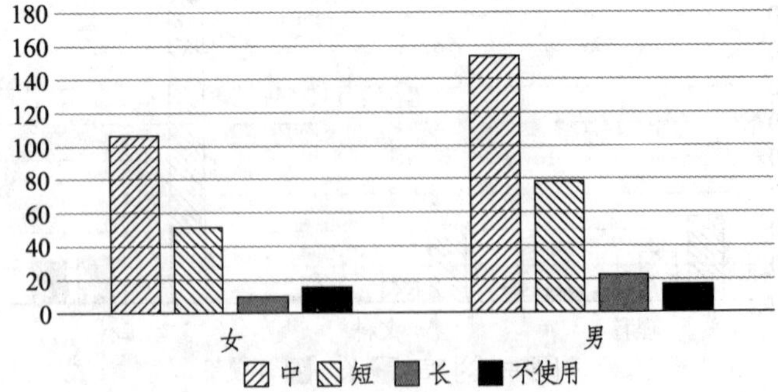

图 5.11　性别与单次使用 AI 时间图

根据卡方检验（表 5.27）发现，性别与单次使用 AI 时间之间不存在显著性的差异。即男女生在单次使用 AI 时间上的表现较为一致、均呈现出单次使用时间以“短”“中”为主的特征。

表 5.27　卡方检验 P 值

检验方法	χ^2	P
Pearson 卡方检验	2.265	0.519

注：***代表 1%的显著性水平。

5.3.4.3　年级与单次使用 AI 时间分析

对不同年级大学生单次使用 AI 工具时间进行统计得到表 5.28、图 5.12，并得到各年级单次使用 AI 时间人数占比（表 5.29）。根据图表可以看出以下几点规律：

各年级的“单次使用 AI 时间”虽然在整体上表现出以“中”“短”为主的特征，但以年级高低纵向对比来看仍有明显的差异：大一年级单次使用 AI 时间“短”的学生占比约 46.25%，远超大二年级的 34.73%、大三年级的 22.41%和大四年级的 19.01%。

大一年级学生的单次使用 AI 时间“中”和单次使用 AI 时间“长”的学生占比分别为 50.00%和 3.75%，以较明显的差距，低于大二年级的 58.08%和 7.19%、大三年级的 68.97%和 8.62%以及大四年级的 69.42%和 11.57%。

因此可以发现，年级与单次使用 AI 时间呈正相关，大学生的单次使用 AI 时间随着年级的升高而逐渐增加。

表 5.28　年级与单次使用 AI 时间交叉分析

题目	名称	年级				总计
		大一	大二	大三	大四	
单次使用时长	中	84	40	97	40	261
	短	23	13	58	37	131
	长	14	5	12	3	34
	不使用	21	0	5	8	34
合计		142	58	172	88	460

表 5.29　年级与单次使用 AI 时间人数占比分析

年级	长	中	短
大一	0.037 5	0.5	0.462 5
大二	0.071 9	0.580 8	0.347 3
大三	0.086 2	0.689 7	0.224 1
大四	0.115 7	0.694 2	0.190 1

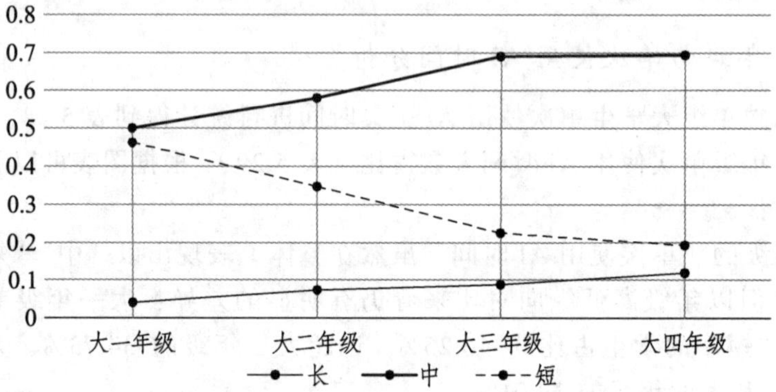

图 5.12　年级与单次使用 AI 时间人数占比

根据卡方检验（表 5.30）发现，年级与单次使用 AI 时间之间存在显著性的差异，即随着年级改变，学生单次使用 AI 的时间会有明显变化，表现为单次使用 AI 时间随着年级的升高而逐渐增加。

表 5.30　卡方检验 P 值

检验方法	χ^2	P
Pearson 卡方检验	42.31	0.000***

注：***代表 1%的显著性水平。

5.3.5　创新能力与 AI 使用的相关分析

5.3.5.1　创新能力各维度与 AI 使用类型方差分析

将大学生创新能力各维度与 AI 使用类型进行方差分析得到表 5.31。整体来看，使用数据分析类各维度的得分是：3.75、3.671、3.587、3.569、3.449、

3.393，均值为 3.570；语言文字类的得分是：3.636、3.567、3.466、3.553、3.291、3.099，均值为 3.435；编程类的得分是：3.69、3.663、3.576、3.682、3.346、3.433，均值为 3.565；图画设计类的得分是：3.815、3.748、3.677、3.639、3.353、3.146，均值为 3.563；音频类的得分是：3.812、3.69、3.405、3.486、3.417、3.81，均值为 3.603。

表 5.31 创新能力六维度与 AI 使用类型方差分析

变量名	变量值	样本量	平均值	标准差
冒险性均值	数据分析类	36	3.75	0.673
	语言文字类	269	3.636	0.77
	编程类	67	3.69	0.698
	图画设计类	42	3.815	0.958
	音频类	12	3.812	0.747
	不使用	34	3.412	0.728
	总计	460	3.657	0.77
好奇性均值	数据分析类	36	3.671	0.587
	语言文字类	269	3.567	0.628
	编程类	67	3.663	0.57
	图画设计类	42	3.748	0.653
	音频类	12	3.69	0.434
	不使用	34	3.479	0.585
	总计	460	3.602	0.613
想象力均值	数据分析类	36	3.587	0.64
	语言文字类	269	3.466	0.706
	编程类	67	3.576	0.644
	图画设计类	42	3.677	0.775
	音频类	12	3.405	0.544
	不使用	34	3.336	0.652
	总计	460	3.499	0.693

续表

变量名	变量值	样本量	平均值	标准差
挑战性均值	数据分析类	36	3.569	0.47
	语言文字类	269	3.553	0.517
	编程类	67	3.682	0.568
	图画设计类	42	3.639	0.647
	音频类	12	3.486	0.649
	不使用	34	3.559	0.517
	总计	460	3.579	0.537
行动力均值	数据分析类	36	3.449	0.576
	语言文字类	269	3.291	0.649
	编程类	67	3.346	0.678
	图画设计类	42	3.353	0.722
	音频类	12	3.417	0.529
	不使用	34	3.157	0.552
	总计	460	3.311	0.645
转换力均值	数据分析类	36	3.393	1.316
	语言文字类	269	3.099	1.245
	编程类	67	3.433	1.397
	图画设计类	42	3.146	1.538
	音频类	12	3.81	1.439
	不使用	34	2.794	1.06
	总计	460	3.171	1.303

根据卡方检验（表 5.32）发现，创新能力的六维度在不同的 AI 使用类型上均不存在显著性差异，也就是说即使学生的 AI 使用类型不同，他们的创新能力也并没有因此产生明显的差别。

表 5.32 卡方检验 P 值

检验方法	维度	F	P
Welch's 方差检验	冒险性	1.264	0.289
	好奇性	1.193	0.321
	想象力	1.333	0.260
	挑战性	0.68	0.640
	行动力	1.111	0.362
	转换力	2.074	0.079

5.3.5.2 创新能力各维度与AI使用动机方差分析

将大学生创新能力各维度与AI使用类型进行方差分析得到表5.33。结合表格分析可知，将AI工具用于竞赛的学生在创新能力的“想象力”和“转换力”两个维度上的得分以较大的差距领先其他使用动机的学生的同维度得分，同时这部分学生在冒险性上也有较好的表现；将AI工具用于复习备考的学生则在创新能力的冒险性和行动力两个维度上得分远超其他动机的学生，表现最佳。而将AI工具用于技能提升的学生在创新能力的冒险性、想象力、行动力、转换力四个维度上表现中规中矩；至于将AI工具用于课程作业的学生，他们在创新能力的冒险性、想象力、行动力、转换力四个维度上得分均最低，故其创新能力远不如其他AI使用动机的学生。

表 5.33 创新能力六维度与AI使用动机方差分析

变量名	变量值	样本量	平均值	标准差
冒险性均值	技能提升	97	3.771	0.75
	课程作业	244	3.592	0.737
	竞赛	27	3.907	0.754
	不使用	64	3.512	0.895
	复习备考	28	3.92	0.714
	总计	460	3.657	0.77

续表

变量名	变量值	样本量	平均值	标准差
好奇性均值	技能提升	97	3.639	0.579
	课程作业	244	3.552	0.622
	竞赛	27	3.847	0.552
	不使用	64	3.578	0.633
	复习备考	28	3.735	0.611
	总计	460	3.602	0.613
想象力均值	技能提升	97	3.616	0.663
	课程作业	244	3.432	0.674
	竞赛	27	3.741	0.742
	不使用	64	3.413	0.737
	复习备考	28	3.648	0.729
	总计	460	3.499	0.693
挑战性均值	技能提升	97	3.634	0.562
	课程作业	244	3.562	0.495
	竞赛	27	3.549	0.674
	不使用	64	3.599	0.55
	复习备考	28	3.524	0.644
	总计	460	3.579	0.537
行动力均值	技能提升	97	3.466	0.582
	课程作业	244	3.197	0.643
	竞赛	27	3.537	0.715
	不使用	64	3.276	0.632
	复习备考	28	3.619	0.615
	总计	460	3.311	0.645
转换力均值	技能提升	97	3.358	1.292
	课程作业	244	3.047	1.255
	竞赛	27	3.915	1.243
	不使用	64	2.879	1.207
	复习备考	28	3.546	1.644
	总计	460	3.171	1.303

根据卡方检验（表 5.34）发现，创新能力的冒险性、想象力、行动力、转换力四个维度在 AI 使用动机上存在显著性差异，好奇性和挑战性则不存在显著性差异，即 AI 使用动机不同的学生，他们在创新能力的冒险性、想象力、行动力、转换力四个维度上产生了明显的区别，而在“想象力”和“好奇性”上并未有明显差异。

综上所述，不同的 AI 使用动机对学生的创新能力产生了显著的影响：不同使用动机的学生在创新能力中的好奇性和挑战性两个维度的得分均无明显差异的基础上，将 AI 用于课程作业的学生在冒险性、想象力、行动力、转换力四个维度上的得分远不如将 AI 用于竞赛、技能提升和复习备考的学生，故其整体的创新能力较弱；同理，将 AI 用于竞赛和复习备考的学生分别在想象力、转换力、冒险性和行动力维度上胜过其他动机的学生，故其整体的创新能力较强。

因此可以总结得出，不同的 AI 使用动机下，将 AI 用于课程作业的学生，其创新能力往往较差，而将 AI 用于竞赛和复习备考的学生，其创新能力往往较强。

表 5.34　卡方检验 *P* 值

检验方法	维度	*F*	*P*
Welch's 方差检验	冒险性	3.069	0.020**
	好奇性	2.117	0.085*
	想象力	2.522	0.046**
	挑战性	0.38	0.823
	行动力	5.961	0.000***
	转换力	4.699	0.002***

注：***、**、*分别代表 1%、5%、10%的显著性水平。

5.3.5.3　创新能力各维度与 AI 使用频率方差分析

将大学生创新能力各维度与 AI 使用频率进行方差分析得到表 5.35，并得到“好奇性”在不同 AI 使用频率中的得分（表 5.36、图 5.13）。从表中可以看出，AI 使用频率对创新能力中的好奇性的影响较大，在 AI 使用频率低时，好奇性得分仅为 3.58；在 AI 使用频率中时，好奇性得分略微下降为 3.57；

在AI使用频率高时，好奇性得分上升为3.77，增加了0.19。所以，当学生的AI使用频率达到高的时候，其好奇性维度能力会得到明显增强。

表5.35 创新能力六维度与AI使用频率方差分析

变量名	变量值	样本量	平均值	标准差
冒险性均值	中	216	3.674	0.727
	低	129	3.636	0.784
	高	81	3.75	0.862
	不使用	34	3.412	0.728
	总计	460	3.657	0.77
好奇性均值	中	216	3.572	0.615
	低	129	3.583	0.604
	高	81	3.767	0.61
	不使用	34	3.479	0.585
	总计	460	3.602	0.613
想象力均值	中	216	3.489	0.673
	低	129	3.458	0.662
	高	81	3.661	0.79
	不使用	34	3.336	0.652
	总计	460	3.499	0.693
挑战性均值	中	216	3.6	0.517
	低	129	3.545	0.526
	高	81	3.586	0.617
	不使用	34	3.559	0.517
	总计	460	3.579	0.537
行动力均值	中	216	3.295	0.626
	低	129	3.276	0.683
	高	81	3.471	0.651
	不使用	34	3.157	0.552
	总计	460	3.311	0.645

续表

变量名	变量值	样本量	平均值	标准差
转换力均值	中	216	3.158	1.297
	低	129	3.173	1.342
	高	81	3.36	1.334
	不使用	34	2.794	1.06
	总计	460	3.171	1.303

表 5.36 “好奇性”在不同 AI 使用频率的得分

	低	中	高
好奇性	3.58	3.57	3.77

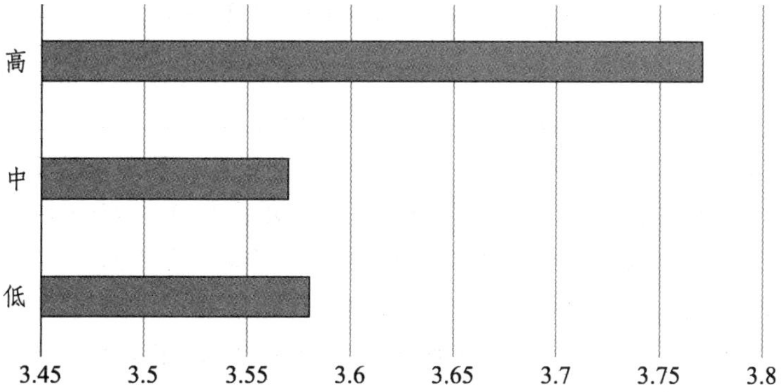

图 5.13 好奇性在不同 AI 使用频率得分

根据卡方检验（表 5.37）发现，创新能力的好奇性这个维度在 AI 使用频率上存在显著性差异，冒险性、想象力、挑战性、行动力、转换力则不存在显著性差异，即 AI 使用频率不同的学生，他们的创新能力在“好奇性”这个维度上产生了明显的区别，而在其他维度上并未有明显差异。

结合上文，在不同 AI 使用频率的学生于创新能力的其他五个维度得分并无明显差异的基础上，使用频率高的学生在“好奇性”维度上得分领先使用频率低的学生，故 AI 使用频率高的学生的整体创新能力较强；反之 AI 使用频率低的学生创新能力较弱。

因此我们可以总结出，AI 使用频率与创新能力呈正相关，高频的 AI 使用有利于学生创新能力的提高，尤其是好奇性维度的提高。

表 5.37 卡方检验 *P* 值

检验方法	维度	*F*	*P*
Welch ‘s 方差检验	冒险性	1.648	0.182
	好奇性	2.667	0.051*
	想象力	1.978	0.121
	挑战性	0.317	0.813
	行动力	2.643	0.052
	转换力	1.937	0.127

注：*代表 10%的显著性水平。

5.3.5.4 创新能力各维度与单次使用 AI 时间方差分析

将大学生创新能力各维度与单次使用 AI 时间进行方差分析得到表 5.38，并得到“转换力”在单次使用 AI 不同时间中的得分（表 5.39、图 5.14）。整体而言，单次使用 AI 时间对转换力的影响较为明显，呈现直线上升的趋势：单次使用时间短时，转换力维度得分为 3.03；单次使用时间中时，转换力维度得分为 3.24；单次使用时间长时，转换力维度得分为 3.57，相比短时上升了 0.54，涨幅较大。因此，使用 AI 的学生在创新能力中的转换力维度上得分方面高于未使用 AI 的学生。在使用 AI 的学生中，单次使用 AI 的时间越长，其转换力维度的得分就越高。

表 5.38 创新能力六维度与单次使用 AI 时间方差分析

变量名	变量值	样本量	平均值	标准差
冒险性均值	中	261	3.668	0.787
	短	131	3.677	0.713
	长	34	3.743	0.876
	不使用	34	3.412	0.728
	总计	460	3.657	0.77

续表

变量名	变量值	样本量	平均值	标准差
好奇性均值	中	261	3.606	0.623
	短	131	3.599	0.611
	长	34	3.714	0.567
	不使用	34	3.479	0.585
	总计	460	3.602	0.613
想象力均值	中	261	3.479	0.678
	短	131	3.539	0.701
	长	34	3.664	0.796
	不使用	34	3.336	0.652
	总计	460	3.499	0.693
挑战性均值	中	261	3.593	0.529
	短	131	3.547	0.547
	长	34	3.623	0.595
	不使用	34	3.559	0.517
	总计	460	3.579	0.537
行动力均值	中	261	3.292	0.63
	短	131	3.338	0.665
	长	34	3.5	0.74
	不使用	34	3.157	0.552
	总计	460	3.311	0.645
转换力均值	中	261	3.24	1.319
	短	131	3.026	1.28
	长	34	3.571	1.373
	不使用	34	2.794	1.06
	总计	460	3.171	1.303

表 5.39 “转换力”在不同单次使用 AI 时间的得分

	短	中	长
转换力	3.03	3.24	3.57

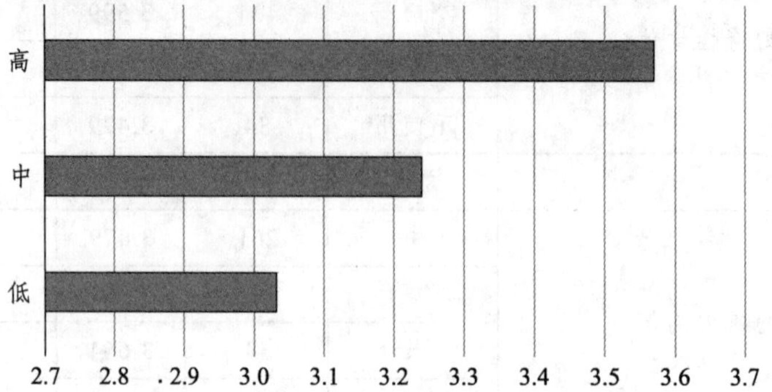

图 5.14 转换力在不同单次使用 AI 时间得分

根据卡方检验（表 5.40）发现，单次使用 AI 时间只会对创新能力的转换力产生显著差异，而对其他冒险性、想象力、好奇性、挑战性、行动力五个维度都没有产生显著差异。也就是说，单次使用 AI 时间不同的学生，他们的创新能力只在转换力方面产生了明显的区别。

在单次使用时间不同的学生在创新能力的其他五维度得分并无明显差异的基础上，单次使用 AI 时间长的学生在“转换力”维度上的得分高于单次使用时间较短的学生，故单次使用时间长的学生的整体创新能力更强。

综上可以总结出，单次使用 AI 时间与创新能力呈正相关，单次使用 AI 的时间越长，越有利于创新能力的提高，尤其是转换力维度的提高。

表 5.40 卡方检验 *P* 值

检验方法	维度	*F*	*P*
Welch’s 方差检验	冒险性	1.423	0.241
	好奇性	0.936	0.427
	想象力	1.377	0.255
	挑战性	0.28	0.840
	行动力	1.723	0.168
	转换力	3.113	0.030**

注：**代表 5%的显著性水平。

5.3.6 小 结

5.3.6.1 AI使用类型与人口统计特征的相关分析

AI使用类型与学生年级显著相关。整体来看，语言文字类AI在各年级中有着最广泛的受众基础，而其他类型的AI在不同年级的学生群体中有着不同的表现。各类型的AI在学生中的具体表现如下：

（1）语言文字类AI的使用比例在各个年级中均为最高，其中大四学生的使用比例最高。

（2）编程类AI在大二年级中的使用比例最高。

（3）数据分析类AI的使用比例随年级的升高而上升，在大三时有显著上升。

（4）图画设计类AI在大一年级中的使用比例最高。

5.3.6.2 AI使用动机与人口统计特征

AI使用动机与性别、年级显著相关。大学生群体中，不同性别和不同年级的学生在AI使用动机上表现出了明显差异，具体差异如下：

（1）大学生群体中，女性将AI用于课程作业的比例比男生高；而男性将AI用于竞赛、技能提升和复习备考的比例比女生高。

（2）大三学生将AI用于竞赛的比例比其他年级的学生高。

（3）大一学生将AI用于技能提升的比例比其他年级的学生高。

5.3.6.3 AI使用频率与人口统计特征

AI使用频率与性别、年级显著相关。大学生群体中，男女两性的AI使用频率有着明显差异，AI使用频率与学生年级之间存在负相关关系，具体表现如下：

（1）大学生群体中男性的AI使用频率比女性更高。

（2）随着年级的升高，大学生的AI使用频率逐渐降低。

5.3.6.4 单次使用AI时间与人口统计特征

单次使用AI时间与年级显著相关，具体表现为：大学生单次使用AI的时间与学生年级呈现出负相关关系，随着年级的升高，大学生单次使用AI的时间缩短。

5.3.6.5 创新能力与AI使用

创新能力与AI使用动机、AI使用频率、单次使用AI时间显著相关。不同的AI使用动机、AI使用频率、单次使用AI时间条件下的大学生表现出不同水平的创新能力，具体表现如下：

（1）不同的AI使用动机下，将AI用于课程作业的学生，其创新能力往往较差；而将AI用于竞赛和复习备考的学生，其创新能力往往较强。

（2）AI使用频率越高，学生的创新能力（好奇性）越强。

（3）AI单次使用时间越长，学生的创新能力（转换力）越强。

5.4 深度访谈

通过对小结内容的梳理，从中提取出一致性与差异性特征，结合深度访谈，进一步探寻结论背后的原因。

本次共深度访谈了6名在校大学生，他们分别为大四且使用语言文字AI最多、课程作业为动机的女生；大二且使用编程类AI最多、以竞赛且使用卷入度高的男生；大三且使用数据分析类AI最多、用于竞赛且使用卷入度高的男生；大一且使用图画设计类AI最多且用于技能提升、使用卷入度高的男生；大三且使用图画设计类AI最多且用于技能提升、使用卷入度高的男生；将AI用于复习备考且使用卷入度高的男生。

5.4.1 AI使用类型与人口统计特征分析

1. 语言文字类的AI在各个年级中的使用比例均为最高，其中大四学生对其使用比例最高

通过调查发现，语言文字类AI在各个年级的使用比例普遍最高，尤其是大四学生的使用比例最高。经过访谈，这主要是语言文字类AI自身的特点导致的，主要特点有：

（1）语言文字类AI的泛用性强。

“每个专业都可以用到，专业性不是很强。”（访谈对象A，大四，使用语言文字类AI最多且以课程作业为使用动机，女生）

（2）语言文字类 AI 使用门槛低。

“像 ChatGPT 一类的 AI 用起来很简单，只要会用微信、QQ 就会用它，打字聊天似的输入指令、描述需求就好了，最关键的是还可以免费不用花钱。”（访谈对象 A，大四，使用语言文字类 AI 最多且以课程作业为使用动机，女生）

（3）大四年级的学生临近毕业，在论文写作和简历制作上有更多需求。

“大四同学面临毕业与找工作的压力，出于提高效率这样的功利性目的，更有可能将这种 AI 用于应付简单的课堂作业交差、帮助毕业论文和工作简历的撰写上。”（访谈对象 A，大四，使用语言文字类 AI 最多且以课程作业为使用动机，女生）

综上所述，语言文字类 AI 泛用性强，能够适应不同类型的工作；且其使用门槛低，操作简单且免费使用。这两条原因使其在各个年级中的使用比例达到了最高。而大四同学因为临近毕业有许多文字撰写的工作，所以其使用语言文字类 AI 的比例最高。

2. 编程类 AI 在大二年级中的使用比例最高

经调查发现，编程类 AI 在大二年级中的使用比例最高。使用编程类 AI 的学生，其专业背景往往与 IT 领域相关。这些专业的学生在大二开始逐渐接触更加专业和深入的学科内容，对自己的专业有了更深的了解，同时他们需要更深入地理解和应用所学的知识，以解决更为复杂的问题。由此在客观上他们需要一个好帮手，编程类 AI 的出现满足了他们的这种需求。此外，通过访谈，我们还得到了一个原因：

编程类 AI 能够为学生提供高效准确的辅助，以帮助其解决复杂的问题。

“因为很多检索工具，比如说，百度或者谷歌，它会经常给出一些比较有迷惑性的信息，不是特别准确；而我自己用 AI 工具来问问题或者让它来给我优化建议，可以达到更好的效果。”（访谈对象 B，大二，使用编程类 AI 最多且以竞赛为使用动机，男生）

所以，编程类 AI 能够为学生提供高效准确的辅助，以帮助其解决复杂的问题，加快相关实验和项目的进展。尤其是在处理大量数据、进行模型训练和算法优化等方面，编程类 AI 的准确性和效率远远超过搜索引擎。

综上所述，一方面 IT 专业的学生在进入大二后的学习内容逐渐深入、面临的专业问题越来越难；另一方面编程类 AI 在代码纠错、数据处理等方面效率更高，能够满足他们对于解决问题的需求，减轻繁复的学业压力。故大二学生的编程类AI使用比例在各年级中最高。

3. 数据分析类AI的使用比例随年级的升高而上升，在大三时有显著上升

经调查发现，数据分析类 AI 的使用比例随年级的升高而上升，在大三时有显著上升。经过访谈发现，数据分析类 AI 使用比例上升主要是以下原因导致：

年级增长使学业要求越发严格，学生需要处理的数据量和数据精度都要提升。

“随着年级的增长，课程要求越来越严格，不仅数据量变大了，而且要求处理的精度也提升了……我们专业，包括需要处理数据的专业都倾向于使用AI进行辅助”（访谈对象C，大三，使用数据分析类AI最多且以竞赛为使用动机，单次使用AI时间长，男生）

数据分析类 AI 使用情况之所以呈现随年级升高而增长的趋势，主要是因为低年级学生分析数据的要求较为宽松，人工处理即可轻松完成，所以他们更倾向于全权由自己处理数据而非使用 AI 辅助，故低年级的学生相较于高年级使用频率较低；但随着年级的增长，学业上的任务不论在数量还是难度上都大大增加，对数据的纯人工处理费时费力，因此高年级的同学对相关AI的使用会增多。

对于数据分析类 AI 的使用比例在大三时显著上升的现象，经过访谈发现原因主要有以下两个：

（1）参加竞赛和科研课题对大三学生提出了更高的要求。

“我在大三参加了一些学科竞赛，我自己也有一个大创课题，大学生科研训练计划（SRTP，Student Research Training Program），需要处理各种数据……其他人的话……也是竞赛或者做作业的原因，大三的课程处理数据比较多，使用频率就显著提高了……现在大家基本上都会用AI，人工再去处理和分析就挺落后了，使用AI会更方便，更高效，更快捷。”（访谈对象C，大三，使用数据分析类AI最多且以竞赛为使用动机，单次使用AI时间长，男生）

（2）对于未掌握数据分析技能的学生，使用 AI 能够帮助他们参加相关学科竞赛。

“不管什么专业，数据分析是一项很重要的能力，因为它和市场活动接轨……我认识的很多文科专业同学在做市场调查的比赛的时候会主动学习这

方面的知识，我想AI能帮他们很多忙。”（访谈对象C，大三，使用数据分析类AI最多且以竞赛为使用动机，单次使用AI时间长，男生）

大三同学尤其处于大学的关键阶段，与低年级相比，无论是课程、竞赛还是科研，都对他们提出了更高的要求，这里的要求既包括来自外界的、课程设置上老师的高要求，也包括大三学生自主准备竞赛、科研课题以期获得更高成果的个人要求。数据分析类 AI 作为专业辅助性工具，其高效率的数据处理能力比人工处理更加方便、省事。尤其对数理基础较弱的文科专业学生而言，AI 在这方面对他们的意义重大。

因此，由于竞赛和科研需要、学生未掌握数据分析技能等原因，大三学生与数据分析类 AI 有更多接触。

4. 图画设计类AI在大一年级中的使用比例最高

经调查发现，图画设计类 AI 在大一年级中的使用比例最高。

当下许多先进的 AI 工具已经面向普通大众开放使用，其中，在校大学生与 AI 有着相当密切的联系，常常主动去学习和使用 AI。虽然 AI 已经成为许多大学生得力的辅助工具，但大多数高校在其培养方案和课程设置中并没有予 AI 以“正统”的地位，许多高校教师也担心学生在作业上过度地依赖 AI 工具，对学习效果产生不利影响，于是会在课程作业的安排上对 AI 使用严加限制。

在高校和教师的如此主张下，AI 很大程度上还未能作为一种官方认可的学习工具完全进入课堂。因此对大学生而言，对 AI 工具的使用更多地是一种自发的课后行为。课后行为通常在闲暇时间进行，因此在纵向比较四个年级的学生对图画设计类 AI 的使用行为不同时，需要考虑不同年级整体的闲暇时间差异。

通过深度访谈发现，原因有以下几个方面：

（1）大一同学学业难度低，有更多的闲暇时间使用图画设计类 AI 自娱自乐。

“大一的同学刚入门，专业课程少、学业难度低，课后时间整体上肯定是比高年级学长的时间更充裕的，所以有更多的闲暇时间来用这种 AI 自娱自乐。”（访谈对象D，大一使用图画设计类AI最多且以技能提升为使用动机，AI使用频率高，男生）

（2）大一的学生在图画设计上的技能还比较薄弱，因此在面对需要图画设计的场合时，他们比高年级的学生更需要此类 AI 的帮助。

“我认识很多设计相关专业的一些学长学姐，在经过几年的专业学习之后，可能他们自己的专业能力也得到了很大的提升，然后也不需要使用 AI 了，通过自己的灵感就可以做出来很好的东西，所以说他们使用这类 AI 工具的选择就会少一些。”（访谈对象 D，大一，使用图画设计类 AI 最多且以技能提升为使用动机，AI 使用频率高，男生）

综上所述，相比于高年级的学生，大一学生除了闲暇时间比较富裕外，其知识和技能都较为薄弱，这是大一学生比其他年级的学生在图画设计类 AI 的使用比例上更高的两个原因。

5.4.2 AI 使用动机与人口统计特征分析

1. 在使用动机上，女生将 AI 用于课程作业的比例比男生高；而男生将 AI 用于竞赛、复习备考和技能提升的比例比女生高

经调查发现，在使用动机上，女生将 AI 用于课程作业的比例比男生高；而男生将 AI 用于竞赛、复习备考和技能提升的比例比女生高。根据访谈，发现男女使用动机的差异有以下几个方面的原因：

（1）整体的性别性格差异导致男女两性表现出不同的 AI 使用动机。

① 男性更具备探索欲和冒险精神，倾向于将 AI 用于探索和挑战性的项目。

“竞赛就像打怪冒险……男生也更喜欢去探索新鲜未知的东西。”（访谈对象 C，大三，使用数据分析类 AI 最多且以竞赛为使用动机，单次使用 AI 时间长，男生）

② 女性则更为保守，倾向于将 AI 应用于现实要紧的任务。

“比起还没到来的竞赛或者求职竞争，我觉得还是眼下的任务（比如作业）更实际和重要……大多数女生也都比较现实，这点体现在对 AI 的使用上就是利用它尽快完成眼前的作业。”（访谈对象 A，大四，使用语言文字类 AI 最多且以课程作业为使用动机，女生）

（2）男女两性对 AI 技术的信任程度差异使其 AI 使用动机有所不同。

① 男生对 AI 的信任度更高，他们认可 AI 在技术研究与应用方面的潜力，将其视为解决挑战性难题的助手。

“实际上我用AI来复习备考，主要取决于它有着比较广的知识面……做技术和懂技术的男生人数更多，我们可能更倾向于相信AI能够完成一些更难、更类人化的任务。”（访谈对象F，以复习备考为使用动机，男生）

② 女生对AI的信任度相对较低，担心AI出错。

“一些专业门槛高的问题……AI可能出错，或者我们担心AI无法准确理解人的意思。”（访谈对象A，大四，使用语言文字类AI最多且以课程作业为使用动机，女生）

可以看出，因为女性更为保守和现实，更关注AI在减轻学习负担等方面的实际效益，且由于其担心AI出错，所以她们更倾向于将其应用于课程作业等任务。相比之下，男性具备更强的探索欲和冒险精神，且他们认可AI在技术研究与应用方面的潜力，所以大学生中的男性更倾向于将AI用于竞赛和自我提升。

2. 大三学生将AI用于竞赛的比例比其他年级的学生高

经统计显示，将AI用于竞赛的学生中，大三学生的比例比其他年级学生的比例都高。通过访谈发现，大三学生将AI用于竞赛的比例比其他年级学生高的原因有：

（1）在大三年级，学生参加竞赛的人数最多。

“大一大二参加竞赛，大多是出于个人提升，对于获奖的要求没有特别急，主要是想先攒攒经验，以便有了经验对下次获奖有帮助。”（访谈对象B，大二，使用编程类AI最多且以竞赛为使用动机，AI使用频率高，男生）

“大三学生热衷于参加竞赛，除去个人的自身要求（比如说单纯地、非功利地在这个专业的科研上深耕做出成果）我觉得大多数参加竞赛的人都是为了获奖加分，对保研更有帮助，对考研复试来讲也是一段优秀的经历，至于那些选择不升学直接工作的同学，他们参加竞赛也是想简历更丰富一点，但这种同学可能少一点……大四来讲参加竞赛的很少了吧，保研结果早就出来了，考研的也考完了，大部分是去实习和准备毕业论文，就不卷竞赛了。”（访谈对象C，大三，使用数据分析类AI最多且以竞赛为使用动机，单次使用AI时间长，男生）

（2）使用AI已成为大三学生参加竞赛的主流方式。

“我们做竞赛的嘛，没有谁还在人工分析数据了。”（访谈对象C，大三，使用数据分析类AI最多且以竞赛为使用动机，单次使用AI时间长，男生）

综上所述，由于大三年级参加竞赛的人数最多，且使用 AI 参与竞赛已成为其主流选择，所以大三学生将 AI 用于竞赛的占比比其余三个年级高。

3. 大一学生将 AI 用于技能提升的比例比其他年级的学生高

经统计显示，将 AI 用于技能提升的学生中，大一学生的比例比其他年级学生的比例都高。通过访谈发现，大一学生将 AI 用于技能提升的比例比其他年级学生高的原因是：

（1）大一年级的学生有更多的课外闲暇时间。

前面我们提到，大学生对 AI 工具的使用很大程度上是一种自发的课后行为，尤其是对出于技能提升动机而使用 AI 的学生而言，这种行为就像课外兴趣班一样，只能在课堂学习之外找时间进行。所以，可以总结得出，相比于高年级的学生，大一学生的闲暇时间更充裕，这是他们能更多地以 AI 来提升技能、发展特长的客观条件。

（2）大一学生处于 AI 流行的环境中，对 AI 的关注度和接受度更高。

"我是小的时候，在两三岁的时候，就接触网络了，然后从那之后一直对网络和计算机有一些自己的学习和认知……就像从小接触网络那样，进入大学刚好 AI 就流行起来了，我自然而然地就对这个新科技产生了关注，并没有说我就觉得 AI 会砸掉人的饭碗什么的，我觉得 AI 就像当年网络普及一样，就是会让人的生活更美好，用 AI 来发展自己的特长爱好、提升技能也是我自然而然想法，何况学习 AI 也是一个趋势，就像多年前设计师们开始学习用电脑设计一样，我对 AI 的预想没有那么悲观。"（访谈对象 D，大一，使用图画设计类 AI 最多且以技能提升为使用动机，AI 使用频率高，男生）

不同成长背景带来对 AI 这种新技术的不同心态，就像 Z 世代相比于其他世代被称为"数字原住民"，这些大一学生相比于高年级的学生更像是"AI 原住民"。这批大一学生相比于其他年级，在更早的年龄就与 AI 产生了接触，这让他们对 AI 的心态更为积极和包容。这种积极包容的心态则让他们很自然地将 AI 视作提升技能的工具，而不是抗拒 AI 进入自己熟悉的专业领域。最终使得他们在将 AI 用于技能提升方面的表现远超其他高年级的学生。

综上所述，由于大一学生具有更多闲暇时间且其对 AI 的接受度比高年级更高，所以其将 AI 用于技能提升的比例高于其他三个年级。

5.4.3 AI使用频率与人口统计特征分析

1. 整体来看，大学生群体中男性的AI使用频率比女性更高

（1）大学生中男性和女性 AI 使用频率的差异与社会对于性别普遍的印象假设不谋而合。

对于这个结论的说明，这里我们首先要提到“STEM”这个概念，STEM一词分别取自科学（Science）、技术（Technology）、工程（Engineering）和数学（Mathematics）四个英文单词的首字母，其往往被用于指代一系列理、工、医类学科领域。过去有研究表明，STEM 学科往往被视为男性领域。人们通常将 STEM 学科与男性或男性气质联系在一起，假设学习、从事 STEM 领域的人需要具有男性的性格特征和兴趣。[①]这种社会印象与本研究此部分的问卷结果恰恰形成互证：因为 AI 的相关知识和使用技能毫无疑问属于 STEM 领域的一部分，即更符合男性整体的兴趣所向；而在本研究中，男生整体上的 AI 使用频率高于女生，这是一种性别差异外化的表现。

当然，抛开这种性别上的整体印象，我们必须认识到，男生内部也存在部分 AI 使用频率低于女生平均水平的个体，女生内部也必定不乏一些对 AI 充满兴趣、使用频率更高的学生。

（2）避免性别的刻板印象，群体差异不代表个体差异。

“虽然两性在不同领域上的偏好和特长确实有整体性的差异，或者说客观存在整体的性别特质，但性别内部也有许多不符合这种整体特质的个体，比如也有很多女生对机器人、智能技术包括 AI 这些领域感兴趣甚至表现出过人的天赋。”（访谈对象 B，大二，使用编程类 AI 最多且以竞赛为使用动机，AI 使用频率高，男生）

我们认为，不同性别在 AI 使用频率上的差异是整体的性别社会印象和不同学生个体的兴趣差异共同作用的结果。

所以，当我们讨论不同性别在 AI 使用频率上的表现时，既要看到共性的、宏观的性别差异，但也不能因此形成刻板印象而忽略个性的、微观的个体差异。

---

① ALISON BLODORN, GLENN ADAMS, DONNA M, GARCIA ELLIOTT HAMMER, LAURIE T, O'BRIEN. Ethnic variation in gender-STEM stereotypes and STEM participation：an intersectional approach[J]. Cultural Diversity and Ethnic Minority Psychology，2015，21：169-180.

2. 随年级的升高，大学生的AI使用频率逐渐降低

调查发现，随着年级的增长，学生的AI使用频率逐年降低而单次使用AI时间却逐年增加。通过访谈，本研究发现AI使用频率和单次使用AI时间变化趋势相反的原因是：

（1）低年级学生的任务量多且杂，形成高频的AI使用特征。

（2）高年级学生的任务趋于专精，形成相对低频的AI使用特征。

“更高年级中，他们的课程量会变少，但是课程的作业难度和纵深性会加大。他们当时使用AI的时间更长，是为了寻求更加深度的知识和在某一领域更加精深的了解，然后比如说用于完成自己的论文，或者是说研究项目，对于这样的活动……他们需要针对某一方面进行一些深入的了解。”（访谈对象D，大一，使用图画设计类AI最多且以技能提升为使用动机，AI使用频率高，男生）

总而言之，低年级学生处于大学生活的探索阶段，他们面临的课业和社团的任务多且杂，但难度也相对较低，故他们会高频地使用AI工具分担杂碎的任务，又因任务相对简单，所以单次使用AI时间较短，由此形成高频短时的AI使用特征。高年级的学生与之相反，他们学习生活中的任务在数量上越发精简，但却越发深入和精进，由此虽减少了使用AI分担压力的情况，但会因任务的高难度而更深度地投入到AI使用中，由此形成低频长时的AI使用特征。

综上所述，大学生的AI使用频率随年级的升高而逐渐降低，这是由低年级和高年级不同阶段的学习特征决定的。

5.4.4 单次使用AI时间与人口统计特征分析

随着年级的升高，大学生单次使用AI的时间逐渐增加。

（1）低年级学生面临的日常任务难度和要求相对较低，往往能在AI的辅助下较快完成，故其单次使用AI的时间较短。

“我们面对一些‘水课’简单呆板的文字作业，或者是说一些组织社团的课余任务，会考虑使用AI。虽然事情多但因为任务不难，我们在使用这些AI工具的过程中只是为了交差，很多东西都不用很详细地去修改。”（访谈对象D，大一，使用图画设计类AI最多且以技能提升为使用动机，AI使用频率高，男生）

（2）高年级学生面临的日常任务难度和要求相对较高，哪怕借助 AI 的辅助也需要更多时间才能完成，故其单次使用 AI 的时间较长。

“我们现在的作业就很难对付了，哪怕是思政课的文字作业，老师也会有更高的要求，比如写摘要、拟好各级小标题、标明各种引用等；在专业学习上，不仅也会有书面的作业，还有同学会参与到科研项目中，这些任务的专业性和难度就不是低年级的小打小闹可比的，AI 的直接产出质量太粗糙，需要人为的‘精加工’，相当费时。”（访谈对象 C，大三，使用数据分析类 AI 最多且以竞赛为使用动机，单次使用 AI 时间长，男生）

5.4.5 创新能力与 AI 使用

1. 不同的 AI 使用动机下产生的不同结果

调查发现，在不同的 AI 使用动机下，将 AI 用于课程作业的学生，其创新能力往往较差，而将 AI 用于竞赛和复习备考的学生，其创新能力的往往较强。通过深度访谈发现，原因有以下两点：

（1）将 AI 用于竞赛和复习备考的学生有更高的自我要求，他们在竞赛过程与知识复习中磨炼，故其创新能力更强。

“我还比较喜欢问一些别人没有想到的问题，因为我，呃，我自认是一个性格比较严谨、保守的人，所以说尤其是在团队合作的时候，我尽可能地希望自己和自己整个团队做得比其他的团队更加周全，做得更加得好。所以说就是这种有一点追求完美的个性，所以我常常希望想到一些别人没想到的，问到一些别人没问到的，然后力求我自己的一个表现或者我团队的表现更加优异。”（访谈对象 E，大三，使用图画设计类 AI 最多且以技能提升为使用动机，单次使用 AI 时间长，男生）

（2）将 AI 用于课程作业的学生追求一时便利，忽略思维训练，故其创新能力较差。

“（在 AI 的使用中）有同学直接把这个问题描述成一个数学问题，然后让 AI 去跑了一个程序，最后简单比对哪一个更优就选用哪个……”（访谈对象 B，大二，使用编程类 AI 最多且以竞赛为使用动机，AI 使用频率高，男生）

通过访谈了解到，将 AI 用于竞赛和复习备考的学生更关注实现自身目标和个人成就感，更愿意利用 AI 获得竞争优势，这种内在的动机促使他们表现出更强的创新能力。除此之外，客观而言，将 AI 用于竞赛的学生会有更多的竞赛和创新相关的机会和经历，会更便捷地接触到关于创新的案例、技术和方法，与更高水平的人互通资源和知识技巧，这些经历会提高他们的创新能力。但是，对于将 AI 用于课程作业的学生来说，他们仅仅将 AI 视为一种提升效率和减少工作量的工具，对 AI 生成的内容大多选择直接使用或简单修改后使用。这类学生长期将 AI 用于课程作业，获取一时便利的同时失去了思维训练的机会。这使得他们的思维固化，最终导致创新能力表现较差。

2. AI 使用频率和创新能力（好奇性）的正相关关系

创新能力（好奇性）越强，AI 使用频率越高；高频的 AI 使用又有利于提高创新能力（好奇性）。

在深入地对样本进行访谈后，我们对 AI 使用频率和创新能力（好奇性）两个变量的正相关关系进行了更进一步的梳理，我们发现，这两个变量不仅呈正相关关系，且“创新能力（好奇性）强”与“AI 使用频率高”互为因果，即创新能力（好奇性）强的个体，往往在 AI 使用上表现出更高的频率；高频率的 AI 使用，又往往有利于个体创新能力（好奇性）的提高。

（1）创新能力（好奇性）强的人，往往在 AI 使用上表现出更高的频率。

① 创新能力（好奇性）强的背后，是为了获得正向的情感体验；而 AI 往往会带来良好的使用体验。

根据数据统计分析结果，样本的 AI 使用频率和创新能力在相关性上的表现为“创新能力的其他五个指标在 AI 使用频率上没有表现出明显差异，而 AI 使用频率与创新能力中的‘好奇性’指标呈正相关”。由此可以有效推断，总的来说，AI 使用频率与创新能力（好奇性）是呈正相关的。

明确了相关关系后，为了进一步梳理 AI 使用频率和创新能力两个变量的因果关系，我们分别就“AI 使用频率”和“创新能力（好奇性）”对样本进行访问。在“好奇性”的相关问题中，有位受访者表示其在“喜欢做新鲜的事”和“喜欢翻箱倒柜”这两点上的表现比较突出，而在追问这类表现背后的原因时，他提道：

“我喜欢做许多新鲜的事，但是我做事情也确实有一点点，还是三分钟热度，也不能说是三分钟，就是说我会倾向于去体验很多事情，如果我喜欢这件事情去做的时候，它带给我的一些体验和感受，我可能会有一定的坚持度在里面……它可以使我得到一些新奇的体验……符合我自己的就是自身个体、类似于个体利益，但是又不是那种很明确（物质）的利益。”

“我很喜欢收纳收拾……比如说当一个箱子柜子，然后在我收拾的时候我打开，然后发现里面好多东西，然后我就会很好奇，这些东西可能是在我以前某一阶段使用过的东西，或者是说它有某些含义或者意义在，我当时没有发现它，但是我当时把它塞进了抽屉里面，我去探寻它发生了什么的过程中，同时也是对我记忆的一次重温，我觉得这种体验是比较有意思的。”（访谈对象D，大一使用图画设计类AI最多且以技能提升为使用动机，AI使用频率高，男生）

上述两种好奇性的表现最终都指向了一个方向，即“体验感”，或者说，受访者喜欢做出这些好奇性的行为表现，是因为这样的行为最终能予其良好的情感体验，去“做新鲜的事”是因为这样让他感到有“新奇的体验”和“新鲜感”，能从中获得“非物质的利益”；去“翻箱倒柜”是因为可以借此回忆自己的生命历程并从中感受到“意义”，从记忆中汲取温暖。对受访者而言，无论是何种具体的表现，这种“好奇性”背后都是为了“悦己”，是为了获得正向的情感体验。

而在“AI使用频率”的相关问答中，受访者同样解释了他为什么有这样高的AI使用频率，原因除了AI带来了高效率、对灵感的启发等作用之外，他还提到，使用AI对他而言是一种让心情轻松愉快的体验。

“……我觉得AI它更能够给我带来的是一种轻松的感觉。”（访谈对象D，大一，使用图画设计类AI最多且以技能提升为使用动机，AI使用频率高，男生）

结合上文我们对受访者“好奇性”背后原因的梳理，样本表现出的“好奇性”是为了获得正向的情感体验，而使用AI同样能让他感到心情轻松愉快。这样一来，“创新能力（好奇性）”与“AI使用频率”的因果关系便可以得到一定解释：创新能力（好奇性）强的人更追求“悦己”和正向的情感体验，而AI的发达与高效往往能予使用者轻松愉快的使用体验，由此创新能力（好奇性）强的人往往有着较高的AI使用频率。

② 创新能力（好奇性）强的背后，是为了获得更多的信息，消除环境的不确定性并提升个人竞争力；而高频地使用AI是获取信息，适应新环境并自我提升的有效手段。

"我常常想知道别人在想什么,因为身边的环境相对于我自己而言肯定是一个陌生的环境,所以说我觉得我常常想知道别人正在做什么,尤其是我的同龄人、他们在想什么做什么,这能缓解一下我对未知信息的焦虑;我爱问别人没想到的问题,我常常在想,我做出来一件事得到了好的回馈,或者做了一件不好的事受到一些教训,我就会常常去反省这些原因是什么,我该怎么规避一些不好的事,怎么尽可能地去争取一个好的结果,所以说我就会常常反思各种事情发生的原因,让我在以后做得更好,这些也算信息呀!也能帮助我在未来的环境里趋利避害。"(访谈对象G,大二,AI使用频率高,男生)

而接下来受访者继续将自身好奇性突出的原因延续和发散到高频的AI使用上:

"……所以我好奇心重,我也会更尝试使用AI,因为我想知道AI它是什么,它为什么对人有这么大的冲击,以此来适应整个社会的发展趋势,也是我想更好地适应社会的一种表现,所以我觉得两者是能说得通、是一脉相承的。"(访谈对象G,大二,AI使用频率高,男生)

从这位受访者的思考中我们总结出,好奇性所表现出的种种探索欲都是为了获取信息,这种信息往往与自身所处的竞争环境密切相关。竞争环境常常伴随着许多新的、不确定的因素涌入,周身环境这些的"不确定"会带给竞争中的个体繁重的心理焦虑压力,所以信息是提高个体竞争力以适应环境的重要资源。从一个狭小的校园竞争环境放眼整个宏大的社会竞争环境,AI技术就是新涌入这个竞争环境的"不确定",由此,好奇性强的个体为了尽早消除社会环境中的不确定性,选择去主动接触和学习AI,尝试去驾驭,使其转化为个人竞争力,从而适应新环境、新趋势,即创新能力(好奇性)强的个体往往有着较高的AI使用频率。此外我们还发现,拥有这种认知和动机的个体,他们通常拥有更加清晰的个人目标的设定、更充分的成就动机以及对自我效能感的追求等,这些动机同样可以激发个体去寻求创新的思考和行为,以应对领域中的挑战和需求,从而提高创新能力。

(2)高频的AI使用,又往往有利于个体创新能力(好奇性)的提高。

① 高频的AI使用往往能带给学生新的灵感和见闻,引导学生就此进一步发问和思考,在此过程中学生的好奇心不断被激发和满足。

"AI在回应我的指令时,常常给我一些耳目一新的回答,现在我无论是专业知识还是一些奇思怪想都很喜欢问一问AI,看看它怎么说。这个过程中我最先抛出的一个问题就是导火索，AI对这个问题的回复经常牵着我的鼻子走，让我忍不住继续就相关问题追问或延伸，以满足我的好奇心和求知欲。AI不会批评你钻牛角尖或者喋喋不休，所以我的好奇心在AI使用中不断地被鼓励和激发。”（访谈对象E，大三，使用图画设计类AI最多且以技能提升为使用动机，AI使用频率高，男生）

② 高频的AI使用往往促使学生进行与探索新技术相关的社交活动，在有效社交中学生拓展了认知边界、活化思维模式，促进了创新能力（好奇性）的提高。

“我在长时间的AI使用中对这个领域的兴趣也越来越浓厚，因此我会在社交媒体上关注AI相关的话题或参与相关的讨论，在学校里也会与有相关爱好的同学交流这个话题，更多的同好聚集在一起就成了一个AI的科技兴趣社团。甚至我愿意抽出时间去听一些前沿的讲座，不管是线下的还是线上的……在与这些同行或专家的交流中，我常常感到思维得到锻炼和启发。”（访谈对象B，大二，使用编程类AI最多且以竞赛为使用动机，AI使用频率高，男生）

当个体对使用AI的领域或任务产生高度的兴趣和投入时，他们的心理状态和行为模式将发生转变。由于兴趣的驱动，个体会主动寻求各种途径来学习和利用AI技术。这种学习过程往往伴随着积极的情感体验，如好奇心、刺激感和成就感。个体通常愿意投入更多的时间和精力，不断尝试、实践和探索，以追求知识和技能的进一步提升。他们会主动参与社区讨论，与领域的先行专家进行交流，甚至与同样对AI技术感兴趣的人组成团队合作。通过这种社会化的学习过程，个体不仅能够获得更多的反馈和指导，还能够互相协作、融汇思想，共同探索解决问题的新方法和创新思维模式。这种合作交流的过程促进了个体对多元视角和多样化思维的接触，有助于打破常规固化思维，培养创新思维和解决问题的能力。此外，我们还需要注意到，个体的学习和创新过程并不是线性的，而是一个循环的动态过程。在使用AI技术的实践中，个体通过不断尝试和反思，进一步调整和改进自己的方法和策略。他们会从成功和失败中汲取经验教训，逐渐形成更加成熟和有效地解决问题的能力。这种循环的学习过程也反映出心理学中的潜意识学习和认知内化的理论，即通过实践和体验，个体将所学的知识和技能转化为自己内在的认知结构和思维方式。

3. 单次使用 AI 时间越长，越有利于创新能力中转换力的提高

单次使用 AI 时间长的学生更易使自身的创意想法产出优质成果，故其在转换力的表现上突出。

“使用 AI 的过程肯定不是一帆风顺的，AI 虽然在能听懂人的话，但它初次接触某个指令后一次生成的内容往往是很粗糙的，甚至还会有理解‘偏题’的情况。所以，想利用 AI 来做出好的东西，是一个相当费时间的过程，就像甲方乙方不断交流磨合一样，人使用 AI 生产东西也是需要长时间交流的。所谓的要训练 AI……付出时间和精力还算有所回报，经过训练，我用 AI 做的图越来越符合我的想法，产出的质量也越来越高了。”（访谈对象 E，大三，使用图画设计类 AI 最多且以技能提升为使用动机，单次使用 AI 时间长，男生）

更长时间的单次使用 AI 时间往往意味着学生在 AI 使用过程中的投入程度、专注程度更高，是深度使用 AI 的表现。单次使用 AI 时间长的学生在这个过程中充分训练和利用 AI，并在 AI 生成内容的基础上不断加以改进，因此他们更易获得高质量的最终结果，其在创新能力的转换力维度有亮眼的表现。所以我们可以说，单次使用 AI 时间越长，越有利于学生创新能力（转换力）的提高。

5.4.6 小 结

5.4.6.1 影响大学生选择使用 AI 类型的因素

1. 年 级

（1）不同年级的学生面临着不同的阶段性任务（如竞赛、升学、求职等）。学生因此会对 AI 的功能产生不同的需求，故而选择不同 AI 使用类型。例如大四年级的学生临近毕业，就在论文写作和简历制作上有更多需求，更多使用文字类 AI。

（2）不同年级的学生面临的课业难度不同。在课业学习难度较高的年级，大学生会选择与专业密切相关的 AI 为学习减负。

（3）不同年级学生的课外闲暇时间不同。低年级的学生有着更多的课外闲暇时间，因此其会使用绘画类 AI 进行娱乐。

（4）不同年级的学生在已有知识和技能的基础上有明显差异。低年级的学生因在某方面的知识或技能基础较弱而选择相关类型的 AI 进行能力补充。

2. AI自身的特点

（1）使用门槛越低，即操作简单、使用免费的AI更受大学生欢迎。

（2）功能上具有泛用性、适用场景广的AI更受大学生欢迎。

5.4.6.2 影响大学生AI使用动机的因素

1. 性　别

（1）男女两性整体的性格特征差异。男性通常具备较强的探索欲和冒险精神，女性则更为保守和现实。性别的性格差异使男女性的AI使用动机有明显不同。

（2）男女两性对AI技术信任程度的差异。男性对AI技术的信任程度更高、态度更乐观，女性对AI技术的信任程度相对较低、态度更保守，这使得两性在AI使用动机上有所不同。

2. 年　级

（1）不同年级的学生面临着不同的阶段性任务（如竞赛、升学、求职等）。AI作为辅助工具，不同年级的学生为完成不同任务而在AI使用动机上有不同侧重。

（2）大一学生处于AI流行的环境中，对AI的关注度和接受度更高，促进了其对AI的使用。

5.4.6.3 影响大学生AI使用频率的因素

1. 性　别

大学生中男性和女性AI使用频率的差异符合社会性别印象假设，即AI更符合男性的兴趣领域，故大学生中男性在AI使用频率上高于女性。

2. 年　级

大学生借助AI作为日常任务的辅助，不同年级的学习特点具有阶段性的差异，从而影响其AI使用频率。低年级学生的任务量多且杂，形成高频的AI使用特征；高年级学生的任务量随着学业逐渐专精而减少，形成相对低频的AI使用特征。

5.4.6.4 影响大学生单次AI使用时间的因素

大学生借助AI作为日常任务的辅助，不同年级的学习特点具有阶段性的差异，从而影响其单次使用 AI 的时间。低年级学生面临的日常任务难度和要求相对较低，故使用单次 AI 的时间较短；高年级学生面临的日常任务难度和要求相对较高，进而单次使用 AI 的时间较长。

5.4.6.5 AI 使用与创新能力

1. AI 使用动机对创新能力的影响

将 AI 用于课程作业的学生，其创新能力往往较差，而将 AI 用于竞赛和复习备考的学生，其创新能力的往往较强。

（1）将 AI 用于竞赛和复习备考的学生有更高的自我要求，他们在竞赛过程与知识复习中磨炼，故其创新能力更强。

（2）将 AI 用于课程作业的学生追求一时便利，忽略思维训练，故其创新能力较差。

2. AI 使用频率、单次使用 AI 时间与创新能力

（1）创新能力（好奇性）强的人，往往在 AI 使用上表现出更高的频率。

① 创新能力（好奇性）强的背后，是为了获得正向的情感体验；而 AI 往往就会带来良好的使用体验。

② 创新能力（好奇性）强的背后，是为了获得更多的信息，消除环境的不确定性并提升个人竞争力；而高频率地使用 AI 是获取信息，适应新环境并自我提升的有效手段。

（2）高频率的 AI 使用，又往往有利于个体创新能力（好奇性）的提高。

① 高频率的 AI 使用为学生带来新灵感，有助于学生探索新领域、走出传统思维框架的舒适圈，从而提高其创新能力（好奇性）。

② 高频率的 AI 使用往往促使学生进行与探索新技术相关的社交活动，在有效社交中学生拓展了认知边界，活化思维模式，促进了创新能力（好奇性）的提高。

（3）AI 单次使用时间长，往往有利于个体创新能力（转换力）的提高。

① 单次使用 AI 时间长的学生，往往能够更有效地将自身的创意想法转化为高质量的成果，从而提高其创新能力（转换力）。

② 单次使用 AI 时间长这一行为让学生充分训练和利用 AI，并在 AI 生成内容的基础上不断加以改进，从而提高其创新能力（转换力）。

6 AI 赋能：面向 Z 世代的创新能力提升策略

2018 年，为加快推进教育现代化和教育强国建设，教育部印发《教育信息化 2.0 行动计划》（下称《计划》）要求持续推动信息技术尤其是智能技术与教育教学深度融合，促进师生从技术应用向能力素质拓展。《计划》中提出要大力推进智能教育，推动人工智能在教育等方面的全流程应用[①]。在此背景下，清楚洞察人工智能对教育领域的赋能路径与影响，为适应新技术浪潮下人才培养模式和教学方法改革指明方向尤为重要。

6.1 “人工智能教育”发展历程

国内国际学界对“人工智能+教育”的相关研究中有三个经常使用但容易混淆的概念，从不同视角显示出教育与人工智能融合的不同阶段：

（1）“人工智能教育”（Artificial Intelligence Education，简称 AIE）。这是当前国内研究较多使用的概念。学界对其定义的代表观点包含两个层面，第一层是指教育领域人工智能技术的应用，也是两者的浅层结合。徐晔将其定义为“运用人工智能技术，提高教学效果。[②]”朱永和认为其可以实现大

① 教育部关于印发《教育信息化 2.0 行动计划》的通知 - 中华人民共和国教育部政府门户网站[EB/OL]. [2023-10-09]. http://www.moe.gov.cn/srcsite/A16/s3342/201804/t20180425_334188.html.

② 徐晔. 从“人工智能教育”走向“教育人工智能”的路径探究[J]. 中国电化教育，2018（12）：81-87.

规模的个性化教育内容和教学服务，以提升教育质量、提高教学效率①。智能教育被认为是促进受教育者智能发展的教育，也是将智能化媒介作为提升教育效能的支持条件的教育，因此也有学者将两者替换使用。这一种观点普遍将人工智能技术视为参与教育活动、提升教学效果、进行教学改革创新的重要手段与工具，即"人工智能赋能教育领域"。第二层即"人工智能教育是以人工智能为学习内容的教育②"。彭绍东提出的新界定"人工智能教育是指人工智能赋能的教育和以人工智能为学习内容的教育。③"能够较为全面地解释人工智能教育的内涵。

（2）"教育人工智能"（Education Artificial Intelligence，简称EAI）。学界内普遍认同国内教育研究者闫志明的定义：教育人工智能即人工智能与学习科学的融合④。徐晔进一步阐释教育人工智能是一种超越技术限制，回归教学本质，利用人工智能技术探究学习行为影响机制的"应然形态"⑤。教育人工智能的目标在于利用人工智能技术让教育者更系统、深入地理解学习行为的发生机制，探究学习是如何在外界条件下被影响，以及如何通过灵活使用智能技术为学习者高效学习赋能⑥。教育人工智能的重心仍落在"人工智能"，可理解为"用于教育应用、管理等领域的人工智能技术、设施及思维"，凸显人工智能在教育全过程的工具意义，但发展到更强调人工智能与教育融合的动态循环过程。闫志明剖析出教育人工智能具有负责学习和建构专业知识的教学模型、负责提供学生所学科目的专业知识体系的领域知识模型以及体现计算机和用户互动关系的学习者模型，三大核心模型互相循环，共同为个性化教育服务⑦。这套运作体系离不开基于人工智能技术的架构，徐晔所构建的教育人工智能技术框架为教育数据层、深度学习层以

① 吴永和，刘博文，马晓玲．构筑"人工智能+教育"的生态系统[J]．远程教育杂志，2017，35（5）：27-39．

② 李亦菲．智能教育与人工智能教育之间的关系[J]．教育家，2017（44）：16-18．

③ 彭绍东．人工智能教育的含义界定与原理挖掘[J]．中国电化教育，2021（6）：49-59．

④ 闫志明，唐夏夏，秦旋，等．教育人工智能（EAI）的内涵、关键技术与应用趋势——美国《为人工智能的未来做好准备》和《国家人工智能研发战略规划》报告解析[J]．远程教育杂志，2017，35（1）：26-35．

⑤ 徐晔．从"人工智能教育"走向"教育人工智能"的路径探究[J]．中国电化教育，2018（12）：81-87．

⑥ 唐烨伟，郭丽婷，解月光，等．基于教育人工智能支持下的STEM跨学科融合模式研究[J]．中国电化教育，2017（8）：46-52．

⑦ 同④．

及教育应用层[①]；杨现民等人更细化为：教育数据层、算法层、感知层、认知层和教育应用层，例如批改网之类的智能批改系统就是教育人工智能的典型应用[②]。以此视角审视，教育人工智能的实践内涵与人工智能教育的第一层含义有相似之处。

（3）“教育中的人工智能”（Artificial Intelligence in Education，简称AIED）。它是国际通用的人工智能术语，是人工智能与教育科学融合形成的专项领域[③]。国内国际研究总结出AIED研究有两个基本目标：一是教育领域全面深入地应用人工智能技术以促进教育改革和发展[④]；二是通过利用人工智能技术模拟和预测学习过程，为学习者能有效掌握某一领域的知识而创造条件[⑤]。其与教育人工智能目标相似，但更加突出教育本身和学科特征，在国际研究中常与某一特定教育领域结合研究，如工程教育中的人工智能、医学教育中的人工智能，研究内容则围绕人工智能在该领域内的应用与影响，可以理解为“从教育的多个角度利用人工智能技术的研究领域”[⑥]。叶瑞星等人认为，人工智能与教育科学的融合构建起一个跨学科的范式，为解决学科与人工智能交叉整合所产生的新的共同问题提供导向，例如探索跨学科人才培养、多功能课程体系建立等[⑦]。

（4）学界内对于人工智能与教育融合形态的概念划分也持有多种意见。孟翀从工具主义和学科教学视角将人工智能与教育的结合分为人工智能赋能教育和人工智能教育学科，前者强调人工智能对教育的促进和支撑

① 徐晔. 从“人工智能教育”走向“教育人工智能”的路径探究[J]. 中国电化教育，2018（12）：81-87.

② 杨现民，张昊，郭利明，等. 教育人工智能的发展难题与突破路径[J]. 现代远程教育研究，2018（3）：30-38.

③ 蒋鑫，朱红艳，洪明. 美国“教育中的人工智能”研究：回溯与评析[J]. 中国远程教育，2020（2）：9-20.

④ YE R，SUN F，LI J. Artificial intelligence in education：origin，development and rise[J]. Intelligent Robotics and Applications，ICIRA 2021，PT IV，2021，13016：545-553.

⑤ CHASSIGNOL M，KHOROSHAVIN A，KLIMOVA A，et al. Artificial Intelligence trends in education：a narrative overview[J]. 7TH INTERNATIONAL YOUNG SCIENTISTS CONFERENCE ON COMPUTATIONAL SCIENCE，YSC2018，2018，136：16-24.

⑥ YOUNG C S. Artificial intelligence in education：a literature review on education using artificial intelligence[J]. The Journal of Korean Association of Computer Education，2021，24（3）：11-21.

⑦ 同④.

作用[①]；席梦如将人工智能在教育领域的应用模式归纳为教育人工智能方向和人工智能与教育融合的方向，前者突出人工智能技术如何解决教育问题，后者则注重两者内在联系，互相融合、共同创新[②]；徐晔则认为教育人工智能是人工智能教育的“进化状态”，他将人工智能与教育的融合阶段分为“人工智能+教育”和“教育+人工智能”[③]，分别对应不同的研究重点，前者是指人工智能对教育单一的技术渗透，两者关系是工具层面的连接，后者的目标是要开展“以人为主体、以人工智能为依托”的贯穿培养全过程、涵盖知识情感全方面素养的智能教育体系[④]。总的来说，学界对于“人工智能+教育”的概念界定都是基于人工智能技术在相关领域的应用程度的动态过程，并且都从工具视角强调了人工智能对教育的支撑与辅助作用。鉴于本研究重点在于考量人工智能在各学科应用的工具价值，且考虑到研究对象对人工智能嵌入教育体系的实际体验，本研究采用“人工智能教育”这一概念术语，强调人工智能作为工具对教育领域的赋能作用。

6.2 AI 赋能教育主体

2024 年，人工智能（Artificial Intelligence，AI）成为全国两会的热点话题，这也被认为是中国社会跨入 AI 元年的标志。AI 在教育领域的嵌入必将随着技术发展而更上层楼。新形势下，人工智能技术与教育改革深度融合成为以高质量发展推动中国式教育现代化、建设教育强国的应有之义。

AI 重塑教育者职能，回归育人本质。教师是构成传统教育活动最重要的主体，承担“传道、授业、解惑”的重要职责，但当信息技术尤其是人工智能技术被嵌入到教育活动中，关于“AI 取代教师”的技术威胁论层出不穷。诚然，在人工智能技术的辅助下，传统教师部分职能的可替代性确实有所提

① 孟翀，王以宁．教育领域中的人工智能：概念辨析、应用隐忧与解决途径[J]．现代远距离教育，2021（2）：62-69.

② 席梦如，田淑敏，吴文溪，等．人工智能教育应用研究综述[J]．科教导刊，2021（10）：70-73.

③ 徐晔．从“人工智能教育”走向“教育人工智能”的路径探究[J]．中国电化教育，2018（12）：81-87.

④ 徐晔．从“人工智能+教育”到“教育+人工智能”——人工智能与教育深度融合的路径探析[J]．湖南师范大学教育科学学报，2018，17（5）：44-50.

高，但仅限于标准化、规范化的工作类型，人类教师培养能为时代所用的人才的育人本质不会动摇①。2018 年，教育部等五部门印发的《教师教育振兴行动计划（2018—2022）》特地指出要开展“互联网+教师教育”创新行动，鼓励教师充分利用云计算、大数据、虚拟现实、人工智能等新技术推进教育信息化教学服务平台建设和应用，打造一支高素质专业化创新型教师队伍②。在国家政策的指导和行动下，教育者身份当从单一的“传道者”走向“未来教师”的发展路径，做到人机协同，与人工智能技术优势互补、互相驱动才能共同促进教育现代化的发展进程。

人工智能对教育者的赋能路径体现在以下几个方面：在教学支持方面，教育机器人等智能助教可帮助教师完成资料的收集与整理，辅助教师备课、科研活动③，还能完成朗读、点名、批改作业等基础事务性工作，将教师从烦琐、重复的劳动中解放出来从而投入更多精力在教学创新方面④；通过智能教学系统挖掘学生学习行为数据进行学情分析，系统反映出学习行为的发生机理与规律，呈现学习者数字化肖像，为教师服务学生个性化学习、改进教学提供精准数据⑤。在教学评估方面，自动化测评系统的应用能带来更加客观、系统、高效的测评结果并能够提供及时反馈，例如以批改网为代表的自动化英语作品批改系统，在减轻教师负担的同时也能为教学决策提供更多可用的参考依据⑥。在教学理念上，ChatGPT 等人工智能在教育领域的深度使用已经使教学资源及权威知识的传播权力下放，“人工智能教师”相反能在知识的深度和广度提供更优选择，“传道”方面压力的减轻促使教师的注意力更多转向“人机协同育人”，在关心学生价值培养与素养提升上发挥不可替代

① 王竹立. 技术是如何改变教育的——兼论人工智能对教育的影响[J]. 电化教育研究，2018，39（4）：5-11.

② 教育部等五部门关于印发《教师教育振兴行动计划（2018—2022 年）》的通知 - 中华人民共和国教育部政府门户网站[EB/OL]. [2023-10-17].

③ 闫志明，唐夏夏，秦旋，等. 教育人工智能（EAI）的内涵、关键技术与应用趋势——美国《为人工智能的未来做好准备》和《国家人工智能研发战略规划》报告解析[J]. 远程教育杂志，2017，35（1）：26-35.

④ 贾积有. 人工智能赋能教育与学习[J]. 远程教育杂志，2018，36（1）：39-47.

⑤ 曹培杰. 智慧教育：人工智能时代的教育变革[J]. 教育研究，2018，39（8）：121-128.

⑥ 梁迎丽，刘陈. 人工智能教育应用的现状分析、典型特征与发展趋势[J]. 中国电化教育，2018（3）：24-30.

性[①]。在教学目标方面，人工智能时代社会所亟需的人才需求已经向复合型、创新型更迭，学生核心素养培养在人工智能赋能下也在朝着信息素养、创新能力、计算思维、技术应用等方面改革，而人工智能作为工具在教育环境中的使用以及例如 STEM 等人工智能课程的引入也助力教育者在教学过程中将学生培养成具有“数字胜任力”的 21 世纪人才。

AI 助推个性化学习，实现终身学习。人工智能嵌入教育领域对于学习者最直接的影响在于传统的学习模式被打破，学习行为不再局限于方正的教室和厚重的教材，教育重心从以“师”为主导变成以“我”为中心，学习环境从“教育工厂”精准化为“学习村落”[②]，人工智能赋能下的学习真正走向“私人订制”与“无边界”。

当作为“数字土著”的 Z 世代遇到开拓可能性的人工智能教育，学习者被赋予更多主动权，主要体现在以下方面：在个性化学习方面，人工智能技术有效弥补传统教育对个体关注的缺失，智能导师系统通过教学模型、知识模型与学习模型的动态运作实时跟踪和分析学习者学习数据，并根据个人偏好为其量身打造出专属的学习计划及习题资源等，反馈的数据也能系统、直观反映出学习情况，方便学习者找准个人学习风格，提高学习效率，差异化指导助力个性化、精准化学习的形成。在自主学习方面，人工智能技术打破教室的局限，让学习行为随时随地发生，小猿搜题类基于智能识别和知识表达技术的在线拍照搜题答疑软件充当“智能家教”与课堂教学配合共同解决学习问题，培养学生自主学习能力；智能教育平台提供的海量在线学习资源让知识变得触手可及，一定程度上弥补了由于结构性差异带来的数字鸿沟，促进教育公平；ChatGPT 等“聊天机器人”通过人机交互为学生提供更高效的知识获取体验；学习者在人工智能海量数据和快速计算能力的赋能下检索到任何领域的知识，扩大知识面避免学校教育的局限[③]。在深度学习方面，以语言学习为例，学习者可借助机器翻译系统阅读和学习外文资料，还可通过语音识别测评智能系统，巩固学习成果，对语言学科进行深度学习[④]。在

① 吴军其，吴飞燕，文思娇，等. ChatGPT 赋能教师专业发展：机遇、挑战和路径[J]. 中国电化教育，2023（5）：15-23.

② 曹培杰. 智慧教育：人工智能时代的教育变革[J]. 教育研究，2018，39(8)：121-128.

③ 贾积有. 人工智能赋能教育与学习[J]. 远程教育杂志，2018，36（1）：39-47.

④ 同③.

学习环境方面，虚拟现实技术与人工智能的结合改变传统教育内容的呈现方式，例如医学病例模拟诊疗平台在医学教育领域中的使用为学习者提供沉浸式智能学习环境[①]。人工智能还能帮助受教育者习得解决复杂问题的创新意识与更高阶的能力，实现对学习环境中交互数据的分析，并支持全球课堂的普及以及支持人们随处学习和终身学习的需求[②]。

总的来说，在人工智能赋能下，教育主体的教与学均能有效提高效率，清晰把握动态变化下的深层规律与机理，同时在拓展知识面的同时走向个性化、深度化、精准化。随着人工智能与教育领域结合的不断加深，“人工智能+教育”的融合逐步演变成“应然形态”的“教育+人工智能”，人工智能将不简单作为工具，而是推动教育深化改革的重要组成部分，此时的教育形态将会发生巨变：教育理念走向协同化；教学模式走向智能化；学习模式走向个性化；教育资源走向动态开放化[③]。

6.3 AI 赋能创新教育

以 ChatGPT 为代表的生成式人工智能应用产品利用复杂算法、模型和规则从大规模数据中进行集中学习，并通过与用户的交互实现自主学习，以其创造力、智能化与个性化的优势，在教育教学领域中造成巨大冲击。生成式 AI 一定程度上影响教育主体的行动方式，变革教育思维模式、内在结构乃至教育制度，为实现学习型社会提供现实机遇。但与此同时，生成式 AI 也被指出存在技术滥用导致技术依赖的风险。学生在利用人工智能辅助学习、提高效率的过程中减少了深度思考的机会、弱化了学习迁移的能力[④]。而过度使用人工智能产品会在潜移默化中促成学生强调技术理性，难以发展出创新

---

① 高婷婷，郭炯. 人工智能教育应用研究综述[J]. 现代教育技术，2019，29(1)：11-17.

② 闫志明，唐夏夏，秦旋，等. 教育人工智能（EAI）的内涵、关键技术与应用趋势——美国《为人工智能的未来做好准备》和《国家人工智能研发战略规划》报告解析[J]. 远程教育杂志，2017，35（1）：26-35.

③ 徐晔. 从“人工智能教育”走向“教育人工智能”的路径探究[J]. 中国电化教育，2018（12）：81-87.

④ 朱永新，杨帆. ChatGPT/生成式人工智能与教育创新：机遇、挑战以及未来[J].华东师范大学学报（教育科学版），2023，41（7）：1-14.

型人才的问题解决能力、新颖思维方式等重要素质[①]，“扼杀人的创造力”。但也有学者认为生成式 AI 等人工智能应用产品在弥补教育资源不足、打破学科壁垒方面具有重要作用，能够加速学生学习创新知识、激发学生创新思维[②]。从事物发展波浪式前进和螺旋式上升的角度来说，人工智能产品在教育乃至更广泛的领域中推行的过程必然波折，要论人工智能产品在教育领域中的“功与过”，不能离开用户对人工智能产品的运用情境来讨论。因此，要激发人工智能产品的赋能作用，最大程度降低其负面影响，核心在于运用人工智能创新而非使其取代人类的思考[③]。

有学者从宏观角度提出 AI 赋能背景下创新能力培养路径[④]。面对人工智能背景下创新人才培养的新形势，需探索高校人机协同的创新教育系统，建立人工智能与创新教育深度融合的系统框架。第一，变革创新人才培养方式，利用人工智能技术推动个性化教育[⑤]；第二，优化创新人才综合评价体系，以数据为支撑监控学生创新人格发展、创新技能提升及创新活动参与等情况，以精确调整人才培养方案[⑥]；第三，打造开放包容的创新环境，以高校为主体的教育系统应当提升对创新能力培养的支持力度，兼顾硬件设施与人力资源的支持作用，为学生发展创新能力提供便利条件[⑦]；第四，探索人机协同的创新教育模式，改变“师-生”二元教学模式到“师-机-生”三元结构，推动教学模式从“以教为中心”转变为“以学为中心”。[⑧]

还有学者从微观的教学策略方面为教育工作者提出建议。在打造人机协同教育新模式的趋势下，位于教学一线的教育工作者需要提升自身专业，变

① 侯浩翔.智能时代高校创新人才培养的实然困境与应然转向[J].中国电化教育，2019（6）：21-28.

② 周文辉，赵金敏. ChatGPT 对研究生创新能力培养的价值与挑战[J].高校教育管理，2024，18（2）：42-52.

③ 劳佳怡.利用 ChatGPT 提高大学生解决创新性问题的能力[J].华东科技，2024（3）：32-34.

④ 同①.

⑤ 同①.

⑥ 卫炳江，苏福根，姚楠.由 ChatGPT 引发的人工智能推动教育变革创新的思考[J].中国教育信息化，2023，29（4）：3-9.

⑦ 杨宗凯，王俊，吴砥，等. ChatGPT/生成式人工智能对教育的影响探析及应对策略[J]. 华东师范大学学报（教育科学版），2023，41（7）：26-35.

⑧ 沈超. ChatGPT：助力高等教育变革与创新型人才培养[J]. 国家教育行政学院学报，2023（3）：13-16.

革育人理念，改革教学方法与内容[①]。第一，面对人工智能此类“虚拟专家”对教育领域的冲击，教师需深化拓展学科本体性知识，加速积累教学实践性知识，同时培养自身数字素养，使人工智能成为教学工具而非替代品[②]；第二，转变创新人才培养中心，从创新知识理论传授转移到综合素养培育与创新思维、创新意识等理念培养，培育学生独立思考、提出问题、解决问题的批判性思维[③]；第三，在教学方法及内容方面，主张跨学科课程建设，引导学生跳出学科思维限制[④]；采用 PBL 项目式学习方式，培养学生在项目中自主学习、主动反思与创新；发挥学科竞赛等创新活动对学生创新能力提升的积极作用，激发学生创新动力[⑤]。

发展人工智能教育已成定局，这就要求教育工作者合理利用人工智能产品的工具性辅助作用，完善新形势下创新教育培养体系，探索人机协同的创新教育系统，使创新型人才培养与人工智能发展趋势同频共振。

---

① 吴军其，吴飞燕，文思娇，等. ChatGPT 赋能教师专业发展：机遇、挑战和路径[J]. 中国电化教育，2023（5）：15-23.

② 杨宗凯，王俊，吴砥，等. ChatGPT/生成式人工智能对教育的影响探析及应对策略[J].华东师范大学学报（教育科学版），2023，41（7）：26-35.

③ 卢宇，余京蕾，陈鹏鹤，等.生成式人工智能的教育应用与展望——以 ChatGPT 系统为例[J].中国远程教育，2023，43（4）：24-31，51.

④ 王萍，彭丽华，金慧.生成式人工智能与教育创新：机遇、挑战与应对——来自上海外国语大学的观点[J].世界教育信息，2023，36（5）：6-10.

⑤ 陈友艳. ChatGPT 时代大学生创新能力培养途径探究[J].实验室研究与探索，2023，42（10）：239-243.

参考文献

[1] 陆根书，于德弘. 学习风格与大学生自主学习[M]. 西安：西安交通大学出版社，2003.

[2] 李开复等. 人工智能[M]. 北京：文化发展出版社，2017.

[3] 蔡自兴. 人工智能及其应用[M]. 5. 北京：清华大学出版社，2016.

[4] 约瑟夫·阿洛伊斯·熊彼特等美. 经济发展理论[M]. 中国社会科学出版社，2009.

[5] 陈龙安. 创造性思维与教学[M]. 中国轻工业出版社，1999.

[6] 孙艳丽，王建华. 论大学的想象力_孙艳丽[J]. 现代大学教育，2023，39（05）：20-28，113.

[7] 张俭民，董泽芳. 从冲突到和谐：高校师生课堂互动关系的重构——基于米德符号互动论的视角[J]. 现代大学教育，2014，（01）：7-12，25.

[8] 蒋伟伟，钱玲飞. 大数据环境下人文社会科学学术创新力多层评价体系构建研究[J]. 西南民族大学学报（人文社会科学版），2020，41（11）：234-240.

[9] 林一，王舜波. 基于学习风格的自适应式虚拟交互方法的研究[J]. 计算机工程与应用，2022，58（02）：274-280.

[10] 孙晓宁，季馥春，刘思琦. 信息搜索用户的学习投入影响研究：基于Kolb学习风格与认知弹性理论[J].情报学报，2023，42（01）：90-102.

[11] 邵明铭，赵丽. 基于多模态技术的学习风格分析：演进、困境及图景[J]. 开放教育研究，2022，28（04）：102-109.

[12] 张冰雪，柴成亮，尹钟，等. 融合多尺度脑电特征的学习风格识别[J]. 小型微型计算机系统，2021，42（12）：2479-2484.
[13] 范佳荣，钟绍春. 学科知识图谱研究：由知识学习走向思维发展[J]. 电化教育研究，2022，43（01）：32-38.
[14] 胡定荣. 论教学模式的校本学习指导转向[J]. 教育研究，2020，41（07）：75-83.
[15] 闫志明，唐夏夏，秦旋，等. 教育人工智能（EAI）的内涵、关键技术与应用趋势——美国《为人工智能的未来做好准备》和《国家人工智能研发战略规划》报告解析[J]. 远程教育杂志，2017，35（01）：26-35.
[16] 孟翀，王以宁. 教育领域中的人工智能：概念辨析、应用隐忧与解决途径[J]. 现代远距离教育，2021（02）：62-69.
[17] 吴军其，吴飞燕，文思娇，等. ChatGPT 赋能教师专业发展：机遇、挑战和路径[J]. 中国电化教育，2023（05）：15-23.
[18] 朱永新，杨帆.ChatGPT/生成式人工智能与教育创新：机遇、挑战以及未来[J]. 华东师范大学学报（教育科学版），2023，41（07）：1-14.
[19] 周文辉，赵金敏.ChatGPT 对研究生创新能力培养的价值与挑战[J]. 高校教育管理，2024，18（02）：42-52.
[20] 李文光，何志龙，何克抗. 基于创新能力培养的教学设计理论与试验探索[J]. 中国电化教育，2002（10）：12-18.
[21] 钟柏昌，龚佳欣. 学生创新能力评价：核心要素、问题与展望——基于中文核心期刊论文的系统综述[J]. 中国远程教育，2022（09）：34-43.
[22] 赵志君，庄馨予. 中国人工智能高质量发展：现状、问题与方略[J]. 改革，2023（09）：11-20.
[23] 蒲清平，向往. 生成式人工智能——ChatGPT 的变革影响、风险挑战及应对策略[J]. 重庆大学学报（社会科学版），2023，29（03）：102-114.
[24] 陈永伟. 超越 ChatGPT：生成式 AI 的机遇、风险与挑战[J]. 山东大学学报（哲学社会科学版），2023（03）：127-143.
[25] 卢宇，余京蕾，陈鹏鹤，等. 生成式人工智能的教育应用与展望——以 ChatGPT 系统为例[J]. 中国远程教育，2023，43（04）：24-31.

[26] 夏琪，程妙婷，薛翔钟，等. 从国际视野透视如何将 ChatGPT 有效纳入教育——基于对 72 篇文献的系统综述[J]. 现代教育技术，2023，33（06）：26-33.
[27] 李艳，许洁，贾程媛，等. 大学生生成式人工智能应用现状与思考——基于浙江大学的调查[J]. 开放教育研究，2024，30（01）：89-98.
[28] 朱峰. 世代概念建构的全球性与民族性——以 Z 世代流行为中心的考察[J]. 中国青年研究，2023（06）：42-50.
[29] 王水雄. 中国“Z 世代”青年群体观察[J]. 人民论坛，2021（25）：24-27.
[30] 李春玲. 改革开放的孩子们：中国新生代与中国发展新时代[J]. 社会学研究，2019，34（03）：1-24.
[31] 谢洋，王曦影. 21 世纪全球 Z 世代研究的回顾与展望[J]. 中国青年研究，2022（10）：102-109.
[32] 黎娟娟，黎文华. Z 世代大学生多重矛盾性社会心态解析[J]. 中国青年研究，2022（07）：104-110.
[33] 钟柏昌，刘晓凡. 创新能力培养的学理机制与 4C 教学模式建构[J]. 现代远程教育研究，2021，33（04）：20-32.
[34] 张亚坤，陈龙安，张兴利，等. 融合视角下的西方创造力系统观[J]. 心理科学进展，2018，26（05）：810-830.
[35] 王战旗，张兴利. 创造力成就问卷的中文修订[J]. 心理与行为研究，2020，18（03）：390-397.
[36] 孙雪. 基于威廉斯创造力倾向测量的研究生创造力倾向研究——以东南大学为例[J]. 东南大学学报（哲学社会科学版），2020，22（S1）：141-144.
[37] 杜瑶琳，邹泓，曾荣，等. 中学班级创新氛围的特征及其对中学生日常创造性行为的影响机制[J]. 中国特殊教育，2014（05）：59-65.
[38] 王洪才，郑雅倩.大学生创新创业能力测量及发展特征研究[J]. 华中师范大学学报（人文社会科学版），2022，61（03）：155-165.
[39] 田伟，辛涛，胡卫平. 义务教育阶段的科学教育：关键问题与对策建议[J]. 北京师范大学学报（社会科学版），2021（03）：82-91.

[40] 沈胜林，张心，陈中文. 基于新课标理念的中小学探究性学习特征与推进策略[J]. 教学与管理，2023（25）：23-26.

[41] 钟柏昌，刘晓凡. 创新能力培养的学理机制与 4C 教学模式建构[J]. 现代远程教育研究，2021，33（4）：20-32.

[42] 殷世东. 中小学劳动教育课程评价体系的建构与运行——基于 CIPP 课程评价模式[J]. 中国教育学刊，2021（10）：85-88，98.

[43] 龙晓枫，陈鑫，田志龙. 市场营销专业本科生实践创新能力培养模式研究 [J]. 中国大学教学，2022（1）：81-87.DOI：10.3969/j.issn.1005-0450.2022.01.015.

[44] 袁青青，李宝庆. 高中自主招生制度的阻力与化解[J]. 当代教育科学，2018（11）：49-54.

[45] 甘群，闫若婻，张文超. 新课改背景下学科融合的育人价值及其实现[J]. 现代教育管理，2023（9）：96-104.

[46] KEEFE J M. Student learning styles：diagnosing and prescribing programs [M]. Reston，VA：National Association of Secondary School Principals. 1979.

[47] DUNN R，DUNN K，PRICE G E. The learning style inventory [M].Lawrence，KS：Price System，1975.

[48] KOLB，D. The learning style inventory：technical manual[M].Boston，MA：McBer and Company，1985：26.

[49] FLEMING N D.Teaching and learning styles：VARK strategies[M].1st ed.Christchurch：Neil D.Flemming，2001：5-16.

[50] TARILONTE CASTAÑO，ISABEL，DÍAZ MILANÉS，et al. Validation of the curiosity and exploration inventory-II in Spanish university students[J]. Healthcare，2023，11（8）：1128.

[51] KIRSCHNER，PAUL A. Stop propagating the learning styles myth[J]. Computers & Education，2017，106：166-171.

[52] SITAR，ALEŠA SAŠA，ČERNE，et al. Individual learning styles and creativity[J]. Creativity Research Journal，2016，28（3）：334-341.

[53] HUANG，TIEN CHI. Do different learning styles make a difference when it comes to creativity? an empirical study[J]. Computers in Human Behavior，2019，100：252-257.

[54] POLOŠKI VOKIĆ，NINA，ALEKSIĆ，et al. Are active teaching methods suitable for all generation Y students—creativity as a needed ingredient and the role of learning style[J]. Education Sciences，2020，10（4）：87.

[55] YE R，SUN F，LI J. Artificial intelligence in education：origin，development and rise[J]. Intelligent Robotics and Applications，ICIRA 2021，PT IV，2021，13016：545-553.

[56] YOUNG C S. Artificial intelligence in education：a literature review on education using artificial intelligence[J]. The Journal of Korean Association of Computer Education，2021，24（3）：11-21.

[57] FURST G，GRIN F. A comprehensive method for the measurement of everyday creativity[J]. Thinking Skills and Creativity，2018，28：84-97.

[58] GONZALEZ MORENO A，MOLERO JURADO M D M. Creatividad y variables relacionadas según la etapa educativa：revisión sistemática[J]. Alterdad-Revista De Educacion，2022，17（2）：246-261.

[59] QIAN M，PLUCKER J A，SHEN J. A model of chinese adolescents' creative personality[J]. Creativity Research Journal，2010，22（1）：62-67.

[60] GRIEBEL M，FLATH C，FRIESIKE S. Augmented creativity：leveraging artificial intelligence for idea generation in the creative sphere[J]. 2020.

[61] MARRONE R，TADDEO V，HILL G. Creativity and artificial intelligence—a student perspective[J]. Journal of Intelligence，2022，10（3）：65.

[62] HABIB S，VOGEL T，ANLI X，et al. How does generative artificial intelligence impact student creativity[J]. Journal of Creativity，2024，34（1）：100072.

[63] BHIMAVARAPU V. The impact of generative AI on human productivity in creative writing[J]. Journal of Student Research，2023，12（3）.

[64] ZHU F, ZOU W. The role of generative AI in human creative processes: experimental evidence[J]. Available at SSRN 4676053, 2023.

[65] HUTSON J, COTRONEO P. Praxis and augmented creativity: a case study in the use of generative artificial intelligence (AI) art in the digital art classroom[J]. The International Journal of Technologies in Learning, 2023, 31 (1): 113.

[66] HUTSON J, COTRONEO P. Generative AI tools in art education: exploring prompt engineering and iterative processes for enhanced creativity[J]. Metaverse, 2023, 4 (1): 14.

[67] PENG S, KALLIAMVAKOU E, CIHON P, et al. The impact of ai on developer productivity: evidence from github copilot[J]. ArXiv Preprint ArXiv: 2302.06590, 2023.

[68] EBERT C, LOURIDAS P, EBERT C, et al. Generative AI for software practitioners[J]. IEEE Software, 2023, 40 (4): 30-38.

[69] GLAVEANU V P. Rewriting the language of creativity: the five a's framework[J]. Review of General Psychology, 2013, 17 (1): 69-81.

[70] KAUFMAN J C. Counting the muses: development of the Kaufman domains of creativity scale (K-DOCS) [J]. Psychology of Aesthetics Creativity and the Arts, 2012, 6 (4): 298-308.

[71] TAYLOR C L, KAUFMAN J C. The creative trait motivation scales[J]. Thinking Skills and Creativity, 2021, 39: 100763.

后 记

本书的完成得益于多项教育研究项目的持续支持与多方的通力协作。作为四川省 2024—2026 年高等教育人才培养质量和教学改革项目“人机共创、思政协同，基于新闻传播专业智能传播创新型人才培养的课程改革研究”及西南交通大学本科教育教学研究与改革项目“00 后大学生学习风格调查及教师教学策略研究”（2102001）、“Z 世代大学生学习风格及创新能力研究”（20220510）、“与 AI 一起学习：提示工程与实践”（20240705）的阶段性成果，本书的调研与写作过程始终与教育改革实践紧密结合。

在此，我们衷心感谢西南交通大学教务处及人文学院为本书出版提供经费资助，同时也对教务处、人文学院、数学学院、教师发展中心、通识教育中心、国家级虚拟教研室“跨学科课程教学创新虚拟教研室”等单位的政策支持与资源保障致以诚挚谢意。

来自三所高校四个专业的跨学科研究团队的通力协作是本书得以成稿的关键。特别感谢以下成员的卓越贡献：

冯欣娅（人文学院 2023 级传播学专业研究生）统筹协调三次大规模问卷调查，主持书稿统稿工作，并主导完成第三章的文献检索、Z 世代学生创新能力调查及学习风格与创新能力的相关性分析。

王靖雅（数学学院 2022 级统计学专业）参与 AI 使用与创新能力问卷数据的统计分析及结果可视化的工作。

刘永安康（人文学院 2023 级传播学专业研究生）为第四章提供文献支持，参与中小学生创新能力问卷调查，并负责中小学教师深度访谈及数据整理。

李佳兴（人文学院 2021 级传播学专业研究生）为第一章、第二章提供文献支持，主持第四章中小学生创新能力问卷调查。

胥思佳（人文学院 2022 级传播学专业研究生）完成第三章文献整理，并主持 Z 世代大学生学习风格问卷调查。

廖伟富（中国传媒大学电视学院 2024 级新闻与传播专业研究生）组织并实施了 Z 世代大学生学习风格深度访谈，并完成了第三章部分内容。

胡馨予（中国传媒大学电视学院 2024 级新闻与传播专业研究生）完成第三章的文献整理工作，并参与 Z 世代大学生创新能力深度访谈。

付林希（上海大学新闻传播学院 2024 级新闻与传播专业研究生）完成第三章访谈资料的整理工作，并参与 Z 世代大学生学习风格深度访谈。

杨赫祎（数学学院 2019 级统计学专业）参与创新能力和学习风格问卷数据的统计分析及结果可视化的工作。

夏瑜崚（数学学院 2021 级数学专业）参与创新能力和学习风格问卷数据的统计分析及结果可视化的工作。

任麒、吴圣丹、魏欣妍（人文学院 2021 级广告学专业）为第五章的写作提供文献支持，主持实施 AI 使用对创新能力的影响研究的问卷调查，并完成相关的深度访谈。

此外，西南交通大学教学设计师团队、智慧城市与交通学院“跨学科创新方法与实践”教学团队在调研设计与实施中提供了专业支持；集成电路科学与工程学院郝莉院长为本研究提供了专业指导。

本书的诞生是集体智慧的结晶，凝聚了教育研究者、实践者与学生的共同探索。我们期待这些研究成果能为 AI 时代的教育创新提供切实的参考，也恳请学界同仁与广大读者不吝指正，共谋未来教育发展之路。